Privilegien des Fiskus im Insolvenzverfahren

Freiburger Steuerforum

Herausgegeben von Wolfgang Kessler

Band 19

PL ACADEMIC RESEARCH

Elmar Feuerborn

Privilegien des Fiskus im Insolvenzverfahren

Ökonomische Analyse des Rechts unter besonderer Berücksichtigung von § 55 Abs. 4 InsO und der jüngeren Rechtsprechung des BFH

PL ACADEMIC RESEARCH

Bibliografische Information der Deutschen Nationalbibliothek
Die Deutsche Nationalbibliothek verzeichnet diese Publikation in der Deutschen Nationalbibliografie; detaillierte bibliografische Daten sind im Internet über http://dnb.d-nb.de abrufbar.

Zugl.: Freiburg (Breisgau), Univ., Diss., 2014

D 25
ISSN 1617-917X
ISBN 978-3-631-66029-4 (Print)
E-ISBN 978-3-653-05292-3 (E-Book)
DOI 10.3726/978-3-653-05292-3

PL Academic Research ist ein Imprint der Peter Lang GmbH.

Peter Lang – Frankfurt am Main · Bern · Bruxelles · New York · Oxford · Warszawa · Wien

Diese Publikation wurde begutachtet.

www.peterlang.com

Danksagung

Bedanken möchte ich mich bei meinem Doktorvater Herrn Prof. Dr. Wolfgang Kessler für die bereitwillige Betreuung meiner Arbeit. Die stets offenherzige Kommunikation habe ich sehr genossen und die Gewährung wesentlicher Freiheiten in der Ausgestaltung meines Forschungsthemas rechne ich Ihnen hoch an.

Dank gilt auch Herrn Prof. Dr. Dr. h. c. Norbert Herzig, der meine Arbeit in ihrer frühen Phase ebenfalls unterstützt hat. Ihm und seinem ehemaligen Lehrstuhl an der Universität zu Köln ist es zudem zu verdanken, dass während meines Studiums überhaupt das Interesse für die Welt des Steuerrechts geweckt werden konnte. Ich denke mit Freude an diese Zeit zurück.

Meinen Eltern gebührt ein besonders herzlicher Dank. Ohne meine Mutter Frau Dr. Sabine Feuerborn wäre die vorliegende Arbeit nicht zustande gekommen. Sie war mir eine unentbehrliche Lehrerin in allen Fragen des Insolvenzrechts und ohne ihre Impulse und einer Vielzahl angeregter Diskussionen wäre die Idee für das vorliegende Thema nie entstanden. Ebenso gilt meinem Vater Herrn Dr. Alfred Feuerborn Dank für die erstaunliche Fähigkeit zur richtigen Zeit die richtigen Fragen zu stellen und so zu einem guten Gelingen des Werkes beizutragen.

Bei meiner Frau Mareike Feuerborn bedanke ich mich nicht nur für das sorgfältige Korrekturlesen meiner Arbeit, sondern auch für die stets vorbehaltlose Unterstützung in allen Lebenslagen.

Über die namentlich genannten Personen hinaus, gibt es eine Vielzahl an Menschen, die mich durch den Entstehungsprozess dieser Arbeit begleitet und auf vielfältige Weise unterstützt haben. Ohne Euch wäre die Reise nicht halb so schön gewesen. Ich danke Euch.

Inhaltsverzeichnis

Abkürzungsverzeichnis

a. A.	anderer Ansicht
a. F.	alte Fassung
Abs.	Absatz
Abschn.	Abschnitt
AFG	Arbeitsförderungsgesetz
AG	Aktiengesellschaft
AO	Abgabenordnung
Anm.	Anmerkung
Az.	Aktenzeichen
BB	Der Betriebsberater (Zeitschrift)
ber.	berichtigt
BEG	Gesetz zur Entbürokratisierung der Beitreibung von Gebühren- und Auslagenrückständen bei der Zulassung von Fahrzeugen (Beitreibungserleichterungsgesetz/Kfz-Zulassung)
BFH	Bundesfinanzhof
BFH/NV	Sammlung amtlich nicht veröffentlichter Entscheidungen des BFH
BGB	Bürgerliches Gesetzbuch
BGH	Bundesgerichtshof
BGHZ	Entscheidungen des Bundesgerichtshofs in Zivilsachen (Zeitschrift)
BGBl.	Bundesgesetzblatt
BilMoG	Bilanzrechtsmodernisierungsgesetz
BMF	Bundesministerium der Finanzen
BMG	Bemessungsgrundlage
bspw.	beispielsweise
BR-Drucks.	Drucksache des Bundesrats
BStBl.	Bundessteuerblatt
BT-Drucks.	Drucksache des Deutschen Bundestags
BVerfG	Bundesverfassungsgericht
DB	Der Betrieb (Zeitschrift)
DBW	Die Betriebswirtschaft (Zeitschrift)
DDR	Deutsche Demokratische Republik

DepotG	Gesetz über die Verwahrung und Anschaffung von Wertpapieren (Depotgesetz)
Diss.	Dissertation
DStR	Deutsches Steuerrecht (Zeitschrift)
DStRE	Deutsches Steuerrecht Entscheidungsdienst (Zeitschrift)
DStZ	Deutsche Steuer-Zeitung (Zeitschrift)
DZWIR	Deutsche Zeitschrift für Wirtschafts- und Insolvenzrecht
EFG	Entscheidungen der Finanzgerichte (Zeitschrift)
EGInsO	Einführungsgesetz zur Insolvenzordnung
Erg.-Lfg.	Ergänzungslieferung
EStG	Einkommensteuergesetz
ESUG	Gesetz zur weiteren Erleichterung der Sanierung von Unternehmen
et al.	et alii / und andere
EWiR	Entscheidungen zum Wirtschaftsrecht (Zeitschrift)
EWS	Europäisches Wirtschafts- und Steuerrecht (Zeitschrift)
f.	folgende
ff.	fortfolgende
fESt	festgesetzte Einkommensteuer
FG	Finanzgericht
FGO	Finanzgerichtsordnung
Fn.	Fußnote
FS	Festschrift
FzZulVweigG	Gesetz über die Verweigerung der Zulassung von Fahrzeugen bei rückständigen Gebühren und Auslagen (Fahrzeugzulassungsverweigerungsgesetz)
GbR	Gesellschaft des bürgerlichen Rechts
gem.	gemäß
GesO	Gesamtvollstreckungsordnung
GesVO	Verordnung über die Gesamtvollstreckung
GewStG	Gewerbesteuergesetz
GG	Grundgesetz
ggfs.	gegebenenfalls
GmbH	Gesellschaft mit beschränkter Haftung
GmbH & Co. KG	Gesellschaft mit beschränkter Haftung & Compagnie Kommanditgesellschaft

GmbHG	Gesetz betreffend die Gesellschaft mit beschränkter Haftung
GmbHR	Die GmbH-Rundschau (Zeitschrift)
GrEstG	Grunderwerbsteuergesetz
GStB	Gestaltende Steuerberatung (Zeitschrift)
HBeglG	Haushaltsbegleitgesetz
HFR	Höchstrichterliche Finanzrechtsprechung (Zeitschrift)
HGB	Handelsgesetzbuch
HHK	Hamburger Kommentar zum Insolvenzrecht
IFB	Institut für Freie Berufe
i. d. R.	in der Regel
i. H. v.	in Höhe von
InsO	Insolvenzordnung
InsStatG	Gesetz über die Insolvenzstatistik (Insolvenzstatistikgesetz)
i. S. d.	im Sinne des
ITFGÄndG	Gesetz zur Änderung des Gesetzes zur Errichtung eines Sondervermögens Investitions- und Tilgungsfonds
i. V. m.	in Verbindung mit
JR	Juristische Rundschau (Zeitschrift)
JStG	Jahressteuergesetz
KapG	Kapitalgesellschaft
KG	Kommanditgesellschaft
KO	Konkursordnung
KraftStG	Kraftfahrzeugsteuergesetz
KSI	Krisen-, Sanierungs- und Insolvenzberatung (Zeitschrift)
KStG	Körperschaftsteuergesetz
KTS	KTS – Zeitschrift für Insolvenzrecht (ab Jahrgang 2004) Konkurs-, Treuhand- und Sanierung – Zeitschrift für Insolvenzrecht (Jahrgang 1989–2003) Konkurs-, Treuhand- und Schiedsgerichtwesen – Zeitschrift für alle Fragen des Konkurs-, Vergleichs- und Treuhandwesen sowie der Zwangsversteigerung und -verwaltung (Jahrgang 1955–1988) Konkurs- und Treuhandwesen – Monatsschrift für Wirtschaft und Recht (Jahrgang 1927–1941)

lat.	lateinisch
LG	Landgericht
lit.	littera / Buchstabe
m. E.	meines Erachtens
m. w. N.	mit weiteren Nachweisen
MoMiG	Gesetz zur Modernisierung des GmbH-Rechts und zur Bekämpfung von Missbräuchen
Mrd.	Milliarde(n)
MV	Masseverbindlichkeit(en)
NJW	Neue Juristische Wochenschrift (Zeitschrift)
Nr.	Nummer(n)
n. v.	nicht veröffentlicht
NWB	Neue Wirtschafts-Briefe (Zeitschrift)
NZI	Neue Zeitschrift für das Recht der Insolvenz und Sanierung (Zeitschrift)
NZS	Neue Zeitschrift für Sozialrecht (Zeitschrift)
o. g.	oben genannte(n/r/s)
OFD	Oberfinanzdirektion
PersU	Personenunternehmen
RGBl.	Reichsgesetzblatt
Rn.	Randnummer(n)
RT-Drucks.	Drucksache des Deutschen Reichstags
Rz.	Randziffer(n)
S.	Satz / Seite(n)
SGB	Sozialgesetzbuch
SGBIVuaÄndG	Gesetz zur Änderung des Vierten Buches Sozialgesetzbuch und anderer Gesetze
Slg.	Sammlung der Rechtsprechung des Europäischen Gerichtshofes und des Gerichts Erster Instanz
StuB	Steuern und Bilanzen (Zeitschrift)
sog.	so genannte(n/r/s)
SolZ	Solidaritätszuschlag

SozPlG	Gesetz über den Sozialplan im Konkurs- und Vergleichsverfahren
StabSiG	Gesetz zur Sicherung von Beschäftigung und Stabilität in Deutschland
StWa	Steuer-Warte (Zeitschrift)
SZ	Süddeutsche Zeitung
Tz.	Textziffer(n)
u. a.	unter anderem
UR	Umsatzsteuer-Rundschau (Zeitschrift)
UStAE	Umsatzsteuer-Anwendungserlass
UStG	Umsatzsteuergesetz
v.	vom
VAG	Gesetz über die Beaufsichtigung der Versicherungsunternehmen (Versicherungsaufsichtsgesetz)
Verf.	Verfasser
vgl.	vergleiche
VglO	Vergleichsordnung
VID	Verband Insolvenzverwalter Deutschlands e. V.
z. B.	zum Beispiel
ZDH	Zentralverband des Deutschen Handwerks
ZfB	Zeitschrift für Betriebswirtschaft (Zeitschrift)
ZInsO	Zeitschrift für das gesamte Insolvenzrecht (Zeitschrift)
ZIP	Zeitschrift für Wirtschaftsrecht (Zeitschrift)
ZPO	Zivilprozessordnung
zugl.	zugleich
zvE	zu versteuerndes Einkommen
ZVG	Gesetz über die Zwangsversteigerung und die Zwangsverwaltung (Zwangsversteigerungsgesetz)
ZZP	Zeitschrift für Zivilprozess (Zeitschrift)

Symbolverzeichnis

A_{Ant}	Kapitalausschüttung an die Anteilseigner einer KapG
a_{KapG}	Anteil Kapitalgesellschaften (KSt-pflichtig)
a_{PersU}	Anteil Personenunternehmen (ESt-pflichtig)
a_{oSt}	Anteil steuerlich nicht relevanter Insolvenzgläubiger
Bel_{ESt}	Belastung mit Einkommensteuer
Bel_{GewSt}	Belastung mit Gewerbesteuer
Bel_{KSt}	Belastung mit Körperschaftsteuer
$EntgSt_{Q}$	Dem Fiskus entgangener Steuerrückfluss
$GewSt_{Heb}$	Gewerbesteuerhebesatz
M_{Priv}	Insolvenzmasse mit Privilegien des Fiskus
M_{oPriv}	Insolvenzmasse ohne Privilegien des Fiskus
R^{G}_{Priv}	Gesamtsteuerrückfluss mit Privilegien
R^{G}_{oPriv}	Gesamtsteuerrückfluss ohne Privilegien
R^{KapG}_{G}	Gesamtsteuerrückfluss einer Quotenzahlung an eine Kapitalgesellschaft
R^{PersU}_{G}	Gesamtsteuerrückfluss einer Quotenzahlung an ein Personenunternehmen
R_{KSt}	Steuerrückfluss einer Quotenzahlung an ein Körperschaftsteuersubjekt
R_{PersU}	Steuerrückfluss einer Quotenzahlung an ein Personenunternehmen
R_{KapG}	Steuerrückfluss einer Quotenzahlung auf der Besteuerungsebene der Kapitalgesellschaft
R_{Ant}	Steuerrückfluss einer Quotenzahlung auf der Besteuerungsebene der Anteilseigner einer Kapitalgesellschaft
R^{B}_{Ant}	Steuerrückfluss einer Quotenzahlung auf der Besteuerungsebene der Anteilseigner einer Kapitalgesellschaft, wenn die Anteile im Betriebsvermögen gehalten werden

R_{Ant}^{P}	Steuerrückfluss einer Quotenzahlung auf der Besteuerungsebene der Anteilseigner einer Kapitalgesellschaft, wenn die Anteile im Privatvermögen gehalten werden
R_{Ust}	Steuerrückfluss einer Quotenzahlung auf umsatzsteuerpflichtige Insolvenzforderungen
st_{Abg}	Abgeltungsteuersatz
st_{ESt}	Einkommensteuersatz
$st_{ESt}^{Ø2009}$	Durchschnittlicher Einkommensteuersatz des Jahres 2009
st_{GewSt}	Gewerbesteuersatz
st_{SolZ}	Solidaritätszuschlag
st_{Ust}	Umsatzsteuersatz

Abbildungsverzeichnis

Tabellenverzeichnis

Teil I – Grundlagen der Untersuchung

A. Einführung

I. Problemstellung

Das deutsche Insolvenz- und Steuerrecht bilden zwei immer noch nur unzureichend aufeinander abgestimmte Rechtsgebiete. Hieraus resultiert regelmäßig erhebliches Konfliktpotential. Diese Tatsache auf der einen Seite und die mit der Reform des Insolvenzrechts im Jahr 1999 entfallene Privilegierung des Fiskus im Rahmen einer Unternehmensinsolvenz auf der anderen Seite, ergeben ein sich derzeit ständig im Wandel befindliches Problemfeld.

Charakteristisch für jede Unternehmensinsolvenz ist die Tatsache, dass die im Unternehmen verfügbaren Mittel nicht mehr ausreichen, um alle fälligen Verbindlichkeiten zu bedienen. Die deutsche Insolvenzordnung (InsO) soll für diesen Fall ein gesetzliches Verfahren zur Verfügung stellen, in dem alle Gläubiger die Chance auf eine zumindest quotale Befriedigung ihrer Forderungen haben. Es gilt nicht das Recht des Stärkeren oder Schnelleren, sondern die Gläubigergleichbehandlung. Dieses sog. *„par conditio*[1] *creditorum"* ist das Fundament, auf dem sich das deutsche Insolvenzrecht begründet. In der vor der Einführung der InsO gültigen Konkursordnung (KO) wurde dieser Grundsatz durch zahlreiche gesetzliche Privilegien durchbrochen. Auch der deutsche Fiskus konnte damals mit einer bevorzugten Befriedigung seiner Forderungen rechnen. Die meisten anderen Gläubiger hatten dann am Ende des Verfahrens kaum noch eine Quotenzahlung zu erwarten. Genau dieser Missstand sollte durch die Reform der KO hin zur InsO behoben werden. Die Gläubigergleichbehandlung wurde gestärkt. Fortan stand der Fiskus auf einer Stufe mit allen anderen Gläubigern und hatte die gleiche Quote wie diese zu erwarten.

Die vorliegende Arbeit zeigt, dass es bei diesem Zustand nicht lange geblieben ist. Seit Einführung der InsO sind zahlreiche gesetzliche Bestimmungen erlassen worden, die eine im Insolvenzfall für den Fiskus vorteilhaftere Ausgangslage schaffen. Die meisten dieser Regelungen sind nicht einmal in der InsO, sondern

1 Vom Wortursprung aus dem klassischen Latein ist „condicio" die richtige Schreibweise. Condicio = die Bedingung, von lat. condicere; Conditio = das Würzen, von lat. condire. Die Schreibweise hat sich im Laufe der Zeit verändert. In der Literatur sind beide Varianten zu finden. Die vorliegende Arbeit schließt sich der seit dem Spätlatein verwendeten und heutzutage gebräuchlicheren Schreibform an.

vielmehr verstreut in zahlreichen Steuergesetzen zu finden. Die für den Fiskus vorteilhafte Wirkung im Insolvenzfall eröffnet sich zudem oftmals erst auf den zweiten Blick. In jüngerer Zeit gewinnt diese Problematik zunehmend an Brisanz. In Zeiten allzeit knapper Haushaltskassen werden die finanziellen Nachteile, die der Fiskus im Fall einer Unternehmensinsolvenz zu erleiden hat, stärker in den Fokus gerückt. Es werden gar Rufe laut, die alten Fiskusprivilegien wieder einzuführen. Somit ist einerseits die von Seiten des Gesetzgebers immer öfter offenkundig profiskalisch geleitete Gesetzgebung zu beobachten, die zuletzt in der Einführung des § 55 Abs. 4 InsO ihren vorläufigen Höhepunkt erreicht hat. Andererseits tritt auch die Rechtsprechung zu dieser Problematik hinzu, die durch ihre Gesetzesauslegung im Konfliktbereich von Insolvenz- und Steuerrecht immer wieder für Aufsehen sorgt. So machte in letzter Zeit vor allem der V. Senat des BFH mit einer Reihe von unerwarteten Entscheidungen von sich Reden, die im Ergebnis zu einem Vorteil für den Fiskus im Insolvenzverfahren führen.[2]

Aus Sicht des Insolvenzverfahrens ergibt sich zunehmend das Problem, dass der Insolvenzmasse bislang für Sanierungsbemühungen zur Verfügung stehende Liquidität entzogen wird und diese stattdessen dem Fiskus zufließt. Die sich hieraus ergebenden negativen wirtschaftlichen Folgewirkungen werden zwar stets bemängelt, sind jedoch in der Vergangenheit kaum wissenschaftlich untersucht worden. Die vorliegende Arbeit bildet einen ersten Schritt, um diese Forschungslücke zu schließen.

II. Untersuchungsgegenstand

Grundlage der Untersuchung bildet ein reales Insolvenzverfahren, an dessen Beispiel die aus der geänderten Rechtslage resultierenden Folgen für die verfügbare Insolvenzmasse analysiert werden. Der Verfasser dieser Arbeit hatte zu diesem Zweck Zugriff auf die Buchhaltung des das Verfahren betreuenden Insolvenzverwalters. Fokussiert wird dabei auf die Einführung von § 55 Abs. 4 InsO und die jüngere Rechtsprechung des V. Senats des BFH. Beide Sachverhalte haben einen gravierenden Einfluss auf die in der für das Insolvenzverfahren besonders wichtigen Anfangsphase zur Verfügung stehende Liquidität. Die im Vergleich zur Rechtslage ohne die entsprechenden Neuregelungen veränderte Liquiditätslage resultiert dabei vor allem aus einer unterschiedlichen Behandlung von Umsatzsteuersachverhalten. Aus diesem Grund wird ebenfalls eine nach Soll- und Ist-Besteuerung differenzierte Betrachtung durchgeführt. Die

2 Hervorzuheben sind BFH, Urteil v. 29.01.2009, V R 64/07, BStBl. II 2009, 682 und BFH, Urteil v. 09.12.2010, V R 22/10, BStBl. II 2011, 996.

temporalen Unterschiede dieser beiden Besteuerungsarten führen zu einer deutlich abweichenden Bewertung der finanziellen Folgewirkungen der vorgenannten Neuregelungen.

Die für das Praxisbeispiel gewählte Fokussierung auf § 55 Abs. 4 InsO und die Rechtsprechung des V. Senats des BFH rechtfertigt sich aus der besonderen Aktualität und den hieraus in besonderem Maße zu erwartenden negativen Folgen für ein Insolvenzverfahren. Darüber hinaus werden im Rahmen dieser Arbeit jedoch zahlreiche weitere sowohl legislative als auch judikative Bestrebungen analysiert, die zu einer Besserstellung des Fiskus im Insolvenzverfahren führen. Es soll eine möglichst umfangreiche Darstellung der bislang existierenden Regelungen erreicht werden, um die erneut voranschreitende Verwässerung des Gleichbehandlungsgrundsatzes im Insolvenzrecht zu dokumentieren. Die Auflistung kann dabei keinen Anspruch auf Vollständigkeit erheben, insbesondere da sie allenfalls eine Momentaufnahme darstellt. Die Geschwindigkeit, mit der sich die Rechtslage in den letzten Jahren verändert hat, lässt erwarten, dass auch die hier durchgeführte Zusammenstellung bereits in absehbarer Zeit als unvollständig und teilweise überholt anzusehen ist.

III. Untersuchungsziel

Zielsetzung der Untersuchung ist es, vor allem die wirtschaftlichen Konsequenzen einer bevorzugten Behandlung des Fiskus im Insolvenzverfahren aufzuzeigen. Die Frage nach der juristischen Beurteilung und möglichen Rechtfertigung der entsprechenden Regelungen werden zwar ebenfalls behandelt, bilden aber nicht den Schwerpunkt dieser Arbeit. Es soll analysiert werden, in welchem Umfang der Insolvenzmasse Liquidität entzogen wird und wie sich hierdurch letztlich der Handlungsspielraum der Insolvenzverwalter einschränkt. Dies führt zwangsläufig zu einer schlechteren Fortführungsprognose für die insolventen Unternehmen und senkt die Chancen auf eine erfolgreiche Sanierung. Hieraus ergeben sich weitere – auch für den Fiskus – negative Folgen, die ebenfalls in die Betrachtung mit einfließen sollen.

Besorgniserregend ist zudem, dass die Errungenschaften der Insolvenzrechtsreform von der KO hin zur InsO durch die in dieser Arbeit dargestellten Regelungen zusehends zunichte gemacht werden. Man nähert sich erneut einer Rechtssituation an, die man durch die Reform beseitigen wollte. Insofern ist auch der Rückblick auf die alte Rechtslage zu Zeiten der KO unverzichtbarer Bestandteil dieser Arbeit. Er soll den Vergleich der alten zur neuen Rechtslage ermöglichen und erneut in Erinnerung rufen, warum die Abschaffung der Fiskusprivilegien einen wichtigen Schritt auf dem Weg zu einem funktionstüchtigen

Insolvenzrecht darstellte. Die bewusste Abkehr von einer weitreichenden Privilegierung einzelner Gläubiger war kein unüberlegter Schritt, sondern Ergebnis eines langwierigen Reformprozesses. Aus diesem Grund soll, aufbauend auf den bis dahin gewonnen Erkenntnissen, der Frage nachgegangen werden, ob die erneuten Bestrebungen, dem Fiskus eine Vorrangstellung im Insolvenzverfahren zu gewähren, überhaupt die damit verbundenen Hoffnungen auf Steuermehreinnahmen erfüllen können. Den Mehreinnahmen auf der einen Seite stehen nämlich an anderer Stelle zahlreiche aus der Bevorzugung des Fiskus resultierende Mindereinnahmen gegenüber, die in der Diskussion augenscheinlich oft übersehen werden. Ziel der Untersuchung ist es damit auch, eine Gesamtschau der Verhältnisse zu erreichen, die eine objektivere Beurteilung der tatsächlich zu erwartenden Steuermehreinnahmen ermöglicht. Aufbauend hierauf werden auch Handlungsempfehlungen an den Gesetzgeber erarbeitet.

IV. Untersuchungsaufbau

Die Arbeit gliedert sich in insgesamt fünf Teile.

Der erste Teil stellt die Einführung in die Thematik von Vorrechten im Insolvenzverfahren dar. Es werden die Ziele der Arbeit dargestellt und die wichtigsten Grundlagen der wissenschaftlichen Untersuchung gelegt.

Der zweite Teil befasst sich mit der historischen Entwicklung von Vorrechten im Insolvenzrecht. Die Problematik besteht seit Schaffung eines einheitlichen gesetzlichen Verfahrens zur Insolvenzabwicklung und blickt daher auf eine entsprechend bewegte Geschichte zurück, die kurz dargestellt wird. Dies ermöglicht ein besseres Verständnis der im aktuellen Recht zu beobachtenden Entwicklungen. Es wird dargelegt, welche Kritikpunkte der alten Rechtslage entgegen gehalten wurden und wie dies letztlich zur Reform und Einführung der InsO führte.

Im dritten Teil wird versucht, eine möglichst umfassende Darstellung und Analyse der im aktuellen Recht vorzufindenden Vorteile des Fiskus im Insolvenzverfahren zu erarbeiten. Es wird die allgemeine Stellung des Fiskus im Insolvenzverfahren problematisiert, die möglicherweise als Rechtfertigung für bestimmte Sonderrechte dienen kann. Die erörterten Bevorzugungen werden eingeordnet in vier Kategorien, um ein strukturierteres Verständnis der Wirkungsweise der einzelnen Regelungen zu ermöglichen. Die Kategorisierung ermöglicht zudem bereits eine erste Einschätzung darüber, wie gravierend die Auswirkungen der einzelnen Regelung auf das Insolvenzverfahren ausfallen werden, dies jedoch vor dem Hintergrund, dass sich diese Frage im Konkreten nur individuell für jedes einzelne Insolvenzverfahren beantworten lässt. Der Teil endet mit einem kurzen Ausblick auf mögliche weitere Vorrechte, die im aktuellen Recht noch nicht umgesetzt sind, aber vielleicht in Zukunft eine Rolle spielen werden.

Der vierte Teil stellt das Hauptkapitel dieser Arbeit dar und beschäftigt sich mit den wirtschaftlichen Konsequenzen der Besserstellung des Fiskus im Insolvenzverfahren mit Fokus auf § 55 Abs. 4 InsO und die Rechtsprechung des V. Senats des BFH. Vorab wird kurz dargestellt, wie die Sanierung eines Unternehmens im Insolvenzverfahren zumeist abläuft und welche Faktoren für den Erfolg dieser Bemühungen ausschlaggebend sind. Mit Blick auf den Erfolgsfaktor Liquidität wird dann anhand eines realen Insolvenzverfahrens analysiert, wie sich die verfügbare Insolvenzmasse durch die neuen Bestimmungen im Vergleich zur Rechtslage ohne die entsprechenden Regelungen verändert. Aufbauend auf den Ergebnissen wird analysiert, in welchem Umfang der Fiskus in diesem konkreten Beispiel tatsächlich von seiner besseren Position im Verfahren profitiert. Es wird aufgezeigt, dass mit der neuen Rechtslage nicht nur Vorteile, sondern auch Nachteile für den Fiskus einhergehen, die in einer Vorteilhaftigkeitsbetrachtung entsprechend zu berücksichtigen sind. Aufbauend auf den gewonnen Erkenntnissen werden sodann Handlungsempfehlungen an den Gesetzgeber erarbeitet.

Der fünfte und letzte Teil bildet das Fazit dieser Arbeit. Die Ergebnisse der vorangegangenen Teile werden zusammengefasst und einer abschließenden Beurteilung zugeführt.

B. Konkurrenz von Steuerrecht und Insolvenzrecht

Der Fiskus als Steuergläubiger ist an nahezu jedem Insolvenzverfahren in irgendeiner Form beteiligt. Es ist häufig zu beobachten, dass Unternehmen mit knapper Liquiditätslage der Begleichung von Forderungen öffentlicher Gläubiger nur eine untergeordnete Rolle beimessen. Das betrifft das Finanzamt ebenso wie die Sozialversicherungsträger. Die Begleichung von Lieferantenforderungen hat aus Sicht des Unternehmers zur Aufrechterhaltung des Geschäftsbetriebs im Zweifelsfall Vorrang. Dabei sind es auch immer wieder unternehmerische Verfehlungen aus der Vergangenheit, die bei einer steuerlichen Außenprüfung aufgedeckt werden und zu horrenden Steuernachzahlungen führen. Führt dies zur endgültigen Insolvenz des Unternehmens, ist das Finanzamt mit nicht unerheblichen Summen am Insolvenzverfahren beteiligt.

Zu diesem Zeitpunkt treffen zwei unterschiedliche gesetzgeberische Intentionen aufeinander. Das Steuerrecht als Mittel zur Finanzierung des Staatshaushalts muss sicherstellen, dass die Unternehmen ihren steuerlichen Pflichten nachkommen und diese auch entsprechend begleichen. Das Insolvenzrecht hingegen will im Fall der Zahlungsunfähigkeit des Schuldners sicherstellen, dass nicht nur einzelne Gläubiger ihre Forderungen durchsetzen können, sondern dass alle Verfahrensbeteiligten eine vergleichbare Chance auf Befriedigung ihrer Forderungen erhalten. Unter finanziellen Gesichtspunkten trifft der Wunsch nach maximaler Forderungsbefriedigung auf die Notwendigkeit einer Gläubigergleichbehandlung, die in der Regel einen zumindest teilweisen Forderungsverzicht bedeutet. Dabei stellt sich nicht zuletzt die Frage, ob es wirtschaftlich nicht sogar sinnvoller sein kann, den kurzfristigen Forderungsausfall zu akzeptieren und in die langfristige Perspektive des Unternehmens zu investieren. Nur ein überlebendes Unternehmen kann auch in Zukunft noch Steuereinnahmen generieren. Die Forderung nach einem speziellen Sanierungsteuerrecht kommt daher immer wieder in die Diskussion und könnte sicherlich zu einer Harmonisierung dieses Problemfelds beitragen. Konkrete Bemühungen in dieser Richtung sind derzeit jedoch noch nicht absehbar.[3]

So gewinnt man insbesondere auch in der wissenschaftlichen Diskussion immer wieder den Eindruck, dass sich hier zwei Lager unversöhnlich gegenüber stehen. Die steuerrechtlich geprägte Literatur äußert Unverständnis über die stets lautstarken Beschwerden der insolvenzrechtlichen Literatur, wenn diese wieder einmal die Gleichbehandlung der Gläubiger in Gefahr sieht. Die Bewertungen der im Rahmen dieser Arbeit behandelten Sonderregelungen für den Fiskus mit Auswirkungen auf das Insolvenzverfahren fallen dementsprechend sehr unterschiedlich aus, in Abhängigkeit davon, welches Lager gerade befragt wird. Für die Rechtsanwendung stellt sich aber dennoch die Frage, welcher Disziplin Vorrang zu gewähren ist.

Während das Steuerrecht die allgemeine Umsetzung der Steuerpflicht regelt, behandelt das Insolvenzrecht den in diesem Kontext als Spezialfall zu beurteilenden Sachverhalt, dass ein Steuerschuldner zahlungsunfähig wird. Es lässt sich also ohne Weiteres begründen, dass das Insolvenzrecht *lex specialis* darstellt, weshalb der Grundsatz „Insolvenzrecht geht vor Steuerrecht" geprägt wurde.[4] Gesetzlich festgeschrieben ist diese Rangfolge jedoch nicht, weshalb auch hier Auslegungsbedarf besteht. In der Literatur wird vielfach die Meinung vertreten, dass sich die Frage, ob und *wann* ein Steueranspruch entsteht, nach dem Steuerrecht richten soll. Lediglich die Frage, in welcher Form und Umfang dieser Anspruch im Rahmen des Insolvenzverfahrens durchgesetzt werden kann, soll

3 Vgl. *Schmittmann,* Reform, StuB 2012, 109, 109 ff.; der Bundesrat stellte aber bereits Forderungen nach einem Sanierungssteuerrecht auf, vgl. BR-Drucks. 127/11 (B), 36 f.

4 Vgl. *Loose*, in: Tipke/Kruse, AO, 2013 § 251, Tz. 5; Die gleiche Begründung trifft bspw. auch auf das Verhältnis zum Sozialrecht zu, vgl. *Wenzel,* Verrechnung, ZInsO 2006, 169, 171.

sich nach dem Insolvenzrecht richten.[5] Gerade die zeitliche Komponente jedoch – also die Frage „wann" etwas passiert – hat im Insolvenzrecht gravierenden Einfluss auf die Art der Behandlung im Rahmen des Verfahrens. Die Forderung nach einem Vorrang des Insolvenzrechts kann allgemeiner auch wie folgt formuliert werden: „Das Insolvenzrecht [geht] dem Steuerrecht nur insoweit vor, als der Zweck des Insolvenzverfahrens, ein einheitliches Verfahren zur gleichmäßigen Befriedigung aller Gläubiger, dies erfordert."[6]

Das Insolvenzrecht legt dabei eine stark wirtschaftlich betonte Sichtweise zugrunde, während die steuerrechtliche Auslegung sich oftmals sehr juristisch fokussiert am Gesetzeswortlaut festmacht. Relevanz entfaltet dies vor allem bei der bereits erwähnten zeitlichen Zuordnung von Sachverhalten, die im Insolvenzverfahren eine gewichtige Rolle spielt. Ob ein Sachverhalt als vor oder nach Insolvenzeröffnung *begründet* angesehen wird (§ 38 InsO), entscheidet über die Einordnung der Forderung als Insolvenz- oder Masseforderung mit erheblicher Auswirkung auf die zu erwartende Höhe der Forderungsbefriedigung. Die Frage, welches Recht den Vorrang genießen soll, lässt sich also auch in die Frage umformulieren, ob eine mehr juristisch oder mehr wirtschaftlich geprägte Betrachtungsweise maßgeblich ist.

Die vor Insolvenzeröffnung *begründeten* Insolvenzforderungen können nur mit einer quotalen Befriedigung rechnen, wohingegen die nach Eröffnung *begründeten* Masseforderungen in der Regel vorab und in voller Höhe zu bedienen sind.[7] In der Vergangenheit wurde der Versuch unternommen, der wirtschaftlichen Betrachtungsweise Rechnung zu tragen. So formulierte der BFH, dass eine Forderung als begründet anzusehen ist, wenn der ihr zugrunde liegende „Schuldrechtsorganismus" in Gang gesetzt worden ist.[8] Es wurde darauf abgestellt, ob der jeweilige Lebenssachverhalt verwirklicht war, also z. B. die Leistung bereits ausgeführt wurde. Bezogen auf die Begründung eines Steueranspruchs bedeutet dies insbesondere, dass es nicht darauf ankam, ob steuerrechtlich definierte Tatbestandsvoraussetzungen erfüllt waren. Dies ist m. E.

---

5 Vgl. *Welte/Friedrich-Vache,* Masseverbindlichkeiten, ZIP 2011, 1595, 1596; *Fritsch*, in: Pahlke/Koenig, § 251, Rn. 17; *Farr,* Die Besteuerung in der Insolvenz, 2005, Rn. 20; *König,* in: Buth/Hermanns, Restrukturierung, Sanierung, Insolvenz, 2009, § 33, Rn. 1 ff.

6 *Frotscher,* in: Gottwald, Insolvenzrechts-Handbuch, 2010, § 120, Rn. 7.

7 Im Fall der Masseunzulänglichkeit wird auch auf die Masseforderungen nur eine quotale Zahlung geleistet. Auf Insolvenzforderungen entfällt in diesem Fall gar keine Zahlung.

8 Vgl. BFH, Beschluss v. 29.09.1970, II B 22/70, KTS 1971, 111, 115 f.; BFH, Urteil v. 14.10.1977, III R 111/75, NJW 1978, 559; BFH, Beschluss v. 28.07.1983, V S 8/81, ZIP 1983, 1120; *Mentzel/Kuhn/Uhlenbruck,* Konkursordnung, 1994, § 3, Rz. 11.

auch sachgerecht, da nur so ein für alle Gläubiger gleichermaßen anwendbarer Maßstab gefunden werden kann. In jüngerer Zeit ist jedoch verstärkt zu beobachten, dass die Rechtsprechung sich mehr auf die juristische Sichtweise fokussiert bzw. das Steuerrecht vor das Insolvenzrecht stellt. Dies führte in der Anfangszeit bspw. dazu, dass für die Frage der *Begründetheit* einer Steuerforderung auf die *Entstehung* des Steueranspruchs abgestellt wurde, die sich gem. § 38 AO eben gerade an die Verwirklichung von Tatbeständen knüpft.[9] Die USt entsteht gem. § 13 UStG bspw. mit Ablauf des Voranmeldungszeitraums, i. d. R. also mit Ablauf des Kalendermonats (§ 18 Abs. 2 S. 2 UStG). Diese Regelung mag zur Vereinfachung der Steuererhebung dienen, ist zur exakten zeitlichen Abgrenzung aber höchst ungeeignet, wenn die Insolvenzeröffnung mitten im Voranmeldungszeitraum liegt. Diese Auffassung wurde mittlerweile zu Recht vom V. Senat des BFH korrigiert. An der grundsätzlichen Ausrichtung, das Steuerrecht vor das Insolvenzrecht zu stellen, hat sich jedoch nichts geändert.[10] Aus Sicht der Gläubigergleichbehandlung ist dies sehr bedenklich, da das Steuerrecht spezifische Regelungen für die Forderungen des Fiskus definiert, die für die Forderungen anderer Gläubiger in vergleichbarer Form nicht existieren. Die Funktionstüchtigkeit des Insolvenzverfahrens kann jedoch auf Dauer nur gewährleistet werden, wenn für alle Beteiligten die gleichen Regeln gelten. Der Vorrang des Insolvenzrechts ist daher systemimmanent.[11]

C. Gläubigergleichbehandlungsgrundsatz im Insolvenzrecht

I. Par conditio creditorum

Das im Insolvenzverfahren geltende Gebot der Gläubigergleichbehandlung „par conditio creditorum" ist bereits mit Einführung der KO erklärtes Ziel gewesen und sollte durch die Reform hin zur InsO weiter gestärkt werden.[12] Obwohl

---

9 Vgl. BMF-Schreiben v. 06.12.1972, F/IV A 2 – S 7100 – 55/72, BStBl. I 1972, 579.

10 Vgl. BFH, Urteil v. 09.12.2010, V R 22/10, BStBl. II 2011, 996 Zitat: „Ob es sich bei einem Steueranspruch um eine Insolvenzforderung oder um eine Masseverbindlichkeit handelt, bestimmt sich nach dem Zeitpunkt, zu dem der den Umsatzsteueranspruch begründete Tatbestand vollständig *verwirklicht* und damit abgeschlossen ist. Unerheblich ist demgegenüber der Zeitpunkt der Steuerentstehung. Welche Anforderungen im Einzelnen an die vollständige Tatbestandsverwirklichung zu stellen sind, richtet sich nach den jeweiligen Vorschriften des Steuerrechts, nicht aber nach Insolvenzrecht".

11 Vgl. *Meier*, Wiedereinführung, ZInsO 2010, 1121, 1127.

12 Vgl. BT-Drucks. 12/2443, 81; *Kübler/Prütting*, Das neue Insolvenzrecht, 2000, 98; *Meier*, Wiedereinführung, ZInsO 2010, 1121.

es einen anerkannten Grundsatz des Insolvenzrechts darstellt, existiert keine gesetzliche Definition.[13] Eine implizite Forderung nach Gleichbehandlung findet sich jedoch in § 1 InsO, der als Ziel des Insolvenzverfahrens definiert, „die Gläubiger eines Schuldners *gemeinschaftlich* zu befriedigen, indem das Vermögen des Schuldners verwertet und der Erlös verteilt oder in einem Insolvenzplan eine abweichende Regelung insbesondere zum Erhalt des Unternehmens getroffen wird. Die Betonung liegt auf dem Wort **gemeinschaftlich**. Für die daraus abgeleitete Notwendigkeit eines Gleichbehandlungsgrundsatzes lassen sich jedoch unterschiedliche Begründungen heranziehen. Dabei zeigt sich, dass bereits diese Grundsatzfrage enormes Konfliktpotenzial in sich birgt. Es stellt sich nämlich die Frage, ob der Grundsatz der Gläubigergleichbehandlung einen bloßen Ordnungsgrundsatz oder darüber hinaus auch einen Verteilungsgrundsatz darstellt.[14]

1. *Insolvenzverfahren als effizienzsteigerndes Gesamtvollstreckungsverfahren*

Wirtschaftlich betrachtet hilft die Gleichbehandlung den Gläubigern, sich in der Insolvenz des Schuldners gegen ein *Verteilungsrisiko* abzusichern, das bei Geltung eines Prioritätsprinzips bestünde.[15] Ein solches könnte bspw. darin bestehen, dass nur die Schnellsten die Chance auf Befriedigung ihrer Forderungen haben. Dieses auch oftmals „Windhundprinzip" genannte Vorgehen würde jedem Gläubiger zwar die Chance bieten, den anderen Gläubigern in der Befriedigung ihrer Forderungen zuvorzukommen, beinhaltet aber auch das Risiko, dass jemand anders schneller ist und man selber leer ausgeht.[16] Des Weiteren entstünden durch die individuelle Befriedigung sog. *Verteilungskosten*, die durch eine gemeinschaftliche Befriedigung minimiert werden können.[17] In diesem Zusammenhang sind auch die Regelungen der insolvenzrechtlichen Anfechtung gem. §§ 129 ff. InsO zu sehen. Durch diese können informationelle Vorteile einzelner Gläubiger zugunsten der Gläubigergemeinschaft umverteilt werden.[18] Weiß ein einzelner Gläubiger um die finanziell schlechte Lage des Schuldners und nutzt sein besseres Wissen zur vorzeitigen Befriedigung seiner

---

13 Vgl. *Kießner*, in: Braun, InsO, 2012, § 1, Rn. 6.

14 Vgl. *Weiland*, Par condicio creditorum, 2010, 9 ff.

15 Vgl. *Schmidt*, Ökonomische Analyse des Insolvenzrechts, 1980, 44.

16 Vgl. *Schmidt*, Ökonomische Analyse des Insolvenzrechts, 1980, 44.

17 Vgl. *Schmidt*, Ökonomische Analyse des Insolvenzrechts, 1980, 45.

18 Die meisten Regelungen der Anfechtung setzen voraus, dass der Gläubiger *Kenntnis* von der Zahlungsunfähigkeit des Schuldners hatte oder ihm bewusst war, dass seine Handlung zu Lasten der übrigen Gläubiger geht.

eigenen Forderungen, so wird dieser Vorteil durch die Anfechtung rückgängig gemacht. Bei Kenntnis dieses Umstandes führt dies zum Anreiz, bei einem Wissensvorsprung auf die frühzeitige Stellung des Insolvenzantrags hinzuwirken, was letztlich allen Gläubigern zugutekommen wird. Es kommt somit auch zu einer *Interessenangleichung*, die ebenfalls als Grund für eine Gleichbehandlung gesehen werden kann.[19] Würde diese Angleichung nicht stattfinden, könnte ein einzelner Gläubiger einen Vorteil erreichen, der jedoch vom Schaden, den die übrigen Gläubiger durch die verspätete Stellung des Insolvenzantrags erleiden, weit überstiegen würde.[20] Darüber hinaus erleichtert die Angleichung der Interessen die Entscheidungsfindung im Insolvenzverfahren, da das Konfliktpotential ansteigt, je heterogener sich die Gruppe der Gläubiger darstellt.[21] Insgesamt lässt sich festhalten, dass die Verwirklichung der par conditio creditorum eine effizienzsteigernde Wirkung entfaltet und damit im Interesse aller Gläubiger liegt.[22]

2. *Allgemeiner Gleichheitssatz, Art. 3 GG*

Juristisch lässt sich das Gebot der Gleichbehandlung aus dem allgemeinen Gleichheitssatz des Art. 3 GG herleiten.[23] Dieser besagt nach ständiger Rechtsprechung des BVerfG, dass wesentlich Gleiches gleich und wesentlich Ungleiches ungleich zu behandeln ist.[24] Inhalt des Gleichheitssatzes ist es demnach nicht, eine allgemeine Gleichbehandlung herzustellen, sondern vor allem eine *ungerechtfertigte* Ungleichbehandlung zu verhindern. Dementsprechend müsste eine Ungleichbehandlung der Gläubiger im Insolvenzverfahren nur durch ausreichend sachliche Gründe gerechtfertigt sein, die dabei auch wirtschafts-, sozial- oder finanzpolitischer Natur sein können.[25] Eine zentrale Kritik am Gleichheitssatz lautet daher, dass je nach gewähltem Blickwinkel nahezu jeder

---

19 Vgl. *Schmidt*, Ökonomische Analyse des Insolvenzrechts, 1980, 48 ff.

20 Vgl. *Schmidt*, Ökonomische Analyse des Insolvenzrechts, 1980, 50.

21 Vgl. *Schmidt*, Ökonomische Analyse des Insolvenzrechts, 1980, 51 f.

22 Vgl. *Schmidt*, Ökonomische Analyse des Insolvenzrechts, 1980, 95.

23 Vgl. *Gassert-Schumacher*, Privilegien in der Insolvenz, 2002, 325 ff.; *Jeremias*, Internationale Insolvenzaufrechnung, 2005, 119; *Meier*, Privilegien des Fiskus und der Sozialversicherungsträger in der Unternehmensinsolvenz, 2010, 43 ff.

24 Vgl. u. a. BVerfG, Urteil v. 23.10.1951, 2 BvG 1/51, BVerfGE 1, 14, 52; BVerfG, Beschluss v. 09.08.1978, 2 BvR 831/76, BVerfGE 49, 148, 165; BVerfG, Urteil v. 12.05.1992, 1 BvR 1467/91, BVerfGE 86, 81, 87.

25 Vgl. *Stürner*, in: MünchKomm-InsO, InsO, Rn. 95; *Bauer*, Unzulässigkeit, ZInsO 2010, 1432, 1435.

Verteilungsmaßstab mit scheinbar objektiv sachlichen Gründen gerechtfertigt werden könne.[26] Was dabei als gleich und was als ungleich angesehen werde, sei eine rechtspolitische Frage der gerechten Verteilung von Chancen und Risiken.[27]

Die Begründung des Gleichbehandlungsgrundsatzes im Insolvenzrecht allein im Gleichheitssatz des Art. 3 GG zu suchen, ist daher unzureichend.[28] Der Gerechtigkeitsgedanke, Gleiches gleich zu behandeln liegt zwar auch dem Grundgedanken des par conditio creditorum zugrunde, jedoch eröffnet die Forderung Ungleiches ungleich zu behandeln einen Argumentationsspielraum, der ohne weitere Einschränkungen die vollständige Verwässerung des Grundsatzes ermöglicht und diesen letztendlich bedeutungslos werden ließe.[29] Hier bedarf es einer weiterführenden Argumentation, die die Notwendigkeit einer Gleichbehandlung genauer definiert und den durch Art. 3 GG eröffneten Spielraum konkretisiert und einschränkt.[30]

3. *Wechselseitige Ausgleichshaftung der Gemeinschuldner*

So lässt sich das Gebot der Gläubigergleichbehandlung auch durch eine wechselseitige Ausgleichshaftung der Gläubiger begründen.[31] Dieser Gedanke ergibt sich aus der Überlegung, dass die Gläubiger in Kenntnis des Vorhandenseins auch weiterer Gläubiger an der Betriebsgefahr des Schuldunternehmens teilnehmen. Sie gewähren dem Unternehmen Kredite oder begründen Forderungen gegen

---

26 Vgl. *Häsemeyer*, Gleichbehandlung, KTS 1982, 507, 516; *Bauer*, Ungleichbehandlung der Gläubiger im geltenden Insolvenzrecht, 2007, 66 f.

27 Vgl. *Henckel*, Vorrechte, in: Prütting/Vallender, FS Uhlenbruck, 2000, 19, 19 und 30.

28 So auch *Bauer*, Ungleichbehandlung der Gläubiger im geltenden Insolvenzrecht, 2007, 67; *Bauer*, Insolvenzvorrechte, ZInsO 2008, 119, 123 f. A. A. *Gassert-Schumacher*, Privilegien in der Insolvenz, 2002, 326 ; *Jeremias*, Internationale Insolvenzaufrechnung, 2005, 119; *Baur/Stürner*, Zwangsvollstreckungs-, Konkurs- und Vergleichsrecht, Band 2, 1990, Rn. 5.37.

29 Grundsätzliche Kritik am Gleichbehandlungsgrundsatz üben bspw. *Flessner*, Grundfragen, ZIP 1981, 113, 117 f. (dazu *Uhlenbruck*, Sanierung, KTS 1981, 513, 568); *Stürner*, Konkursrecht, ZZP 1981, 263, 270.

30 Vgl. *Hueck*, Der Grundsatz der gleichmäßigen Behandlung im Privatrecht, 1958, 106 f., der darauf hinweist, dass der „Gleichbehandlungsgrundsatz zwar seinem Ursprunge nach auf dem Gerechtigkeitsgedanken beruht, daß dieser allein aber als Rechtsgrundlage nicht ausreicht, sondern durch weitere Gesichtspunkte ergänzt werden muß".

31 Vgl. *Häsemeyer*, Gleichbehandlung, KTS 1982, 507, 521 ff.

dieses.[32] Diese Teilhabe an der Betriebsgefahr setzt sich als Verlustrealisierung in der Insolvenz fort. Man kann argumentieren, dass die eigentliche Funktion des Insolvenzverfahrens nicht in der gemeinschaftlichen Befriedigung der Gläubiger liegt, sondern in der verfahrensrechtlichen Herbeiführung der Gewissheit, dass die Masse des Schuldners nicht für die vollständige Befriedigung aller Gläubiger ausreichen wird.[33] Insofern ergibt sich eine wechselseitige Ausgleichshaftung der Gläubiger, an der jeder durch Kürzungen seiner Forderung im Verhältnis zur Forderungshöhe in gleichem Maße teilnimmt. Werden einzelne Gläubiger bevorrechtigt behandelt, so zerstört dies die wechselseitige Ausgleichshaftung. Für den wirtschaftlichen Schaden haften dann die im Rang nachfolgenden Gläubiger teilweise oder vollständig. Ist der Fiskus der bevorrechtigte Gläubiger, lässt sich argumentieren, dass das Vorrecht für die übrigen Gläubiger wie eine Sonderabgabe wirkt.[34]

4. *Eigentumsgarantie, Art. 14 GG*

Auch die Eigentumsgarantie des Art. 14 Abs. 1 GG lässt sich zur Begründung des Gebots der Gläubigergleichbehandlung heranziehen.[35] Nach der Rechtsprechung des BVerfG umfasst die Eigentumsgarantie auch schuldrechtliche Forderungen. Hieraus ergibt sich wiederum das Gebot der Gewährung eines effektiven Rechtsschutzes.[36] Im Insolvenzverfahren ist der Gläubiger nicht mehr in der Lage, seine Forderungen eigenmächtig durchzusetzen. Einzelvollstreckungsmaßnahmen sind untersagt (§§ 87 ff. InsO) und das Insolvenzverfahren führt als Gesamtvollstreckungsverfahren zu einer gemeinschaftlichen Befriedigung aller Gläubiger. Wird die Gleichbehandlung dabei durchbrochen, ist der Rechtsschutz der Gläubiger nicht mehr ausreichend gewährleistet.

---

32 Vgl. *Bauer,* Unzulässigkeit, ZInsO 2010, 1432, 1435.

33 *Bauer,* Unzulässigkeit, ZInsO 2010, 1432, 1435; *Smid,* Kreditsicherheiten in der Insolvenz des Sicherungsgebers, 2003, 82.

34 Vgl. *Häsemeyer,* Gleichbehandlung, KTS 1982, 507, 531 f.; *Bauer,* Unzulässigkeit, ZInsO 2010, 1432, 1435.

35 Vgl. *Berges,* Gleichbehandlung, KTS 1957, 49, 57 f.; *Dann,* Das Konkursvorrecht der Öffentlichen Abgaben, 1962, 23; *Bauer,* Ungleichbehandlung der Gläubiger im geltenden Insolvenzrecht, 2007, 72 ff.

36 Vgl. *Bauer,* Unzulässigkeit, ZInsO 2010, 1432, 1435.

II. Durchbrechung des Gleichbehandlungsgrundsatzes

Die vorangegangenen Überlegungen zeigen die Wichtigkeit einer Gläubigergleichbehandlung im Insolvenzverfahren, stellen aber auch gleichzeitig dar, wie konfliktbehaftet diese Thematik ist. Die Herleitung aus Art. 3 GG zeigt, dass eine Durchbrechung des Gleichbehandlungsgrundsatzes durchaus möglich ist, jedoch nicht willkürlich erfolgen darf.[37] Die wechselseitige Ausgleichshaftung der Gläubiger sollte dabei ebenso wenig zerstört werden wie die Gewährung eines effektiven Rechtsschutzes. Gesamtwirtschaftlich lässt sich darauf abstellen, dass eine Effizienzsteigerung für alle Beteiligten angestrebt werden sollte.

Fakt ist in jedem Fall, dass eine hundertprozentige Umsetzung der Gläubigergleichbehandlung nie stattgefunden hat und wohl auch nicht beabsichtigt ist.[38] Als gutes Beispiel lassen sich hier die Arbeitnehmer des insolventen Unternehmens aufführen.[39] Auch diese hätten bei einer vollständigen Gleichbehandlung für ihre vor Eröffnung des Insolvenzverfahrens nicht beglichenen Lohnforderungen nur einen Anspruch auf die Insolvenzquote. Die Arbeitnehmer stellen jedoch einen überlebenswichtigen Faktor für das insolvente Unternehmen dar. Werden die Lohnforderungen nicht schnellstmöglich beglichen, ist davon auszugehen, dass die Arbeitnehmer ihre Arbeit niederlegen. Dies würde eine Betriebsfortführung sehr erschweren, wenn nicht gar unmöglich machen. Es lässt sich daher rechtfertigen, dass die Lohnforderungen eine bevorzugte Behandlung erfahren, da dies dem Ablauf des Insolvenzverfahrens nützt und daher letztlich allen Gläubigern zugutekommt.[40] Es wird weder die wechselseitige Ausgleichshaftung der Gläubiger, noch die Gewährung des effektiven Rechtsschutzes bedroht. Im aktuellen Recht[41] werden die Lohnforderungen der letzten drei Monate vor Insolvenzeröffnung daher durch das Insolvenzgeld über die Bundesagentur für Arbeit finanziert (§ 55 Abs. 3 InsO; § 187 SGB III).[42] Hierin ist zu Recht

---

37 Vgl. *Hueck*, Der Grundsatz der gleichmäßigen Behandlung im Privatrecht, 1958, 173 ff.

38 Auch die Gesetzesbegründung zur Einführung der InsO stellt klar, dass es kein klassenloses Verfahren geben wird, vgl. BT-Drucks. 12/2443, 81.

39 Vgl. *Onusseit*, Neuregelung, ZInsO 2011, 641, 643.

40 Vgl. *Onusseit*, Neuregelung, ZInsO 2011, 641, 643.

41 Bereits zu Zeiten der KO gab es das vergleichbare Instrument des Konkursausfallgeldes (§§ 141 ff. AFG 1969) und die Einordnung der Lohnforderungen an erster Stelle des Privilegienkatalogs des § 61 KO bzw. Zuordnung zu den Masseschulden gem. § 59 Abs. 1 Nr. 3 KO.

42 Vgl. § 165 Abs. 1 SGB III. Insolvenzgeld wird für nicht beglichene Löhne und Gehälter im Zeitraum von drei Monat vor Eröffnung des Insolvenzverfahrens gewährt.

ein Privileg der Arbeitnehmer zu sehen, das jedoch mit den zuvor erarbeiteten Grundsätzen vereinbar erscheint.[43]

Als Weiteres stellt sich die Frage, wie mit Sicherungsrechten einzelner Gläubiger zu verfahren ist.[44] Wer bereits vor Insolvenz des Geschäftspartners ausreichend vorsorgt, hat im Fall der Fälle Anspruch auf gesonderte Befriedigung im Rahmen der Aus- und Absonderung (§§ 47 ff. InsO).[45] Im Zuge einer Bestrebung nach größtmöglicher Gläubigergleichbehandlung ließe sich hieran durchaus Kritik üben. Einflussreiche Gläubiger (z. B. Banken) nutzen ihre Position, um vorsorglich für eine größtmögliche Absicherung ihrer Forderungen zu sorgen. Diese Möglichkeit steht nicht jedem Gläubiger in gleichem Umfang zur Verfügung. Dennoch hat der Gesetzgeber die Entscheidung getroffen, derlei Rechte im Insolvenzverfahren anzuerkennen. Das Streben nach einer Gleichbehandlung der Gläubiger erstreckt sich dadurch vor allem auf das Verhältnis unbesicherter Forderungen untereinander.

Festzuhalten bleibt, dass es immer wieder zu Durchbrechungen des Grundsatzes des par conditio creditorum kommt, von denen sich jede die Frage nach ihrer Rechtfertigung gefallen lassen muss. Dies führt letztlich auch zu Begehrlichkeiten anderer Interessengruppen, die ebenfalls gerne eine Bevorzugung ihrer Forderungen erreichen würden. Zu nennen sind hier vor allem die öffentlichen Gläubiger, zu denen der Fiskus, aber auch die Sozialversicherungsträger zählen. Beide versuchen immer wieder, die eigene Position verbessernde Regelungen durchzusetzen.[46] Bei der Frage, ob es sich bei einer entsprechenden Regelung

---

Da dieser Anspruch erst mit Eröffnung des Verfahrens entsteht, ist oftmals eine Insolvenzgeldvorfinanzierung notwendig. Dafür muss der vorläufige Insolvenzverwalter bei einer Bank ein Darlehen aufnehmen. Die Mitarbeiter treten im Gegenzug ihren Anspruch auf Insolvenzgeld an die Bank ab. Die Bundesagentur für Arbeit muss der Abtretung zustimmen (§ 170 Abs. 4 SGB III). Die Lohn- und Gehaltsforderungen gehen auf die Bundesagentur für Arbeit über und können von dieser als Insolvenzforderungen geltend gemacht werden.

43 Auch wenn dies für den Fiskus nicht behauptet werden kann, gibt es Forderungen den Fiskus ebenso wie die Arbeitnehmer zu bevorzugen, vgl. *Zimmer,* HBeglG 2011, ZInsO 2010, 2299, 2301.

44 Vgl. *Schmidt,* Ökonomische Analyse des Insolvenzrechts, 1980, 96 ff.

45 Vgl. *Bauer,* Ungleichbehandlung der Gläubiger im geltenden Insolvenzrecht, 2007, 4 f.

46 Als Beispiel für die Sozialversicherungsträger sei auf die Änderung von § 28e Abs. 1 SGB IV mit Wirkung zum 01.01.2008 verwiesen. Vgl. *Blank,* Anfechtung, ZInsO 2008, 1, 1 ff. Es wurde ein Satz 2 eingefügt, der lautet: *„Die Zahlung des vom Beschäftigten zu tragenden Teils des Gesamtsozialversicherungsbeitrags gilt als aus dem Vermögen des Beschäftigten erbracht."*, vgl. SGBIVuaÄndG v. 19.12.2007, BGBl. I 2007, 3024, 3027.

um eine Privilegierung handelt, ist dabei vor allem darauf abzustellen, ob dem begünstigten Gläubiger ein Vorteil entsteht, der einem anderen Gläubiger nicht zur Verfügung steht. Umgekehrt ist jedoch auch sicherzustellen, dass ein Gläubiger nicht systematisch gegenüber den anderen Gläubigern benachteiligt wird. Spätestens hier wird erneut Konfliktpotential deutlich. Zugunsten des Fiskus wird nämlich durchaus argumentiert, dass dieser im Insolvenzverfahren im Vergleich zu anderen Gläubigern benachteiligt würde, weshalb er besonderen Schutzes bedürfe.[47] Wäre dies der Fall, läge in einer Bevorzugung tatsächlich keine Privilegierung, sondern gerade die Herstellung der Gleichbehandlung begründet.

Die vorliegende Arbeit sieht es jedoch nicht als ihre Hauptaufgabe, über die Begründetheit der im weiteren Verlauf dargestellten Regelungen zu diskutieren. Neutraler wäre es daher nicht von Privilegien, Vorrechten oder Bevorzugungen zu sprechen, sondern allgemeiner von Besserstellungen des Fiskus. Und zwar nicht im Vergleich zur übrigen Gläubigergemeinschaft, sondern im Vergleich zu einer Rechtslage ohne die entsprechende Regelung. In den meisten Fällen wird das Ergebnis das Gleiche sein, jedoch soll mit der bloßen Auflistung der betroffenen Regelungen in dieser Arbeit nicht automatisch eine Wertung über deren Berechtigung einhergehen.

Durch diese im SGB IV versteckte Formulierung sollte erreicht werden, dass eine Anfechtung gegenüber den Sozialversicherungsträgern nicht mehr möglich ist. Der BGH erklärte die Anfechtung trotz der Neuregelung für zulässig, vgl. BGH, Urteil v. 05.11.2009, IX ZR 233/08, BGHZ 183, 86.

47 Siehe hierzu im Folgenden Teil III, Kapitel B, S. 38 ff.

Teil II – Historische Entwicklung von Vorrechten im Insolvenzrecht

A. Rechtslage vor der Insolvenzrechtsreform

Bis zur Einführung der InsO im Jahre 1999 galten in der Bundesrepublik Deutschland drei insolvenzrechtliche Gesetze parallel. Geschuldet war dies der Wiedervereinigung und der damit einhergehenden Unterteilung in alte und neue Bundesländer, deren Trennung sich auch in der Gesetzeslage fortsetzte. In den alten Bundesländern galt die Konkursordnung (KO) sowie die Vergleichsordnung (VglO), in den neuen Bundesländern die Gesamtvollstreckungsordnung (GesO).

I. Konkursordnung von 1877

Dem *Konkursverfahren* kam die Funktion zu, „*lebensuntüchtige und wettbewerbsunfähige oder -unwürdige Mitbewerber aus dem wirtschaftlichen Wettbewerb durch ein gesetzlich geregeltes Abwicklungsverfahren auszuscheiden.*“[48] Im Gegensatz zum *Vergleichsverfahren*[49] stand immer eine Zerschlagung des betroffenen Unternehmens im Vordergrund. Die Fortführung des Betriebes für einen längeren Zeitraum war nicht beabsichtigt. Das Verfahren diente der Haftungsverwirklichung unter gleichzeitigem Ausschalten des in der Einzelzwangsvollstreckung geltenden Prioritätsprinzips.[50] Es galt das Prinzip des „par conditio creditorum“ und somit der Grundsatz der Verlustgemeinschaft.[51]

Trotz dieses allgemein anerkannten Grundsatzes kam es zu zahlreichen gesetzlich kodifizierten Durchbrechungen der Gläubigergleichbehandlung (§ 61 KO).[52] Die zu befriedigenden Konkursforderungen wurden in verschiedene Rangklassen eingeteilt. Die Befriedigung erfolgte nach dieser

---

48 *Uhlenbruck/Delhaes,* Konkurs- und Vergleichsverfahren, 1990, Rn. 1 (im Original nicht kursiv).

49 Siehe im Folgenden Teil II, Kapitel A.II, S. 25 f.

50 Vgl. *Uhlenbruck/Delhaes,* Konkurs- und Vergleichsverfahren, 1990, Rn. 1.

51 Vgl. *Uhlenbruck/Delhaes,* Konkurs- und Vergleichsverfahren, 1990, Rn. 5.

52 Neben dem § 61 KO existierten weitere Vorrechte, die diesem vor gingen, sich jedoch auf einen bestimmten Teil der Konkursmasse beschränkten, vgl. *Mentzel/Kuhn/Uhlenbruck,* Konkursordnung, 1994, § 61, Rz. 8 ff. Hierzu zählte z. B. das Vorrecht der Pfandbrief- und Schuldverschreibungsgläubiger, das Vorrecht der

Rangordnung, wobei gleichrangige Forderungen bei nicht ausreichender Masse nach dem Verhältnis ihrer Beträge berichtigt wurden.[53] Eine Bevorrechtigung stellte dabei kein selbstständiges Recht, sondern eine Eigenschaft der Forderung dar.[54] Insgesamt wurde zwischen sechs Rangklassen unterschieden, wobei sich im sechsten und damit letzten Rang die gewöhnlichen und somit im Ergebnis nicht bevorrechtigten Konkursforderungen befanden.[55] Die Gläubiger in dieser Rangklasse konnten nur mit einer Zahlung auf ihre Forderung rechnen, wenn alle vorangegangenen Ränge bereits in voller Höhe bedient worden waren.

1. *Rangliste des § 61 KO*

a) Erster Rang, Abs. 1 Nr. 1 a–e KO „Arbeitnehmer u.a."

Der Kreis der bevorrechtigten Personen im ersten Rang setzte sich aus unterschiedlichsten Akteuren zusammen. So nennt das Gesetz nebeneinander Arbeitnehmer, im Rahmen betrieblicher Berufsbildung Beschäftigte, in Heimarbeit Beschäftigte und ihnen Gleichgestellte, Handelsvertreter und Berechtigte auf Leistungen aus einer betrieblichen Altersversorgung.[56] Dabei war allein schon der Begriff des Arbeitnehmers stark auslegungsbedürftig.[57]

Die Privilegierung war beschränkt auf Rückstände für das letzte Jahr vor der Konkurseröffnung oder dem Tod des Erblassers. Dabei galt als weitere Einschränkung, dass die Forderungen keine Masseschulden sein durften. Gemäß

Versicherungsnehmer im Konkurs des Versicherungsvereins auf Gegenseitigkeit und das Vorrecht nach § 32 DepotG; siehe Teil II, Kapitel A.I.2, S. 24.

53 § 61 Abs. 2 KO; vgl. *Uhlenbruck/Delhaes,* Konkurs- und Vergleichsverfahren, 1990, Rn. 751 ff.

54 „Das Vorrecht beruht auf dem Entstehungsgrund der Forderung und haftet ihr als eine ihr selbst innewohnenden Kraft an.", *Mentzel/Kuhn/Uhlenbruck,* Konkursordnung, 1994, § 61, Rz. 2, BGH, Beschluss v. 12.07.1951, IV ZB 33/51, BGHZ 3, 135, 136 f.; BGH, Urteil v. 08.04.1954, III ZR 349/52, BGHZ 13, 73, 77; BGH, Urteil v. 16.02.1961, III ZR 71/60, BGHZ 34, 293, 298; BGH, Urteil v. 18.12.1972, III ZR 213/70, NJW 1973, 468, 468. Wird eine Forderung übertragen, geht demnach auch das Vorrecht auf den Erwerber über.

55 In einem Nachlasskonkurs ließ sich noch ein siebter Rang definieren, in dem die in den §§ 226 Abs. 2, 227 KO definierten Nachlassverbindlichkeiten erst nach vollständiger Befriedigung aller Forderungen auch des sechsten Ranges bedient wurden.

56 *Mentzel/Kuhn/Uhlenbruck,* Konkursordnung, 1994, § 61, Rz. 25.

57 Vgl. hierzu bspw. *Mentzel/Kuhn/Uhlenbruck,* Konkursordnung, 1994, § 61, Rz. 26 ff. m. w. N.

§ 59 Abs. 1 Nr. 3 KO galten die oben genannten Forderungen im Zeitraum der letzten sechs Monate vor der Eröffnung des Verfahrens oder dem Tod des Erblassers als Masseschulden.[58] Damit beschränkte sich die Anwendung des § 61 Abs. 1 KO auf den Zeitraum von sieben bis-zwölf Monaten vor Verfahrenseröffnung bzw. Tod des Gemeinschuldners.[59]

Eine weitere Günstigerstellung der Arbeitnehmer ergab sich aus der Vorfinanzierung durch das Konkursausfallgeld.[60] Dieses wurde auf Antrag für rückständige Forderungen der letzten drei Monate vor Verfahrenseröffnung gewährt. Die Ansprüche gingen sodann auf die Bundesanstalt für Arbeit über (§ 141m Abs. 1 AFG 1969), verloren ihren Masseschuldcharakter und mussten durch die Bundesanstalt als Konkursforderungen im Rang des § 61 Abs. 1 Nr. 1 KO zur Konkurstabelle angemeldet werden.[61] Im heutigen Recht ist das Konkursausfallgeld durch das vergleichbare Instrument des Insolvenzgeldes ersetzt worden.

Im Gegensatz zum nachfolgend diskutierten § 61 Abs. 1 Nr. 2 KO kam es bei den Forderungen nicht darauf an, wann diese fällig geworden waren, sondern für welche Zeit die Forderung das Entgelt von Diensten darstellte.[62]

b) Zweiter Rang, Abs. 1 Nr. 2 KO „Fiskusprivileg“

An zweiter Stelle der Befriedigungsreihenfolge folgten die Forderungen des Fiskus aus öffentlichen Abgaben. Die Privilegierung betraf alle Abgabenforderungen, welche im letzten Jahr vor der Eröffnung des Verfahrens *fällig* geworden waren oder nach § 65 KO als fällig galten. Dies betraf vor allem Steuern und Zölle.[63]

---

58 Die Zuordnung als Masseschulden führt zu einer Bevorrechtigung, die über den Wirkungskreis des § 61 KO hinaus geht. Masseschulden sind noch vor Konkursforderungen zu begleichen. Reicht die vorhandene Konkursmasse nicht aus, um alle Massegläubiger in voller Höhe zu befriedigen (Masseunzulänglichkeit), erfolgt eine (quotale) Befriedigung nach der Rangordnung des § 60 KO (Konkurs im Konkurs), die auch oben genannte Masseschulden umfasst.

59 Vgl. *Mentzel/Kuhn/Uhlenbruck*, Konkursordnung, 1994, § 61, Rz. 47.

60 Das Konkursausfallgeld entspricht dem Insolvenzgeld nach aktueller Rechtslage.

61 Vgl. *Uhlenbruck/Delhaes*, Konkurs- und Vergleichsverfahren, 1990, Rn. 851.

62 Vgl. *Mentzel/Kuhn/Uhlenbruck*, Konkursordnung, 1994, § 61, Rz. 47a m. w. N.

63 Nicht bevorrechtigt waren bspw. Abgaben mit Entgeltcharakter (Gerichtsgebühren, Rundfunkgebühren, u. ä.) sowie Säumniszuschläge oder Geldstrafen u. ä. (§ 63 KO); vgl. *Mentzel/Kuhn/Uhlenbruck*, Konkursordnung, 1994, § 61, Rz. 52 ff.

Die Anknüpfung an die Fälligkeit der Forderung bereitete entsprechende Abgrenzungsschwierigkeiten. Gemäß § 3 Abs. 1 KO galten alle Forderungen, die zur Zeit der Eröffnung des Verfahrens *begründet* waren, als Konkursforderungen. Dabei musste nicht die Forderung selbst bereits entstanden sein, sondern lediglich der „Schuldrechtsorganismus“, der die Grundlage dieses Anspruchs bildete.[64] Die Frage der Begründetheit i. S. d. § 3 KO richtete sich nach Konkursrecht und nicht nach Steuerrecht.[65] Steuerrechtlich *entsteht* die Steuer gemäß § 38 AO erst, sobald der Tatbestand verwirklicht ist, an den das Gesetz die Leistungspflicht knüpft. Es ist daher möglich, dass eine Steuerforderung gemäß § 38 AO erst nach Konkurseröffnung entsteht,[66] aber konkursrechtlich i. S. d. § 3 KO bereits vor Konkurseröffnung begründet wurde.[67] Eine Steuerforderung wird dabei niemals *fällig* sein, bevor sie steuerrechtlich entstanden ist.[68]

Abbildung 1: Zeitliche Abfolge für § 61 Abs. 1 Nr. 2 KO relevanter Rechtsbegriffe[69]

Begründetheit →	**Entstehung** →	**Fälligkeit**
• Konkursrechtlich • Schuldrechtsorganismus muss entstanden sein • Entscheidet über die Zuordnung als Konkurs- oder Masseforderung	• Steuerrechtlich • Tatbestand, an den das Gesetz die Leistungspflicht knüpft • Entscheidet über die grundsätzliche Anwendbarkeit des § 61 Abs. 1 Nr. 2 KO	• Entscheidet über Begünstigung durch § 61 Abs. 1 Nr. 2 KO

Es war daher möglich, dass Steuerforderungen zwar Konkursforderungen waren, aber mangels steuerrechtlicher Entstehung und damit auch Fälligkeit nicht

64 Vgl. BFH, Beschluss v. 29.09.1970, II B 22/70, KTS 1971, 111, 115 f.; BFH, Urteil v. 14.10.1977, III R 111/75, NJW 1978, 559; BFH, Beschluss v. 28.07.1983, V S 8/81, ZIP 1983, 1120; *Mentzel/Kuhn/Uhlenbruck*, Konkursordnung, 1994, § 3, Rz. 11.

65 Vgl. *Frotscher*, Steuern im Konkurs, 1990, 58 f.; *Mentzel/Kuhn/Uhlenbruck*, Konkursordnung, 1994, § 3, Rz. 11.

66 Z. B. durch eine Handlung des Konkursverwalters.

67 Vgl. *Mentzel/Kuhn/Uhlenbruck*, Konkursordnung, 1994, § 3, Rz. 11.

68 Vgl. BFH, Urteil v. 03.06.1981, II R 78/80, ZIP 1981, 1261.

69 Eigene Darstellung.

unter § 61 Abs. 1 Nr. 2 KO fielen.[70] Auch die Fiktion des § 65 KO (betagte Forderungen) änderte daran nichts. Wichtig war hierbei die Abgrenzung zwischen betagten und befristeten Forderungen. War die Steuerforderung i. S. d. § 3 KO begründet und gemäß § 38 AO vor Konkurseröffnung entstanden, aber noch nicht fällig, so handelte es sich um eine betagte Forderung, die gemäß § 65 KO mit Eröffnung des Verfahrens als fällig galt.[71] War die Forderung zwar begründet, aber steuerrechtlich noch nicht entstanden, handelte es sich um eine befristete Forderung, die aufschiebend bedingt i. S. d. § 67 KO nur zur Sicherung berechtigte.[72] Sie fiel nicht unter § 65 KO und damit nicht in die Privilegierung des § 61 Abs. 1 Nr. 2 KO.[73]

---

70 Vgl. BFH, Urteil v. 03.06.1981, II R 78/80, ZIP 1981, 1261.

71 Vgl. *Frotscher,* Steuern im Konkurs, 1990, 62 ff., der auf die Schwierigkeiten bei der Auslegung des Begriffs „Betagung" hinweist.

72 Am Beispiel der Umsatzsteuer vgl. *Mentzel/Kuhn/Uhlenbruck,* Konkursordnung, 1994, § 61, Rz. 59.; siehe auch BFH, Beschluss v. 31.01.1956, V 223/55, KTS 1956, 125 „Die bis zur Konkurseröffnung geschuldete Umsatzsteuer ist für den Steuergläubiger eine befristete Konkursforderung. Die Tatsache, daß sie i. S. d. § 3 Abs. 5 Ziff. 4 a StAnpG erst nach Konkurseröffnung „entstanden" ist, steht dem nicht entgegen und gibt ihr nicht die Eigenschaft einer Massekostenforderung."; *Dann,* Das Konkursvorrecht der Öffentlichen Abgaben, 1962, 33.

73 Widersprüchlich jedoch *Mentzel/Kuhn/Uhlenbruck,* Konkursordnung, 1994, § 61, Rz. 56, der mit Verweis auf BFH, Beschluss v. 29.09.1970, II B 22/70, KTS 1971, 111, 116 angibt, es könne bevorrechtigte Forderungen geben, die erst nach Konkurseröffnung entstanden sind. Das zitierte Urteil gibt jedoch nur Auskunft über die Einordnung als Masse- oder Konkursforderung und nicht über deren Bevorrechtigung gem. § 61 KO. Unter § 65, Rz. 7a heißt es bei Kuhn/Uhlenbruck dann wieder: „Eine befristete [und damit nicht bevorrechtigte Forderung, Anm. d. Verf.] liegt nur vor, wenn sie im maßgebenden Zeitpunkt zwar konkursrechtlich i. S. von § 3 [KO, Anm. d. Verf.] begründet, aber steuerrechtlich noch nicht entstanden ist."

Abbildung 2: Mehrstufige Prüfung im Rahmen des § 61 Abs. 1 Nr. 2 KO[74]

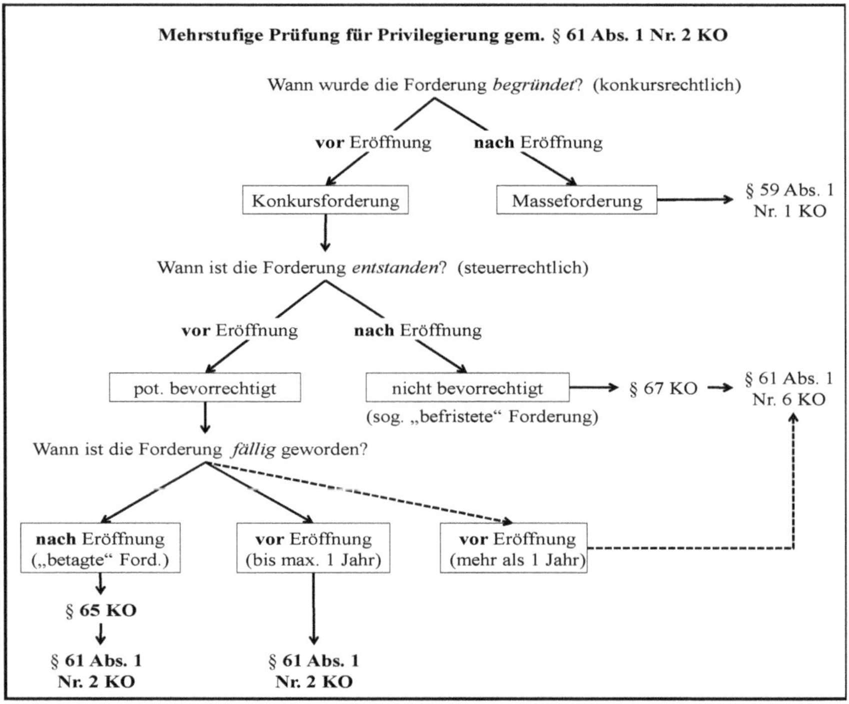

Es zeigt sich damit, dass die Privilegierung fiskalischer Forderungen bereits im alten Recht ein komplizierter und in seiner Anwendung stark diskussionsbedürftiger Sachverhalt war. Die exakte Unterscheidung zwischen *Begründetheit, Entstehung* und *Fälligkeit* der Forderung war elementar. Dies resultiert vor allem daraus, dass in der Frage der Einordnung einer Forderung als Konkurs- oder Masseforderung – also bei der Frage nach der Begründetheit – eine wirtschaftliche Betrachtungsweise maßgeblich war. Es wurde darauf abgestellt, ob der entsprechende Lebenssachverhalt bereits vor Eröffnung des Verfahrens abgeschlossen war. Für die Frage der Privilegierung durch § 61 Abs. 1 Nr. 2 KO wurde aber auf die Fälligkeit Bezug genommen, die sich aus einer rein juristischen Betrachtungsweise nach dem im Gesetz bestimmten Zeitpunkt richtet.

Insgesamt ist jedoch festzustellen, dass nach alter Rechtslage eine weitreichende Privilegierung der Forderungen des Fiskus stattfand. Der Fall, dass eine

74 Eigene Darstellung.

Forderung zwar vor Konkurseröffnung begründet wurde, aber erst nach Konkurseröffnung entstand, betraf vor allem Umsatzsteueransprüche. Der steuerpflichtige Umsatz konnte vor Eröffnung des Verfahrens begründet worden sein, die Steuer entstand jedoch erst mit Ablauf des Voranmeldungszeitraums (§ 13 Abs. 1 UStG), der u. U. nach Eröffnung des Verfahrens lag.[75] Dieser Teil der Umsatzsteuerforderungen fiel damit nicht in die Privilegierung des § 61 Abs. 1 Nr. 2 KO. Ansonsten stellte die Anwendung des Vorrechts, begrenzt auf alle Forderungen, die innerhalb eines Jahres vor Eröffnung des Verfahrens fällig geworden waren, die Regel dar.[76]

c) Dritter bis fünfter Rang, Abs. 1 Nr. 3–5 KO „Kirche, Ärzte, Angehörige"

Nachfolgend fanden sich die Ränge drei bis fünf, die für die vorliegende Arbeit von untergeordneter Bedeutung sind, aber zur Vollständigkeit kurz erwähnt werden sollen.

Der dritte Rang betraf die Forderungen der Kirchen, öffentlicher Schulen, öffentlicher Verbände sowie öffentlicher Feuerversicherungsanstalten. Bevorrechtigt waren nur die nach Gesetz oder Verfassung zu entrichtenden Abgaben und Leistungen aus dem letzten Jahr vor Konkurseröffnung, wobei wiederum die Fälligkeit und nicht die Entstehung der Forderung relevant war.[77]

Der vierte Rang stand den Ärzten, Zahnärzten, Tierärzten, Apothekern, Hebammen und Krankenpflegern zu. Wie bei § 61 Abs. 1 Nr. 1 KO umfasste die Begünstigung alle Forderungen, die im Jahr vor der Konkurseröffnung entstanden waren. Die Fälligkeit war nicht relevant.[78]

Begünstigt im fünften Rang waren die Kinder, Mündel, Betreuten und Pflegebefohlenen des Gemeinschuldners. Dies betraf Ansprüche aus der gesetzlichen Verwaltung ihres Vermögens durch den Gemeinschuldner, jedoch, wenn seit der Beendigung der Vermögensverwaltung mehr als zwei Jahre verstrichen waren, nur die Forderungen, die gerichtlich geltend gemacht und bis zur Eröffnung des Verfahrens verfolgt worden waren.[79]

---

75 Vgl. *Frotscher*, Steuern im Konkurs, 1990, 210; *Mentzel/Kuhn/Uhlenbruck*, Konkursordnung, 1994, § 67, Rz. 4 a.

76 Maßgebend war hierbei der erste Fälligkeitszeitpunkt. Streitig war jedoch, ob eine Stundung (insb. *vor* Eintritt der ersten Fälligkeit) auch das Vorrecht erhalten könne. Vgl. bspw. *Frotscher*, Steuern im Konkurs, 1990, 73 ff. m.w.N., dies verneinend.

77 Vgl. *Mentzel/Kuhn/Uhlenbruck*, Konkursordnung, 1994, § 61, Rz. 69 f.

78 Vgl. *Mentzel/Kuhn/Uhlenbruck*, Konkursordnung, 1994, § 61, Rz. 77.

79 Vgl. *Mentzel/Kuhn/Uhlenbruck*, Konkursordnung, 1994, § 61, Rz. 72 ff.

d) Sechster Rang, Abs. 1 Nr. 6 KO „Nicht bevorrechtigte Gläubiger“

Der sechste Rang stellte den Fall der einfachen, nicht bevorrechtigten Konkursforderungen dar. Jede zur Konkurstabelle angemeldete Forderung erhielt automatisch diesen Rangplatz. Eine bevorrechtigte Stellung im Rang eins bis fünf musste ausdrücklich beantragt werden. Ein Vorrecht konnte jedoch auch noch nachträglich beansprucht werden, wenn die Forderung bereits ohne Vorrang zur Konkurstabelle festgestellt worden war.[80]

Gläubiger im sechsten Rang konnten nur auf eine quotale Befriedigung ihrer Forderungen hoffen, wenn genügend Konkursmasse verfügbar war, um alle vorherigen Ränge in voller Höhe zu bedienen. Insbesondere für den einfachen Lieferanten von Waren oder Erbringer von Dienstleistungen bedeutete dies im Regelfall, dass er keine Zahlung auf seine Forderungen erwarten konnte.[81]

2. Weitere Vorrechte außerhalb der Konkursordnung

Weitere Durchbrechungen der Gläubigergleichbehandlung fanden sich in Spezialgesetzen, die sich jedoch auf einen bestimmten Teil der Konkursmasse beschränkten.[82] Sie gingen sogar der Rangfolge des § 61 KO voraus und waren vergleichbar mit den Absonderungsrechten, mussten aber anders als diese innerhalb des Konkurses durch Anmeldung der Forderungen und des Vorrechts geltend gemacht werden.

Im Konkurs einer Hypothekenbank bspw. hatten die Pfandbriefgläubiger sowie Gläubiger der in § 5 Abs. 1 Nr. 1 HypBG genannten Kommunalschuldverschreibungen einen Anspruch auf Befriedigung ihrer Forderungen einschließlich seit der Eröffnung des Konkursverfahrens angefallener Zinsforderungen vor allen anderen Konkursgläubigern (§ 35 Abs. 1 S. 1 HypBG).[83] Ähnliche

---

80 Dies konnte sich jedoch als nachteilig erweisen, sofern der Konkursverwalter bereits Ausschüttungen vorgenommen hatte. In diesem Fall musste der Gläubiger sich die bereits erhaltene Ausschüttung auf die ganzen Forderungen (also auch den bevorrechtigten Teil) anrechnen lassen. Vgl. *Mentzel/Kuhn/Uhlenbruck,* Konkursordnung, 1994, § 61, Rz. 5 a.

81 Die Deckungsquote nicht bevorrechtigter Forderungen lag 1950 noch bei 11,6 %, 1957 bei 9,0 %, 1958 nur noch bei 7,8 %; vgl. *Doehring,* Insolvenzstatistik 1959, KTS 1960, 150, 152. Zeitgleich nahm die Anzahl der Verfahren, in denen gar keine Quote an die nicht bevorrechtigten Gläubiger ausgeschüttet werden konnte stetig zu. 1972 lag die Quote masseloser Konkurse bei gewerblichen Unternehmen bereits bei 54,4 %, vgl. *Doehring,* Insolvenzstatistik 1972, KTS 1974, 15, 21.

82 Vgl. *Mentzel/Kuhn/Uhlenbruck,* Konkursordnung, 1994, § 61, Rz. 8.

83 Vgl. *Mentzel/Kuhn/Uhlenbruck,* Konkursordnung, 1994, § 61, Rz. 9.

Vorschriften galten für den Konkurs der landwirtschaftlichen Rentenbank,[84] der Industriekreditbank Aktiengesellschaft[85] sowie für den Konkurs einer Schiffspfandbriefbank[86].

Den Versicherungsnehmern im Konkurs einer Aktiengesellschaft oder eines Versicherungsvereins auf Gegenseitigkeit, die eine Lebensversicherung betrieben, stand gemäß § 77 Abs. 3 VAG eine vorzugsweise Befriedigung wegen ihrer Forderungen auf die rechnungsmäßige Deckungsrücklage aus den in das Register der Bestände des Deckungsstocks eingetragenen Gegenstände insoweit zu, als für die Deckungsrücklage die Zuführung zum Deckungsstock vorgeschrieben war.[87]

Im Wertpapierverkehr galt das Vorrecht des § 32 DepotG, das den Konkurs eines der in den §§ 1, 17, 18 DepotG bezeichneten Verwahrer, Pfandgläubiger oder Kommissionäre voraussetzte. Begünstigt waren nur die in § 32 DepotG genannten Gläubigergruppen, bei denen es sich um Kommitenten, Hinterleger, Verpfänder oder Wertpapierkäufer handelte.[88]

Die Auflistung ist nicht abschließend, soll aber an dieser Stelle ausreichend sein. Deutlich erkennbar ist, dass der Grundsatz der Gläubigergleichbehandlung immer wieder zugunsten einzelner Interessengruppen durchbrochen wurde. Von einer konsequenten Durchsetzung des „par conditio creditorum" kann in diesem Zusammenhang keine Rede sein.

Anzumerken ist, dass die vorgenannten Vorrechte zum Teil auch die Reform hin zur InsO überlebt haben und weiter fortbestehen.[89]

II. Vergleichsordnung von 1935

Das gerichtliche Vergleichsverfahren hatte im Gegensatz zum Konkursverfahren nicht die Liquidierung des Unternehmens zum Ziel, sondern bezweckte vielmehr die Abwendung des Konkurses, indem ein Vergleich mit den Gläubigern

---

84 Vgl. § 15 der Neufassung des Gesetz über die Landwirtschaftliche Rentenbank v. 15.07.1963, BGBl. I 1963, 465, 468.

85 Vgl. § 1 des Gesetz betreffend die Industriebank Aktiengesellschaft v. 15.07.1951, BGBl. I 1951, 447, 447.

86 Vgl. § 36 des Gesetz zur Änderung und Erweiterung des Schiffbankgesetzes v. 08.05.1963, BGBl. I 1963, 293, 301.

87 *Mentzel/Kuhn/Uhlenbruck*, Konkursordnung, 1994, § 61, Rz. 12.

88 Vgl. *Mentzel/Kuhn/Uhlenbruck*, Konkursordnung, 1994, § 61, Rz. 16 ff.

89 Vgl. *Henckel*, Vorrechte, in: Prütting/Vallender, FS Uhlenbruck, 2000, 19, 19 ff.

geschlossen wurde.[90] Insgesamt ist das Vergleichsverfahren vergleichbar mit dem Insolvenzplanverfahren im derzeitigen Recht.

Der Antrag auf ein Vergleichsverfahren konnte nur vom Schuldner selbst gestellt werden und musste u. a. eine Mindestquote für die Gläubiger vorsehen (§ 7 VglO). Vom geschlossenen Vergleich waren alle Vergleichsgläubiger betroffen, unabhängig davon, ob sie bereits im Gläubigerverzeichnis eingetragen waren oder nicht.[91] Abstimmungsberechtigt waren jedoch nur die in das Verzeichnis aufgenommenen Gläubiger.

Vom Prinzip her nahmen am Vergleich keine Gläubiger teil, denen in irgendeiner Weise eine Sicherung ihrer Forderung zustand.[92] Dies betraf auch Forderungen, die im Konkurs ein Vorrecht i. S. d. § 61 KO genossen (§ 26 VglO). Gerade wegen dieser Privilegierungen war das Vergleichsverfahren in der Praxis nur schwer durchführbar. Bevorrechtigte Forderungen, die nicht am Vergleich teilnahmen, mussten weiterhin vorab in voller Höhe beglichen werden. Es musste daher genug Masse vorhanden sein, um sowohl alle vorrangig zu befriedigenden Gläubiger zu bedienen, als auch die im Vergleichsverfahren geforderte Mindestquote zu erfüllen, die gemäß § 7 VglO bei mindestens 35 % lag.[93] Dies war in der Praxis kaum umsetzbar. Im Ergebnis führte dies dazu, dass sich der Anteil der Verfahren, in denen ein gerichtlicher Vergleich geschlossen wurde, stetig verringerte. 1950 lag dieser noch bei rund 30 %, 1960 bereits nur noch bei 12 %, 1970 bei 8 % und ab 1983 bei weniger als 1 %.[94] Das Vergleichsverfahren wurde daher schließlich zu Recht als „ineffizient" deklariert.[95]

90 Vgl. *Uhlenbruck/Delhaes,* Konkurs- und Vergleichsverfahren, 1990, Rz. 1066 ff.

91 Vgl. *Uhlenbruck/Delhaes,* Konkurs- und Vergleichsverfahren, 1990, Rz. 1068.

92 Vgl. *Uhlenbruck/Delhaes,* Konkurs- und Vergleichsverfahren, 1990, Rz. 1206; dies betraf z. B. Unterhaltsansprüche, Gläubiger mit einem Aussonderungsrecht, Ansprüche, die durch Vormerkung gesichert waren, Gebühren und Auslagen des Gerichts sowie Ansprüche des vorläufigen Verwalters, Gläubiger, die im Konkurs abgesonderte Befriedigung beanspruchen konnten (es sei denn der Schuldner haftete auch persönlich, die Befriedigung fiel aus oder es wurde auf sie verzichtet; § 27 VglO) und Sperrfristgläubiger (§ 28 VglO).

93 Die Mindestquote erhöhte sich auf 40 %, wenn ein Zahlungsziel von mehr als einem Jahr in Anspruch genommen wurde.

94 Vgl. *Uhlenbruck/Delhaes,* Konkurs- und Vergleichsverfahren, 1990, Rz. 1066; *Hess,* InsO, 1999, Einleitung vor § 1, Rn. 176.

95 Vgl. *Uhlenbruck/Delhaes,* Konkurs- und Vergleichsverfahren, 1990, Rz. 1066.

III. Gesamtvollstreckungsordnung von 1991 in den neuen Bundesländern

Die in der ehemaligen DDR gültige Gesamtvollstreckungsverordnung (GesVO) von 1975 wurde nach der Wiedervereinigung 1991 mit nur geringfügigen Änderungen als Gesamtvollstreckungsordnung (GesO) übernommen.[96] Zu diesem Zeitpunkt waren schon die ersten Reformvorschläge, die 1999 zur Einführung der InsO führten, erarbeitet und sollten in der GesO bereits teilweise umgesetzt werden. Hieraus ergaben sich zahlreiche Unterschiede zum Verfahren nach der Konkurs- und Vergleichsordnung.[97] So stellte das Gesamtvollstreckungsverfahren bereits ein einheitliches Verfahren dar, in dessen Verlauf die Gläubiger über eine Fortführung oder Schließung des Geschäftsbetriebs entscheiden konnten. Die Unterteilung in zwei unterschiedliche Gesetze erübrigte sich dadurch.

Bezüglich der Bevorrechtigungen einzelner Gläubiger im Gesamtvollstreckungsverfahren ergaben sich Unterschiede zur Rechtslage in den alten Bundesländern, die die Bestrebungen der darauf folgenden Insolvenzrechtsreform bezüglich der Abschaffung von Vorrechten bereits erkennen ließen.[98] Der Privilegienkatalog des § 61 KO fand seine Entsprechung im § 17 GesO, jedoch mit einigen Einschränkungen. So fand sich in § 17 Abs. 3 Nr. 1 GesO keine den § 61 Abs. 1 Nr. 1 b–d KO entsprechende Regelung.[99] Auch § 61 Abs. 1 Nr. 3 bis 5 KO wurden nicht umgesetzt.[100] Neu hinzugekommen waren indes § 17 Abs. 3 Nr. 1

96 Vgl. *Haarmeyer/Wutzke/Förster,* Gesamtvollstreckungsordnung, 1992, Einleitung Rz. 27 ff. Die schon bekannten Regelungen sollten für Fälle mittlerer und größerer Unternehmen ausgebaut werden und gleichzeitig Reformansätze aus der geplanten Neuordnung des Insolvenzrechts einführen.

97 Vgl. eine Auflistung in *Haarmeyer/Wutzke/Förster,* Gesamtvollstreckungsordnung, 1992, Einleitung Rz. 36 ff.

98 Vgl. *Haarmeyer/Wutzke/Förster,* Gesamtvollstreckungsordnung, 1992, Einleitung Rz. 51, § 17 Rz. 30 ff.

99 Damit fallen Entschädigungen der Arbeitnehmer aus Wettbewerbsabreden mit dem Gemeinschuldner, Vergütungen der Handelsvertreter sowie Leistungen aus einer betrieblichen Altersversorgung aus dem Privilegienkatalog heraus.

100 Dies betrifft die Vorrechte der Kirchen und Schulen etc., der Ärzte und Apotheker etc. sowie der Kinder etc. des Gemeinschuldners.

c sowie § 17 Abs. 3 Nr. 2 GesO,[101] was zum Teil schlicht auf eine Übernahme von Regelungen aus der GesVO zurückzuführen war.[102]

Eine entsprechende Bevorrechtigung von Forderungen des Fiskus fand sich analog zu § 61 Abs. 1 Nr. 2 KO in § 17 Abs. 3 Nr. 3 GesO.[103] Neben den Arbeitnehmern[104] behielt somit auch der Fiskus seine bevorrechtigte Stellung im Gesamtvollstreckungsverfahren.

B. „Konkurs des Konkurses“

Die KO blickte auf eine über hundertjährige Geschichte zurück. Zu Beginn wurde sie noch von vielen als die „Perle der Reichsjustizgesetze“ bejubelt.[105] Im Laufe der Zeit war jedoch festzustellen, dass die rechtlichen Bestimmungen den veränderten wirtschaftlichen Gegebenheiten nicht mehr gerecht werden konnten. Das Verfahren wurde schließlich nicht mehr als effizientes Mittel zur Abwicklung in Notlage geratener Unternehmen gesehen.

Letztlich etablierte sich in der Literatur der Begriff des „Konkurs des Konkurses“.[106]

I. Masseaushöhlung durch Bevorzugung einzelner Gläubiger

Großer Kritikpunkt am ineffizient gewordenen Konkursrecht stellten die bereits erwähnten Bevorrechtigungen im Konkursverfahren dar. Als unbesicherter Gläubiger war es nahezu unmöglich geworden, eine Quote zu erhalten. Dadurch war auch zu beobachten, dass den Vorrechten z. B. der Arbeitnehmer und des Fiskus ein immer größeres Bestreben der Gläubiger nach mehr Sicherungsrechten außerhalb des Insolvenzverfahrens gegenüber stand.[107] Die Forderung nach der Abschaffung sämtlicher insolvenzrechtlicher Privilegien wurde somit über die Zeit immer lauter.[108]

---

101 Diese bevorrechtigten zum einen Forderungen aus einem Sozialplan, zum anderen Forderungen auf Zahlung von Unterhalt oder Familienaufwand. Eine Bevorrechtigung für Sozialplanansprüche der Arbeitnehmer im Konkurs- und Vergleichsverfahren ergab sich aus § 4 SozPlG.

102 Vgl. *Haarmeyer/Wutzke/Förster,* Gesamtvollstreckungsordnung, 1992, § 17 Rz. 36

103 Vgl. *Haarmeyer/Wutzke/Förster,* Gesamtvollstreckungsordnung, 1992, § 17 Rz. 38 ff.

104 § 17 Abs. 3 Nr. 1 a) GesO analog zu § 61 Abs. 1 Nr. 1 a) KO.

105 Vgl. *Pape,* Reform, ZInsO 2005, 842, 842.

106 Vgl. *Kilger,* Konkurs, KTS 1975, 142, 142 ff.

107 Vgl. *Uhlenbruck,* Krise, NJW 1975, 897, 902.

108 Vgl. *Uhlenbruck,* Krise, NJW 1975, 897, 902.

Weiterhin offenbarte sich die Problematik in einer immer größer werdenden Zahl an Verfahren, die mangels Masse nach § 107 KO abgewiesen werden mussten. Geschuldet war dies vor allem der Rangordnung des § 60 KO, der die Befriedigungsreihenfolge der Masseforderungen (bestehend aus Massekosten und Masseschulden) noch vor der Rangliste der Konkursforderungen gemäß § 61 KO regelte.[109] Grundsätzlich sollte hierdurch die Begleichung z. B. der Verfahrenskosten sichergestellt werden. Jedoch wurde auch der Katalog der Massekosten und Masseschulden im Laufe der Zeit zugunsten einzelner Gläubiger immer weiter gefasst.[110]

So stellte bspw. *Uhlenbruck* letztendlich fest: „*Gemessen an der ihm zugrunde liegenden Rechtsidee ist der Konkurs heute tot, weil er unter völliger Verkehrung seiner Aufgabe zum bellum omnium contra omnes, zum Kampf aller gegen alle, geworden ist.*“[111]

---

109 Damals dennoch für einen Erhalt der Vorrechte plädierend *Orlopp*, Fiskusvorrecht, DStZ 1979, 219, 219 ff.

110 Großen Anteil hatten hier regelmäßig die Sozialplanforderungen der Arbeitnehmer, denen zumindest für die Zeit *nach* Konkurseröffnung Masseschuldcharakter i. S. von § 59 Abs. 1 Nr. 2 KO zugesprochen wurde (vgl. BAG, Urteil v. 17.09.1974, 1 AZR 16/74, BB 1976, 325-; *Richardi*, Sozialplan und Konkurs, 1975, 62 ff.). In Baukonkursen forderte das Finanzamt selbst dann die volle Umsatzsteuer als Massekosten nach § 58 Nr. 2 KO, wenn der Konkursverwalter die Vertragserfüllung für noch nicht abgeschlossene Bauleistungen nach § 17 KO ablehnte (vgl. *Uhlenbruck*, Krise, NJW 1975, 897, 902; FG Nürnberg, Urteil v. 28.11.1972, II 184/70, EFG 1973, 188, 188 f.; OFD Münster, Verfügung v. 09.09.1974, S 7270 - 13 - St 51 - 32, BB 1974, 1429, 1429; jedoch BFH, Urteil v. 02.02.1978, V R 128/76, BStBl. II 1978, 483, 2264). Verfahren mussten daher aus gebotener Vorsicht oftmals trotz vorhandener Konkursmasse nach § 107 KO mangels Masse abgewiesen werden, da die Höhe der Massekosten nach § 58 Nr. 1, 2 KO nicht feststellbar war (vgl. *Uhlenbruck*, Krise, NJW 1975, 897, 902).

111 *Uhlenbruck*, Krise, NJW 1975, 897, 903; ebenso argumentierend bereits *Berges*, Konkursvorrechte, KTS 1959, 53, 54, der jedoch noch nicht dazu übergeht, eine Abschaffung jeglicher Vorrechte zu fordern. *Hanisch*, Rechtszuständigkeit der Konkursmasse, 1973, 19, 28 f. meint zudem, dass sich bei Abschaffung der Vorrechte die Quote für nichtbevorrechtigte Gläubiger zwar erhöhen würde, aufgrund des bestehenden Kreditsicherungssystems aber immer noch mit einer nur geringen Quote zu rechnen sei.

II. Verfahren zunehmend ineffizient

Die zunehmende Ineffizienz des Konkursverfahrens lässt sich auch in statistischen Daten messbar belegen. Insgesamt war zu beobachten, dass eine immer größer werdende Anzahl an Verfahren bewältigt werden musste. Der Anteil der Verfahren, die jedoch mangels Masse gar nicht erst eröffnet werden konnten, nahm unverhältnismäßig stark zu. Die Ursache hierfür wurde in der Aushöhlung der Konkursmasse durch die Zunahme der bevorrechtigten Forderungen, aber auch durch zunehmende Absicherung nicht bevorrechtigter Gläubiger (z. B. durch Eigentumsvorbehalte) gesehen.[112]

Abbildung 3: Anzahl Konkurse bis zur Einführung der InsO[113]

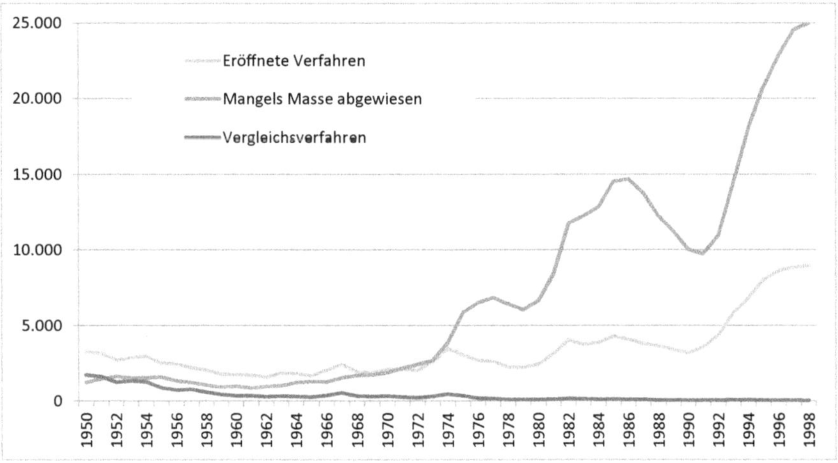

Die Gerichte waren bereits dazu übergegangen, Konkursverfahren gar nicht erst bis zur Schlussverteilung durchzuführen, wenn ohnehin nur Vorrechtsgläubiger eine Quote zu erwarten hatten. Ausschüttungen konnten aufgrund des § 170 KO unkomplizierter bereits vorab vorgenommen werden, um sodann das Verfahren nach § 204 KO mangels Masse vorzeitig einzustellen. Hierdurch konnten sogar noch Verfahrenskosten gespart werden, so dass bspw. im Kölner Bezirk bereits seit 1949 so verfahren wurde.[114]

---

112 Vgl. *Doehring*, Insolvenzstatistik 1972, KTS 1974, 15, 21; *Doehring*, Insolvenzstatistik 1959, KTS 1960, 150, 152 f.

113 Eigene Darstellung basierend auf Jahresdaten des Statistischen Bundesamts.

114 Vgl. *Berges*, Konkursvorrechte, KTS 1959, 53, 53.

Ein System, das zur gleichmäßigen Befriedigung aller Gläubiger geschaffen wurde und in dem eine zumindest teilweise Befriedigung der Gläubigerschaft eher zur Ausnahme als zum Regelfall wird, muss sich zwangsläufig dem Vorwurf mangelnder Effektivität stellen. Eine Reform der Gesetzeslage war demnach mehr als zu begrüßen.

C. Reform des Konkursrechts durch Einführung der Insolvenzordnung

Trotz der viel umjubelten Einführung der KO gab es bereits 1893 erste Reformvorschläge, die jedoch keinen Erfolg hatten.[115] Mit Einführung der VglO 1935 wurden erneut verstärkte Reformbemühungen bemerkbar, die in einen Gesetzesentwurf des Reichsjustizministeriums von 1937/38 mündeten, aber aufgrund des Zweiten Weltkrieges nicht weiterverfolgt wurden. Der Beginn der endgültigen Insolvenzrechtsreform wurde durch die Einsetzung einer Sachverständigenkommission für Insolvenzrecht durch den Bundesminister der Justiz im Jahre 1978 markiert. Die Reformvorschläge der Kommission fanden schließlich in zwei Berichten ihren Niederschlag, die 1985/86 vorgelegt wurden und bereits wesentliche Grundsätze der anschließenden Reform kennzeichneten.[116] Der im Anschluss vom Bundesministerium der Justiz vorgelegte Diskussionsentwurf 1988/89 und der darauf folgende Referentenentwurf eines Gesetzes zur Reform des Insolvenzrechts vom 01.11.1989 markierten die zweite Etappe der endgültigen Reform. Diese unterschieden sich von den Vorschlägen der Reformkommission jedoch in wesentlichen Punkten.[117] Allgemein besann man sich, im Gegensatz zum Gedanken der Unternehmenssanierung aus sozialen Gründen und aus Gründen der Arbeitsplatzerhaltung, auf den Grundgedanken des Insolvenzverfahrens, der in der Haftungsverwirklichung liegt.[118]

---

115 Vgl. RT-Drucks. 1893/94, Anlagen Nr. 18, 75, 126, 278.

116 Vgl. *Kommission für Insolvenzrecht,* Erster Bericht der Kommission für Insolvenzrecht, 1985; *Kommission für Insolvenzrecht,* Zweiter Bericht der Kommission für Insolvenzrecht, 1986.

117 Die Vorschläge der Kommission enthielten als Alternative zur Liquidation ein Reorganisationsverfahren, das zur Erhaltung und Sanierung des Schuldners dienen sollte. Dies beruhte u.a. auf Instrumenten der alten (ineffizienten) VglO. Weitere Aspekte, die später nicht umgesetzt wurden betrafen die Mobiliarsicherheiten sowie die Ablehnung einer Restschuldbefreiung. Vgl. *Prütting,* in: Kübler/Prütting/Bork, InsO, 2009, Einleitung, Rn. 18 ff.

118 Vgl. *Uhlenbruck,* Das neue Insolvenzrecht, 1994, 22 ff.

Zwischenzeitlich machte die Wiedervereinigung in den neuen Bundesländern kurzfristig eine den marktwirtschaftlichen Anforderungen gerecht werdende Übergangsregelung notwendig, die 1991 für das Gebiet der ehemaligen DDR zur Einführung der GesO führte.[119] Einzelne Reformelemente wurden hier bereits umgesetzt, so dass die GesO gleichzeitig als „Probelauf" für das Reformgesetz gelten kann.[120]

Es folgte der Regierungsentwurf einer Insolvenzordnung vom 15.04.1992.[121] Im weiteren Verlauf wurden immer wieder Änderungen an Details der neuen Insolvenzordnung vorgenommen, die jedoch an der Grundausrichtung des Reformwerks nichts mehr änderten.[122] Bedenken wurden insbesondere wegen der zeitlichen Umsetzung der Neuregelungen geäußert. Es wurde eine personelle Überforderung der Justiz befürchtet, weshalb der Bundesrat am 20.05.1994 den Vermittlungsausschuss anrief. Am 15.06.1994 schlug dieser daraufhin vor, das Inkrafttreten der InsO auf den 01.01.1999 zu verschieben. Der Bundestag und Bundesrat stimmten zu, so dass die InsO nebst Einführungsgesetz (EGInsO) am 05.10.1994 ausgefertigt und im Bundesgesetzblatt veröffentlicht wurde.[123] Noch vor dem Inkrafttreten wurden jedoch erneut zahlreiche Änderungen vorgenommen.[124] Eine Tendenz, die im Übrigen auch in den darauf folgenden Jahren nicht abgenommen hat,[125] so dass bereits von der „Baustelle Insolvenzordnung" die Rede ist.[126]

I. Abschaffung der Rangliste des § 61 KO

Im Rahmen dieser Arbeit von besonderem Interesse ist letztlich die durch die Reform herbeigeführte Abschaffung der Rangliste des § 61 KO.

Die Begründung im Gesetzesentwurf liest sich dabei als eindeutiges Bekenntnis zum Grundsatz des „par conditio creditorum". Dort heißt es: *„Die*

---

119 Siehe hierzu bereits Kapitel A.III, S. 27.

120 Vgl. *Uhlenbruck,* Das neue Insolvenzrecht, 1994, 25.

121 BT-Drucks. 12/2443.

122 Für detailliertere Erläuterungen siehe bspw. *Prütting,* in: Kübler/Prütting/Bork, InsO, Einleitung, Rn. 28 ff; *Uhlenbruck,* Das neue Insolvenzrecht, 1994, 25 ff.

123 Vgl. InsO v. 05.10.1994 1994, 2866.

124 Anzahl Änderungen der InsO noch vor Inkrafttreten: 1996 dreimal, 1997 dreimal, 1998 viermal, vgl. *Prütting,* in: Kübler/Prütting/Bork, InsO, Einleitung, Rn. 40.

125 Anzahl Änderungen der InsO im Jahr 1999 zweimal, 2001 fünfmal, 2003 dreimal, 2004 dreimal, 2005 einmal, 2006 zweimal, 2007 dreimal, 2008 zweimal, 2009 dreimal, 2010 zweimal, vgl. *Prütting,* in: Kübler/Prütting/Bork, InsO, Einleitung, Rn. 49.

126 Vgl. *Vallender,* Baustelle Insolvenzordnung, NJW 2003, 3605, 3605 f.

Konkursvorrechte beruhen auf keinem einleuchtenden Grundgedanken. Sie sind wirtschaftlich nicht gerechtfertigt, und sie führen zu ungerechten Verfahrensergebnissen.“[127] Weiterhin wird ausgeführt: „*Bei diesen Gegebenheiten bedeutet die Einräumung eines Vorrechts häufig den Ausschluß der nicht privilegierten Gläubiger von jeglicher Befriedigung im Insolvenzverfahren, während den bevorrechtigten Gläubigerklassen Chancen auf volle oder weitgehende Befriedigung gewährt werden.*“[128] Das Ziel ist demnach eindeutig und wird folgendermaßen klargestellt: „*Mehr Verteilungsgerechtigkeit läßt sich dadurch herstellen, daß die Konkursvorrechte des § 61 Abs. 1 KO und vergleichbare Vorrechte in anderen gesetzlichen Vorschriften ersatzlos wegfallen.*“[129]

Bereits die Gesetzesbegründung stellt jedoch fest, dass es auch in Zukunft zu keinem „klassenlosen Konkurs“ kommen wird.[130] Als Beispiel hierfür werden allerdings Forderungen aufgeführt, die zuvor vom Insolvenzverfahren ausgeschlossen waren, aber nunmehr als *nachrangige* Forderungen berücksichtigt werden sollen, bevor Vermögenswerte aus dem Verfahren an den Schuldner zurückfließen.[131] Hierdurch sollen ungerechte Vermögensverlagerungen vermieden werden. Eine differenzierte Behandlung von Forderungen unterschiedlicher Gläubiger erscheint daher auch nach dem ursprünglichen gesetzgeberischen Willen nur geboten, sofern dies dem Schutz der Gläubigergemeinschaft und deren Gleichbehandlung dient.

II. Keine nachteilige Auswirkung auf das Steueraufkommen prognostiziert

Die finanziellen Auswirkungen der Insolvenzrechtsreform wurden als neutral eingestuft. Nachteilige Auswirkungen auf das Steueraufkommen des Bundes, der Länder und der Gemeinden wurden nicht erwartet.[132]

Zwar würde der Wegfall des Konkursvorrechts des Fiskus zu Mindereinnahmen in diesem Bereich führen, in dem der Staat bisher als bevorrechtigter Konkursgläubiger am Verfahren beteiligt war, jedoch würde dies an anderer Stelle ausreichend kompensiert.[133] Schon die allgemeine Streichung der Konkursvorrechte

127 BT-Drucks. 12/2443, 81 (im Original nicht kursiv).
128 BT-Drucks. 12/2443, 81 (im Original nicht kursiv).
129 BT-Drucks. 12/2443, 81 (im Original nicht kursiv).
130 Vgl. BT-Drucks. 12/2443, 81.
131 Vgl. BT-Drucks. 12/2443, 81.
132 Vgl. BT-Drucks. 12/2443, 106.
133 Vgl. BT-Drucks. 12/2443, 106.

führe zu einer höheren Quote der nicht bevorrechtigten Gläubiger, wovon auch der Fiskus in gewissem Maße profitiere.[134] Durch die Möglichkeit, früher als bisher einen Insolvenzantrag zu stellen sowie durch die Reduktion mangels Masse abgewiesener Verfahren, wurde nun auch eine Quote in Verfahren erwartet, in denen der Staat bislang mit seinen Forderungen in voller Höhe ausgefallen wäre. Bemerkenswert ist zudem der Hinweis, dass sich die größere zu erwartende Anzahl an erfolgreichen Sanierungen positiv auf das Steueraufkommen auswirken werde.[135] Der Sicherung von langfristigem Steuergenerierungspotential im Gegensatz zur kurzfristigen Steuerrealisierung wird damit mehr Gewicht verliehen.

III. Stärkung der Gläubigergleichbehandlung als große Errungenschaft

Festzuhalten bleibt, dass mit dem neu geschaffenen Insolvenzrecht ein funktionsfähiges und den wirtschaftlichen Gegebenheiten gerecht werdendes Instrument zum Umgang mit in Notlage geratenen Unternehmen auf den Weg gebracht werden sollte. Es wurde zu Recht eine stärkere Fokussierung auf die Gläubigergleichbehandlung angestrebt. Man schien verstanden zu haben, dass eine sinnvolle Vertretung der Gläubigerinteressen nur gewährleistet werden kann, wenn es zu keiner ungerechtfertigten Bevorzugung einzelner Gläubiger kommt. Den Fiskus als gleichrangigen Insolvenzgläubiger neben der übrigen Gläubigergemeinschaft einzustufen, ist als eine der großen Errungenschaften der Insolvenzrechtsreform von 1999 zu sehen.

Allein das Vorliegen dieser Arbeit zeigt indes, dass diese Errungenschaft nicht von langer Dauer war.[136] Da die finanziellen Einbußen doch größer zu sein scheinen als ursprünglich angenommen, ist der Anreiz, dem Fiskus seine ehemals bevorzugte Position im Insolvenzverfahren wiederzubeschaffen, sehr groß.

134 Nicht alle Forderungen des Fiskus fielen zwangsläufig unter die Privilegierung des § 61 KO. Vgl. Kapitel A.I.1.b), S. 19. Sie stellten dennoch den weit überwiegenden Teil der Finanzamtsforderungen dar.

135 Vgl. BT-Drucks. 12/2443, 106.

136 Vgl. *Meier*, Wiedereinführung, ZInsO 2010, 1121, 1121 ff.

Teil III – Privilegierung des Fiskus im geltenden Recht

A. Zeitlicher Ablauf des Insolvenzverfahrens

Für die nachfolgenden Sachverhalte ist ein zumindest grundlegendes Verständnis des Ablaufs eines Insolvenzverfahrens notwendig.

Abbildung 4: Ablauf des Insolvenzverfahrens[137]

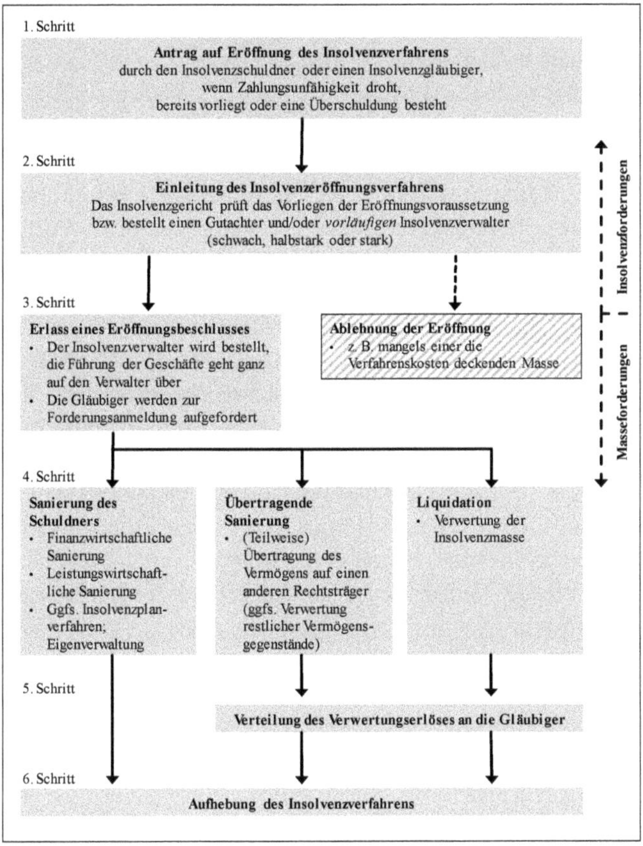

137 Eigene Darstellung in Anlehnung an *Euler Hermes Kreditversicherungs-AG*, Ursachen von Insolvenzen, 2006, 31.

Gerade die zeitliche Einordnung von Vorfällen – also die Frage *wann* im Verlauf des Verfahrens etwas passiert – hat Einfluss auf die Frage, wie mit dem entsprechenden Sachverhalt im Rahmen des Insolvenzverfahrens umgegangen wird.

Der Antrag auf Eröffnung des Insolvenzverfahrens kann entweder vom Schuldner selbst oder von einem oder mehreren seiner Gläubiger gestellt werden (1. Schritt). Das Insolvenzgericht wird sodann überprüfen, ob tatsächlich ein Insolvenzgrund vorliegt (2. Schritt). Als Insolvenzgrund gilt die drohende Zahlungsunfähigkeit (§ 18 InsO), Zahlungsunfähigkeit (§ 17 InsO) und/oder Überschuldung (§ 19 InsO). Zur Überprüfung des Sachverhalts wird das Gericht in den meisten Fällen einen Gutachter beauftragen. Sollte es sich um einen laufenden Geschäftsbetrieb handeln, wird das Gericht weitere Sicherungsmaßnahmen anordnen, zu denen auch die Bestellung des Gutachters zum *vorläufigen* Insolvenzverwalter zählt.

Hier ist zu unterscheiden, mit welchen Handlungsbefugnissen der Verwalter ausgestattet wird. Räumt das Gericht diesem nur einen Zustimmungsvorbehalt ein (sog. *schwacher* vorläufiger Insolvenzverwalter), können Entscheidungen nur in Abstimmung zwischen Geschäftsführer und Verwalter getroffen werden. Wird indes bestimmt, dass die Verfügungsbefugnis vollständig auf den Verwalter übergeht (sog. *starker* vorläufiger Insolvenzverwalter), kann dieser allein über den Fortgang des Geschäftsbetriebs entscheiden. Die Unterscheidung dieser beiden Formen hat gewichtigen Einfluss auf die Behandlung der im Zeitraum der vorläufigen Insolvenzverwaltung (i. d. R. max. drei Monate)[138] begründeten Forderungen. Alle *vor* Eröffnung des Insolvenzverfahrens (3. Schritt) begründeten Forderungen sind – wie in Abbildung 4 dargestellt – im Grundsatz als Insolvenzforderungen einzustufen (§ 38 InsO). Diese haben in Abhängigkeit von der vorhandenen Insolvenzmasse nur einen Anspruch auf quotale Befriedigung. Alle *nach* Eröffnung des Verfahrens begründeten Forderungen müssen hingegen als Masseforderungen vorab in voller Höhe bedient werden (§ 55 Abs. 1 InsO).[139]

---

138 Die Löhne der Mitarbeiter sind über das Insolvenzgeld für einen Zeitraum von maximal drei Monaten vor Eröffnung des Verfahrens abgedeckt. Das Verfahren wird daher i. d. R. spätestens eröffnet werden, wenn der Insolvenzgeldzeitraum ausgeschöpft ist. Bei einer darüber hinaus gehenden Verzögerung der Insolvenzeröffnung kann die Bezahlung der Mitarbeiter nicht garantiert werden, was höchstwahrscheinlich zur Arbeitsverweigerung führt.

139 Ausnahme ist das Eintreten einer *Masseunzulänglichkeit*. In diesem Fall werden nur die nach Anzeige der Masseunzulänglichkeit begründeten (Neu-)Masseforderungen in voller Höhe bezahlt, während die zuvor begründeten (Alt-)Masseforderungen

Diese zeitliche Trennlinie wird bei Bestellung eines *starken* vorläufigen Insolvenzverwalters zum Teil vorverlagert, da alle von diesem begründeten Forderungen ebenfalls bereits als Masseforderungen gelten (§ 55 Abs. 2 InsO). Resultierend aus der unterschiedlichen Behandlung von Insolvenz- und Masseforderungen gibt es noch die Variante des *halbstarken* vorläufigen Insolvenzverwalters, der nur für genau bestimmte Teilbereiche eine Verfügungsbefugnis erhält und somit auch nur in diesen Bereichen Masseforderungen begründen kann. Allgemein ist zu beobachten, dass die Gerichte wenn möglich nur einen schwachen vorläufigen Verwalter einsetzen, da hierdurch weniger Masseforderungen begründet werden und somit die Insolvenzmasse geschont werden kann.

Mit Eröffnung des Verfahrens (3. Schritt) wird der Insolvenzverwalter bestellt. In den meisten Fällen wird dies der zuvor bereits bestimmte vorläufige Verwalter sein, was jedoch keineswegs zwingend ist. Die endgültige Entscheidung über die Wahl des Verwalters obliegt ohnehin der Gläubigerversammlung (§ 57 InsO). Die Gläubiger müssen ihre Forderungen beim Verwalter anmelden, der diese in die Insolvenztabelle einträgt und prüft. Anerkannte Forderungen werden zur Tabelle festgestellt, nicht anerkannte werden bestritten.[140] Im 4. Schritt entscheidet sich das weitere Schicksal des Unternehmens. Im schlechtesten Fall bleibt nur noch die Liquidation. Die übertragende Sanierung stellt demgegenüber die am häufigsten genutzte Variante eines (zumindest teilweisen) Fortbestands des Unternehmens dar. Auch die Durchführung eines Insolvenzplanverfahrens bietet sich zum Erhalt des Unternehmens an. Die einzelnen Möglichkeiten werden in der betriebswirtschaftlichen Analyse dieser Arbeit (Teil IV) noch ausführlicher beleuchtet.[141]

Nach Abschluss der Verwertung wird die Insolvenzmasse (nach Abzug der Verfahrenskosten und Begleichung von Masseforderungen) an die Insolvenzgläubiger in Abhängigkeit von der Höhe ihrer zur Insolvenztabelle festgestellten Forderungen ausgeschüttet. Jeder Gläubiger erhält die gleiche Quote.

---

nur eine Quote erhalten (§ 209 InsO). Insolvenzforderungen erhalten in diesem Fall keine Zahlung. Tritt sogar der Fall einer *Massearmut* ein, wird das Verfahren vorzeitig eingestellt (§ 207 InsO) und kein Gläubiger erhält eine Quote.

140 Streitige Forderungen müssen notfalls auf gerichtlichem Wege geklärt werden (§ 179 InsO).

141 Siehe Teil IV, Kapitel A, S. 119 ff.

B. Stellung des Fiskus im Insolvenzverfahren

Der Fiskus ist als öffentlicher Gläubiger an nahezu jedem Insolvenzverfahren beteiligt. Bei Liquiditätsproblemen eines Unternehmens kann davon ausgegangen werden, dass vielfach Steuerverbindlichkeiten nicht mehr in voller Höhe beglichen werden. Dies betrifft vor allem Verkehrsteuern wie die Umsatzsteuer, aber auch Ertragsteuern wie die Einkommen- und Körperschaftsteuer. Dementsprechend hat der Fiskus jährlich Steuerausfälle zu beklagen, die nach Möglichkeit minimiert werden sollen. Bei einer im Insolvenzfall zwangsläufig nur begrenzt verfügbaren Insolvenzmasse kann eine Minimierung der fiskalischen Ausfälle jedoch nur auf Kosten der übrigen Gläubiger erfolgen. Bei Schaffung entsprechender Sonderregelungen für die öffentliche Hand begibt man sich damit immer auf Konfrontation mit dem Grundsatz der Gläubigergleichbehandlung.

Als Argument für eine besondere Behandlung des Fiskus im Insolvenzverfahren wird dabei in der Regel angeführt, dass dieser nicht mit den übrigen Gläubigern vergleichbar sei.[142] Diese Sonderstellung soll dann als Begründung für eine im Vergleich zur übrigen Gläubigergemeinschaft abweichenden Behandlung dienen. Dabei kann grundsätzlich hinterfragt werden, ob eine derartige Rechtfertigung zur Durchbrechung der Gläubigergleichbehandlung überhaupt ausreichend ist. Wie bereits dargelegt, eröffnet die Fundierung des *par conditio creditorum* auf dem Allgemeinen Gleichheitssatz des Art. 3 GG zwar die Möglichkeit, Ungleiches auch entsprechend ungleich zu behandeln, jedoch sollte im Insolvenzfall ergänzend beachtet werden, dass weder die wechselseitige Ausgleichshaftung der Gläubiger noch die durch Art. 14 GG gewährte Eigentumsgarantie verletzt werden.[143] Dies bedeutet im Endeffekt, dass selbst mit Anerkennung einer Sonderstellung des Fiskus noch kein Anspruch auf bevorzugte Behandlung im Insolvenzverfahren verbunden ist. Diese führt durch die zwangsläufig zu erwartende – im Verlauf dieser Arbeit noch mehrfach dargelegte – Schlechterstellung der übrigen Gläubiger nämlich gerade zur Beeinträchtigung der wechselseitigen Ausgleichshaftung und der Eigentumsgarantie des Art. 14 GG.

Eigentlich erübrigt sich damit unter dem Aspekt der Rechtfertigung jegliche weitere Erörterung der vom Fiskus angeführten Argumentationspunkte. Da die vorgenannten Aspekte in der politischen Diskussion jedoch kaum Beachtung finden und die konsequente Umsetzung der Gläubigergleichbehandlung immer weniger im Fokus zu stehen scheint, werden die Argumente nachfolgend diskutiert.

142 Siehe nachfolgend Teil III, Kapitel B.I, S. 39 ff.

143 Siehe Teil I, Kapitel C.I, S. 8 ff.

I. Argumentation für Sonderstellung

1. *Zwangsgläubigerschaft*

Der große Unterschied zwischen privaten und öffentlichen Gläubigern liegt zweifellos darin, dass sich öffentliche Stellen ihre „Geschäftspartner" im weitesten Sinne nicht selber aussuchen können. Die Beziehung zwischen Gläubiger und Schuldner kommt per Gesetz zustande, ohne dass der Gläubiger hierauf konkret Einfluss nehmen kann. Der Schuldner kann durch seine Handlungen die Entstehung von Verbindlichkeiten zumindest beeinflussen. Dem Fiskus als Gläubiger steht diese Möglichkeit nicht zur Verfügung. Das Gesetz definiert, ob ein Anspruch besteht oder nicht. Dem Fiskus obliegt danach vor allem, für die ordnungsgemäße Durchsetzung seiner Ansprüche zu sorgen. Im Vergleich zur übrigen Gläubigergemeinschaft im Insolvenzverfahren ist die Argumentation daher offenkundig. Während bspw. ein Lieferant die Möglichkeit hat, durch die Auswahl seiner Geschäftsbeziehungen entsprechend dafür Sorge zu tragen, dass diese auch in der Lage sind, ihre Zahlungsverpflichtungen zu erfüllen und sonst gegebenenfalls rechtzeitig die Lieferbeziehungen zu einem problematischen Kunden abzubrechen, besteht diese Möglichkeit des Selbstschutzes für den Fiskus nicht. Insofern wird die öffentliche Hand gerne als *Zwangsgläubiger* im Insolvenzverfahren bezeichnet.[144]

Ob diese Argumentation indes geeignet ist, um ein besonderes Schutzbedürfnis des Fiskus im Insolvenzverfahren zu belegen, ist fraglich. Anstatt den Staat als Zwangsgläubiger zu titulieren, kann man ebenso die Betrachtungsweise wechseln und den Unternehmer als *Zwangsschuldner* bezeichnen.[145] Charakteristikum einer Steuer ist es zudem, dass dieser keine konkrete Gegenleistung gegenüber steht (§ 3 Abs. 1 AO).[146] Der Fiskus erhält somit einen Zahlungsanspruch, ohne hierfür eine konkrete Leistung an das Unternehmen erbracht zu haben. Bspw. bei einem Dienstleister oder Lieferanten sieht das anders aus. Dieser tritt durch Erbringung seiner Arbeit in Vorleistung und ist darauf angewiesen, entsprechend entlohnt zu werden. Andernfalls droht ihm ein konkreter Verlust. Warum dann aber gerade dem Fiskus und nicht dem Lieferanten ein besonderer Schutz zukommen soll, ist nicht ersichtlich.

---

144 Vgl. BT-Drucks. 17/3030, 23; vgl. *Rosenau,* Probleme, KTS 1972, 130, 134 dieses Argument bereits zur Rechtfertigung des Fiskusvorrechts in § 61 KO verwendend.

145 Vgl. schriftliche Stellungnahme des *ZDH* zum Entwurf des HBeglG 2011, in: Ausschussdrucksache 17(8)1669.

146 Vgl. *Marotzke,* Privilegierung, ZInsO 2010, 2163, 2174.

Treibt man die Überlegung auf die Spitze, ließe sich sogar argumentieren, Steuerforderungen den *unentgeltlich begründeten Forderungen* gleichzusetzen.[147] Derartige Forderungen werden in der InsO aber nicht bevorrechtigt behandelt, sondern sind ganz im Gegenteil nachrangig gegenüber den allgemeinen Insolvenzforderungen (§ 39 Abs. 1 Nr. 4 InsO). Ebenso ergibt sich aus dem Fehlen einer Gegenleistung bei Steuerforderungen, dass der Fiskus keine durch § 142 InsO begünstigten Bargeschäfte begründen kann.[148] Diese Regelung soll bspw. Lieferanten des Unternehmens schützen, die trotz einer (drohenden) Insolvenz des Geschäftspartners ihre Lieferbeziehungen zum Unternehmen nicht abbrechen und für ihre Bezahlung (z. B. Vorauskasse) unmittelbar eine mindestens gleichwertige Gegenleistung an das Unternehmen erbringen. Gerade dies ist beim Fiskus jedoch nicht der Fall, weshalb ihm auch dieser besondere Schutz versagt bleiben muss.

Unter Forcierung einer wirtschaftlichen Betrachtungsweise ist allerdings festzuhalten, dass den Forderungen des Staates natürlich eine Gegenleistung gegenüber steht, auch wenn diese nicht konkret beziffert werden kann. Ebenso ist das Argument einer Zwangsgläubigerschaft nicht vollkommen von der Hand zu weisen, denn insbesondere bei der Umsatzsteuer können sich negative Konsequenzen für den Staat ergeben, wenn der Fiskus bspw. beim Leistungsempfänger Vorsteuer erstatten muss, aber die korrespondierende Umsatzsteuer beim (insolventen) Leistungserbringer nicht eintreiben kann. In diesem Fall wäre es in der Tat vorteilhafter für den Staat, wenn er sich dem „Zwang" der Besteuerung entziehen könnte, der Insolvenzschuldner keine Umsatzsteuer zahlen müsste, aber im Gegenzug auch keine Vorsteuer zu erstatten wäre. In der Vergangenheit wurde vergleichbares umgesetzt, indem durch Zwangsvollstreckung bewirkte Umsätze von der Umsatzsteuer ausgenommen wurden (§ 4 Nr. 6 UStG 1934). Konsequent zu Ende gedacht hätte diese Regelung auch für Umsätze zwecks Verwertung der Insolvenzmasse Anwendung finden müssen.[149] Andererseits würde es dem *Grundsatz der gleichmäßigen Besteuerung* widersprechen, eine allgemeine Steuerbefreiung aufgrund eines (drohenden) Insolvenzverfahrens anzuordnen.[150] Andernfalls könnten sich die Gläubiger aus dem Vermögen des

147 Vgl. *Häsemeyer*, Gleichbehandlung, KTS 1982, 507, 569; *Häsemeyer*, Insolvenzrecht, 2003, Rn. 23.40.

148 Vgl. *Marotzke*, Privilegierung, ZInsO 2010, 2163, 2178; BT-Drucks. 16/2712, 81, wo diese Tatsache beklagt wird.

149 Vgl. *Heumann*, Umsatzsteuerpflicht, KTS 1927, 34, 34; *Onusseit*, Umsatzsteuer im Konkurs, 1988, 312 f.

150 Vgl. *Häsemeyer*, Insolvenzrecht, 2003, Rn. 23.40.

Schuldners unter günstigeren Bedingungen befriedigen, als dies außerhalb des Insolvenzverfahrens möglich wäre.[151]

Das Argument, demzufolge der Fiskus zwangsweise zum Gläubiger wird, ist also richtig.[152] Hierzu ist allerdings anzumerken, dass es auch andere Insolvenzgläubiger gibt, die nicht freiwillig Forderungen gegen den Schuldner begründen. So stellt der BFH fest, dass dies auch Gläubiger gesetzlicher Schuldverhältnisse mit Ansprüchen aus fahrlässig begangener unerlaubter Handlung, Gefährdungshaftung, ungerechtfertigter Bereicherung und Geschäftsführung ohne Auftrag betrifft.[153] Für Gläubiger von *vorsätzlich* begangenen unerlaubten Handlungen sieht § 89 Abs. 2 S. 2 InsO i. V. m. § 850f Abs. 2 ZPO dabei durchaus eine Privilegierung in Form einer auch im Insolvenzverfahren zulässigen Einzelzwangsvollstreckung vor. Die Gläubiger der übrigen vorgenannten Fälle müssen jedoch – wie der Fiskus – auf eine besondere Behandlung verzichten. Der BFH nutzt dies, um klarzustellen, dass die bloße Tatsache einer Zwangsgläubigerschaft keine über die gesetzlichen Bestimmungen hinausgehende Besserstellung gegenüber anderen Neugläubigern rechtfertigen kann.[154]

2. *Regelmäßig keine Möglichkeit der Absicherung*

Aus der Position des Fiskus als Zwangsgläubiger ergibt sich ebenfalls, dass auf die plötzliche Insolvenz eines Unternehmens nur unzureichend reagiert werden kann. So steht dem Finanzamt zwar durchaus die Möglichkeit zu, sich in bestimmten Fällen Sicherheitsleistungen vom Steuerschuldner einräumen zu lassen,[155] jedoch können diese Instrumente bei unerwarteter Zahlungsunfähigkeit des Schuldners kaum Wirkung entfalten. Hier besteht ein Unterschied zu anderen Gläubigern des Insolvenzschuldners, die durchaus Möglichkeiten zur

---

151 Vgl. *Häsemeyer*, Insolvenzrecht, 2003, Rn. 23.40; *Heumann*, Umsatzsteuerpflicht, KTS 1927, 34, 34.

152 Vgl. *Onusseit*, Neuregelung, ZInsO 2011, 641, 643.

153 Vgl. BFH, Urteil v. 24.02.2011, VI R 21/10, ZInsO 2011, 927, 929, dazu *Onusseit*, Kurzkommentar, EWiR, 2011, 427, 427 f.; *Casse*, Einkommensteuer, ZInsO 2011, 2309, 2309 ff.

154 Vgl. BFH, Urteil v. 24.02.2011, VI R 21/10, ZInsO 2011, 927, 929. Der BFH tritt im verhandelten Fall damit einer weit gefassten Auslegung des § 55 Abs. 1 Nr. 1 InsO entgegen, die zu einer Privilegierung des Fiskus geführt hätte.

155 Z. B. bei mehrfach nicht rechtzeitiger Entrichtung der USt oder wenn der Eingang der USt gefährdet ist (§ 221 S. 2 AO), bei Stundung von Steueransprüchen (§ 222 S. 2 AO) oder bei Gewährung eines Zahlungsaufschubs (§ 223 AO). Die Art der Sicherheitsleistung bestimmt sich nach §§ 241 ff. AO.

Absicherung ihrer Forderungen haben. Einem Lieferant bspw. wird es im Insolvenzeröffnungsverfahren (also noch vor der eigentlichen Insolvenzeröffnung) regelmäßig möglich sein, eine entsprechende Absicherung seiner zukünftigen Forderungen durchzusetzen,[156] da er andernfalls seine Liefertätigkeit einstellen wird, was den Erhalt eines sanierungsfähigen Unternehmens erheblich erschweren würde. Hier ist von Bedeutung, dass im vorläufigen Verfahren regelmäßig ein *schwacher* anstelle eines *starken* vorläufigen Insolvenzverwalters eingesetzt wird.

Gem. § 55 Abs. 2 InsO begründet ein *starker* vorläufiger Insolvenzverwalter Masseverbindlichkeiten, wodurch die Bezahlung von mit Lieferanten geschlossenen Verträgen auch nach Insolvenzeröffnung sichergestellt wird. Dies gilt grundsätzlich auch für die damit einhergehenden Forderungen des Fiskus, wodurch in diesem Fall insbesondere die Umsatzsteuer aus der unternehmerischen Tätigkeit des vorläufigen Insolvenzverwalters an das Finanzamt abzuführen ist. Da hierdurch die Liquidität des insolventen Unternehmens weiter belastet werden würde, sind die Gerichte dazu übergegangen, überwiegend *schwache*, allenfalls *halbstarke* vorläufige Verwalter einzusetzen.

Der Verzicht auf einen starken vorläufigen Verwalter macht es jedoch notwendig, die Bezahlung der für das Überleben des insolventen Unternehmens notwendigen Lieferanten anderweitig sicherzustellen. Die Praxis hat hierbei Mittel und Wege gefunden, zu wirtschaftlich handhabbaren Lösungen zu kommen, die im Übrigen bereits zu Zeiten der KO Anwendung fanden (z. B. Bildung einer Sondermasse oder Aufnahme eines Massekredits).[157] Dem Fiskus wird eine

156 Eine nachträgliche Absicherung von Forderungen, die bereits vor der Stellung eines Insolvenzantrags begründet wurden, ist hierdurch nicht möglich. Dies würde auch dem Grundgedanken der Gläubigergleichbehandlung widersprechen, weshalb derartige Gestaltungen grundsätzlich der Anfechtung gem. § 131 InsO (inkongruente Deckung) unterliegen.

157 Vgl. zur Problematik in der alten und neuen Rechtslage sowie möglichen Haftungsrisiken, *Feuerborn,* Unternehmensfortführung, KTS 1997, 171, 171 ff. Der vorläufige (schwache) Insolvenzverwalter wird den Lieferanten Zahlungszusagen machen, für deren Einhaltung er Sorge zu tragen hat. Eine Anfechtung gem. § 130 InsO (kongruente Deckung) kommt hier nicht zum Tragen, da es sich um sog. Bargeschäfte handelt (§ 142 InsO). Die besondere Problematik ergibt sich, da es sich um vor der Insolvenzeröffnung begründete Forderungen handelt, die nach Eröffnung des Verfahrens prinzipiell trotz Zahlungszusagen des vorläufigen (schwachen) Insolvenzverwalters nur in Höhe der Insolvenzquote befriedigt werden dürfen. Derartige Forderungen müssen daher nach Möglichkeit noch vor Verfahrenseröffnung

solche Absicherung nicht zugestanden, da es sich bei ihm um keinen betriebsnotwendigen Geschäftspartner handelt.[158]

Große Kritik in diesem Zusammenhang wird regelmäßig den Banken entgegen gebracht. Diese sorgen nämlich i. d. R. für eine bestmögliche Absicherung ihrer Forderungen. Kredite werden nur gegen Einräumung entsprechender Grundpfandrechte oder anderer Sicherheiten (z. B. Abtretung, Sicherungsübereignung, Verpfändung) gewährt. Diese berechtigen gem. § 49 InsO zur abgesonderten Befriedigung, wodurch es der Bank bei Verwertung des Sicherungsgutes möglich ist, im Idealfall eine vollständige Befriedigung ihrer Forderungen zu erlangen.[159] Auch kommt es regelmäßig vor, dass bspw. die Begrenzung des haftbaren Kapitals einer GmbH umgangen wird, indem nicht nur das Vermögen der Gesellschaft in Anspruch genommen wird, sondern zusätzlich Bürgschaften der Gesellschafter mit ihrem Privatvermögen eingefordert werden.[160] Es ist damit in der Tat zu beobachten, dass die Banken im Vergleich zu anderen Gläubigern eine prozentual wesentlich größere Befriedigungsquote zu erwarten haben.

Dennoch stellt sich die Frage, ob eine mangelnde Sicherungsmöglichkeit eines Gläubigers als Rechtfertigung für seine abweichende Behandlung im Insolvenzverfahren dienen kann. Bereits die Gesetzesbegründung zum Gesetzentwurf der InsO stellt klar, dass sich der Privilegienkatalog des § 61 KO nicht mit der für einzelne Gläubiger fehlenden Möglichkeit zur Absicherung rechtfertigen ließ, insbesondere, weil auch vielen anderen Gläubigern keine Sicherungsmöglichkeit zur Verfügung stand.[161]

II. Kritische Würdigung

Die vorgenannten Argumente sollen die Behauptung stärken, dass der Fiskus im Insolvenzverfahren Nachteile gegenüber anderen Gläubigern zu erleiden hat. Dies gilt umso mehr, seit der Fiskus durch die Einführung der InsO seine ehemalige Vorrangstellung verloren hat. Die Bundesregierung nahm dies zum

beglichen oder entsprechend anderweitig abgesichert werden, vgl. *Feuerborn,* Unternehmensfortführung, KTS 1997, 171, 187 ff. und 191 ff.

158 Vgl. *Marotzke,* Privilegierung, ZInsO 2010, 2163, 2174.

159 Anders als bei mobilen Sicherungsgütern ist auch kein Kostenbeitrag an die Insolvenzmasse abzuführen, vgl. § 171 InsO. Dennoch wird oftmals analog zu § 171 InsO ein geringer Beitrag vereinbart, wenn der Insolvenzverwalter an der Verwertung mitwirken soll.

160 Vgl. *Küffner/Zugmaier,* Steuerschuldnerschaft, DStR 2004, 712, 712.

161 Vgl. BT-Drucks. 12/2443, 90.

Anlass, um in der Planung des Haushaltsentwurfs 2011 kurzerhand die Wiedereinführung des alten Rechts zu fordern.[162] Dort heißt es:

> *„Des Weiteren werden wir das sogenannte Fiskusvorrecht im Insolvenzverfahren, das bis 1999 in Geltung hatte, wieder einführen. Wir stellen damit die öffentliche Hand anderen Gläubigern wirtschaftlich wieder gleich. Die Regelung aus dem Jahr 1999 hatte in erheblichem Umfang zu einer Privilegierung von Banken geführt."*

Die hierbei aufgeführte Begründung macht in besonderem Maße deutlich, wie das Fundament des Insolvenzrechts, das in der Gläubigergleichbehandlung besteht, zunehmend politischen Interessen geopfert wird. Augenscheinlich wird auch hier lediglich die „Wiederherstellung" der Gleichbehandlung gefordert. Die Schaffung von neuen Privilegien zur Erreichung einer allgemeinen Gleichstellung widerspricht sich allerdings schon in sich. Wenn man eine Privilegierung der Banken durch das neue Recht zu beklagen hat, kann im Sinne der InsO nur eine Abschaffung eben dieser Privilegien das Ziel sein.[163] Auf die o. g. Weise wird lediglich unter dem Deckmantel des *par conditio creditorum* versucht, die eigene Position auf Kosten der übrigen Gläubiger zu verbessern. Es ist daher nicht verwunderlich, dass der vorgenannten Ankündigung und dem Entwurf des HBeglG 2011[164] ein Aufschrei in der Literatur folgte.[165] Letztlich wurde das alte Recht nicht wieder eingeführt, aber stattdessen § 55 Abs. 4 InsO geschaffen.[166]

Dem Bestreben nach zusätzlicher Privilegierung des Fiskus im Insolvenzverfahren kann weitere Kritik entgegen gebracht werden. So kann durch die vorgenannten Argumente der Eindruck erweckt werden, der Fiskus sei ein vergleichsweise hilfloser Gläubiger, der im Insolvenzverfahren eines besonderen Schutzes bedürfe. Dieses Bild entspricht indes nicht der Realität. Im Gegensatz zu anderen Gläubigern stehen dem Fiskus – unabhängig von der InsO – bereits

---

162 *Bundesregierung,* Sparpaket, 2010, http://www.bmas.de/SharedDocs/Downloads/DE/sparpaket-eckpunktepapier.pdf?__blob=publicationFile, S. 7, zuletzt geprüft am 28.02.2014. (im Original nicht kursiv).

163 Vgl. *Meier,* Wiedereinführung, ZInsO 2010, 1121, 1129.

164 Vgl. BT-Drucks. 17/3030.

165 Vgl. *Ahrendt/Altmeppen et al.,* Protest, ZIP 2010, 1317, 1317; *Bauer,* Unzulässigkeit, ZInsO 2010, 1432, 1432 ff.; *Damerius,* Fiskusprivileg, BB 2010, I, I; *Deutscher Anwaltverein,* Fiskusprivileg, 2010, http://www.anwaltverein.de/downloads/stellungnahmen/SN-10/SN34-2010.pdf, zuletzt geprüft am 28.02.2014.; *Kahlert,* Fiskusvorrechte, ZIP 2010, 1274, 1274 ff.; *Kahlert,* HBeglG 2011, ZIP 2010, 1887, 1887 ff.; *Marotzke,* Privilegierung, ZInsO 2010, 2163, 2163 ff.; *Smid,* Reform, DZWIR 2010, 397, 397 ff.; *ZDH,* in: Ausschussdrucksache 17(8)1669.

166 Siehe Teil III, Kapitel C.IV.1, S. 85 ff.

verschiedenste Hilfsmittel zur Verfügung, die seiner besonderen Position als öffentlicher Gläubiger Rechnung tragen. Zu nennen sind hier bspw. vollstreckungsrechtliche Vorteile, die es dem Fiskus wesentlich erleichtern, einen vollstreckbaren Titel bestehender Forderungen zu erlangen. Auch haftungsrechtliche Vorteile spielen eine Rolle, die die gesetzlichen Vertreter eines Unternehmens für die nicht ordnungsgemäße Erfüllung steuerlicher Pflichten haftbar machen (§ 69 AO).[167] Dem Fiskus werden insofern auch heute schon Vorteile gegenüber normalen Gläubigern eingeräumt, die bezweifeln lassen, dass im Insolvenzfall eine weitergehende Privilegierung notwendig ist.

Als Erkenntnis bleibt, was bereits aus dem Scheitern der KO unmissverständlich klar geworden sein sollte: Jede Bevorrechtigung im Insolvenzverfahren beruht letztendlich auf einer willkürlichen Entscheidung und stellt immer eine Durchbrechung der Gläubigergleichbehandlung dar. Bei Verfahrensbeteiligten, die einen positiven Beitrag zum Verlauf der Insolvenz leisten können, kann eine Bevorzugung den Nutzen Aller steigern und damit gerechtfertigt werden. Für den Fiskus zählt dieses Argument i. d. R. jedoch nicht, so dass davon ausgegangen werden kann, dass mit der Bestrebung nach weiteren Privilegien im Insolvenzverfahren rein finanzpolitische Interessen verfolgt werden.

C. Kategorisierung von Vorrechten des Fiskus

Im Folgenden soll ein möglichst umfassender Überblick über die im derzeitigen Recht vorzufindenden Regelungen gegeben werden, die dem Fiskus Möglichkeiten der Forderungsbefriedigung eröffnen, die den übrigen Gläubigern nicht zur Verfügung stehen. Es wird dadurch aufgezeigt, in welch vielfältiger Form die Gläubigergleichbehandlung zugunsten des Fiskus durchbrochen wird. Mit der Darstellung der entsprechenden Regelungen in dieser Arbeit ist nicht bereits eine Wertung über ihre Berechtigung verbunden. Während die Verfechter des Insolvenzrechts jegliche Durchbrechung des *par conditio creditorum* kritisieren, sehen die Vertreter des Steuerrechts eher die Interessen des Fiskus in Gefahr. Die Argumentationen in der Literatur sind daher höchst unterschiedlich. Es wurde diesbezüglich bereits dargestellt, dass die Gleichbehandlung im Insolvenzrecht einen für die Funktionsfähigkeit dieses Rechtsgebiets fundamentalen Grundsatz darstellt.[168] Diese Arbeit sieht ihre Aufgabe jedoch vor allem in der

---

167 Siehe zu einer detaillierten Betrachtung, Teil III, Kapitel C.I, S. 47 ff.

168 Siehe Teil I, Kapitel C, S. 8 ff. und Kapitel C.III, S. 34 ff.

ökonomischen Analyse der Konsequenzen die aufgrund von Vorrechten des Fiskus für das Insolvenzverfahren zu erwarten sind.[169]

Um ein besseres Verständnis der einzelnen Sachverhalte zu ermöglichen, werden die Regelungen in vier Kategorien unterteilt. In der Literatur findet man diesbezüglich die Unterscheidung nach dem Urheber einer entsprechenden Vorschrift, was zur Abgrenzung zwischen *Gesetzgebungs-* und *Rechtsprechungsvorrechten* führt.[170] Die vorliegende Arbeit orientiert sich hingegen stärker am Ablauf des Insolvenzverfahrens. So enthält die erste Kategorie *Grundlegende Maßnahmen*, die Vorrechte des Fiskus behandelt, die zu einem sehr frühen Stadium des Verfahrens eingreifen oder sogar vollkommen unabhängig von diesem wirken. Es folgen Regelungen, die der *Quellenbesteuerung* zuzuordnen sind und bewirken, dass der Fiskus seine Forderungen nicht über das Insolvenzverfahren befriedigen muss, sondern sich an die solventeren Geschäftspartner des Schuldners wendet. Sind die Steuerforderungen bereits im Insolvenzverfahren verhaftet, bleibt noch die nächste Kategorie der *Aufrechnung*, die es dem Fiskus ermöglicht, die scheinbar schon wertlosen Forderungen durch Gegenrechnung von gegen den Fiskus gerichteten Steuererstattungsansprüchen doch noch werthaltig zu machen. Als letztes folgt die Kategorie der *Masseverbindlichkeiten*. Hier sind Regelungen aufgenommen, die zu einer Aufwertung von Insolvenz- zu Masseforderungen und damit zu einer vollständigen anstelle einer nur quotalen Befriedigung führen.

An den gebildeten Kategorien lassen sich zudem bereits grob die zu erwartenden Auswirkungen auf das Insolvenzverfahren ablesen, die von der ersten zur vierten Kategorie zunehmen. Dies kann jedoch nur als erste Orientierung dienen, da die tatsächlichen Konsequenzen stark vom jeweiligen Einzelfall abhängen.

Zum Ende des Abschnitts wird noch ein Ausblick auf Regelungen gegeben, die im derzeitigen Recht noch nicht umgesetzt sind, nach Auffassung des Verfassers jedoch zukünftig an Bedeutung gewinnen könnten. Das Kapitel endet mit einer Zusammenfassung der Ergebnisse sowie einer *tabellarischen Übersicht* der besprochenen Regelungen.[171]

---

169 Die detaillierteste Analyse erfolgt in Teil IV dieser Arbeit für die Regelung des § 55 Abs. 4 InsO (s. Kapitel C.IV.1, S. 85 ff.) und die Rechtsprechung des BFH zur Entgeltvereinnahmung nach Insolvenzeröffnung (s. Kapitel C.IV.2, S. 90 ff.). Bei diesen sind die gravierendsten Auswirkungen für das Insolvenzverfahren zu erwarten.

170 Vgl. *Kahlert,* Fiskusvorrechte, ZIP 2010, 1274, 1274 ff.; *Meier,* Wiedereinführung, ZInsO 2010, 1121, 1124 ff.

171 Siehe Tabelle 4, S. 117.

I. Grundlegende Maßnahmen

Die erste Kategorie an Regelungen, die dem Fiskus im Insolvenzverfahren Vorteile verschaffen, behandelt sehr grundlegende Vorschriften. Diese sind oftmals der Position des Fiskus als öffentlicher Gläubiger geschuldet, der in irgendeiner Form die Durchsetzung seiner eigenen Forderungen sicherstellen muss. Die hier besprochenen Sachverhalte stellen damit nicht zwangsläufig eine gezielte Bevorzugung des Fiskus für den Fall eines Insolvenzverfahrens dar. Die auch hier auftretenden positiven Effekte werden jedoch billigend in Kauf genommen. Durch mangelnde Abstimmung unterschiedlicher gesetzlicher Normen kommt es bspw. bei haftungsrechtlichen Vorschriften zu einer besonderen Bevorzugung des Fiskus im Insolvenzfall, die zum Wohl der Gläubigergleichbehandlung vermeidbar wäre.

Die ökonomischen Folgen der hier besprochenen Regelungen für den Verlauf des Insolvenzverfahrens sind als gering einzustufen. Der Fiskus verbessert vor allem seine Ausgangslage.

1. *Vollstreckungsrechtliche Vorteile*

Aus der Position des Fiskus als öffentlicher Gläubiger ergibt sich die Situation, dass Forderungen nicht nur geltend gemacht, sondern bei Zahlungsverzug auch unmittelbar vollstreckt werden können. Der Fiskus gilt damit ebenso wie die Sozialversicherungsträger als sog. „Schnellvollstrecker".[172] Während ein „normaler" Gläubiger nicht ohne gewissen Aufwand an einen vollstreckbaren Titel seiner Forderung gelangen kann, ist dies für den Fiskus weitaus unproblematischer. So stellt bereits der Steuerbescheid einen vollstreckbaren Titel dar, der als Verwaltungsakt gem. § 251 Abs. 1 AO vollstreckt werden kann, sofern die Vollziehung nicht ausgesetzt oder gehemmt ist.[173] Für den Fall, dass im Insolvenzverfahren Forderungen geltend gemacht werden, kann die Finanzbehörde diese erforderlichenfalls gem. § 251 Abs. 3 AO durch schriftlichen Verwaltungsakt selber feststellen.[174]

Grundsätzlich gilt: Bei der Prüfung von zur Insolvenztabelle angemeldeten Forderungen obliegt es dem Insolvenzverwalter zweifelhafte Forderungen zu

---

172 Vgl. *Schneider/Hörmann,* Anfechtung, ZInsO 2005, 133, 133; *Uhlenbruck,* Wiedereinführung, ZInsO 2005, 505, 506.

173 Vgl. *Loose,* in: Tipke/Kruse, AO, § 251, Tz. 2.

174 Vgl. *Häsemeyer,* Insolvenzrecht, 2003, Rn. 1.10.

bestreiten.[175] Will der Gläubiger dennoch die Feststellung seiner Forderung erreichen, so bleibt es ihm überlassen Feststellungsklage zu erheben und somit u. U. doch noch die Feststellung seiner Forderung zu erreichen (§ 179 Abs. 1 InsO). Nur wenn bereits ein vollstreckbarer Schuldtitel vorliegt, muss der Insolvenzverwalter (ggfs. ein anderer Insolvenzgläubiger) auf dem Klageweg ein Bestreiten der Forderung erwirken (§ 179 Abs. 2 InsO).[176] Ein normaler Gläubiger einer untitulierten Forderung muss im Zweifelsfall also die Berechtigung seiner Forderung beweisen. Der Fiskus dagegen kann durch Verwaltungsakt seine (bestrittene) Forderung selbst zur Tabelle feststellen. Hiergegen müsste der Insolvenzverwalters seinerseits klagen und dabei die Nichtberechtigung der Forderung nachweisen. Diese Beweislastumkehr verschafft dem Fiskus eine bessere Ausgangslage, die zwar grundsätzlich für jeden titulierten Gläubiger gilt, dem Fiskus aber wesentlich leichter zuteilwird. Das Erstreiten eines Titels ist für einen normalen Gläubiger in jedem Fall mit höheren Kosten verbunden.[177]

In diesem Zusammenhang ist auch zu beachten, dass für die Zeit vor Eröffnung des Insolvenzverfahrens oftmals nur unzureichende Steuerunterlagen im insolventen Unternehmen vorhanden sind. Der Insolvenzverwalter steht regelmäßig vor dem Problem, dass die Buchhaltung nur noch unzureichend gepflegt wurde, was die Feststellung über die Höhe der vom Finanzamt im Insolvenzverfahren anzumeldenden Steuerforderungen erheblich erschweren kann.[178] Notfalls ist das Finanzamt berechtigt, die Besteuerungsgrundlage gem. § 162 AO zu schätzen. Dass diese Schätzung im Zweifelsfall wesentlich zu hoch ausfallen wird, ist nicht verwunderlich. Praktische Relevanz entfaltet diese Problematik allerdings nur bedingt. Sollte ausreichend Insolvenzmasse vorhanden sein, wird der Insolvenzverwalter – notfalls mit Unterstützung eines steuerlichen Beraters – nicht umhin kommen, auch eine desolate Informationslage im Unternehmen entsprechend aufzuarbeiten. Wenn hingegen ohnehin keine Verteilungsmasse im Verfahren vorhanden ist, kann auch eine überhöhte Schätzung der Besteuerungsgrundlage zu keiner Verbesserung der fiskalischen Position im Verfahren beitragen.

---

175 Ein anderer Insolvenzgläubiger kann ebenfalls das Bestreiten einer Forderung bewirken, vgl. § 178 Abs. 1 InsO.

176 Vgl. BFH, Urteil v. 23.02.2010, VII R 48/07, BStBl. II 2010, 562, 563, Rz. 11.

177 Vgl. *Marotzke,* Anfechtung, DZWIR 2007, 265, 268.

178 Vgl. *Graf-Schlicker/Remmert,* Abschlussbericht, ZInsO 2002, 563, 567 f.

2. *Haftungsrechtliche Vorteile*

Gem. § 15a InsO ist der GmbH-Geschäftsführer dazu verpflichtet, bei eingetretener Zahlungsunfähigkeit oder Überschuldung unverzüglich, *spätestens aber nach Ablauf von 3 Wochen*, einen Insolvenzantrag zu stellen.[179] Eine Verletzung dieser Pflicht kann mit Geld- oder Freiheitsstrafe geahndet werden (§ 15a Abs. 4 InsO). Zusätzlich ist der Geschäftsführer gem. § 64 GmbHG dazu verpflichtet, Zahlungen zu ersetzen, die nach Eintritt der Zahlungsunfähigkeit oder Überschuldung geleistet wurden. Diese persönliche Haftung gilt jedoch nach dem Gesetzeswortlaut ausdrücklich *nicht* für Zahlungen, die mit der *Sorgfalt eines ordentlichen Geschäftsmanns vereinbar* sind. Das Haftungsrisiko trägt dazu bei, eine Sicherung der verfügbaren Insolvenzmasse zu bewirken.[180]

a) Steuerhaftung gem. §§ 34, 35, 69 AO

In Konflikt hierzu steht die Verpflichtung der gesetzlichen Vertreter eines Unternehmens, gem. §§ 34, 35 AO die steuerlichen Pflichten des Unternehmens zu erfüllen. Kommen sie dieser Pflicht nicht nach, werden sie hierfür gem. § 69 AO persönlich haftbar gemacht.[181] Auf der einen Seite besteht demnach die Verpflichtung, die Masse zu sichern, auf der anderen Seite müssen jedoch die steuerlichen Verpflichtungen erfüllt werden.

Ursprünglich vertrat hier der Strafsenat des BGH die Ansicht, dass innerhalb des 3-wöchigen Insolvenzantragszeitraums (also nach Eintritt der Zahlungsunfähigkeit/Überschuldung) die steuerlichen (und sozialversicherungsrechtlichen) Abführungspflichten nicht mehr gelten.[182] Dem Unternehmer drohte daher keine Haftung gem. § 69 AO, wenn er in dieser Zeit vor Eröffnung des Insolvenzverfahrens seine steuerlichen Zahlungsverpflichtungen nicht erfüllte. Dies führte zu einer Stärkung der Gläubigergleichbehandlung, da der Schuldner nicht veranlasst war, den Fiskus vor allen anderen zu befriedigen.[183]

---

179 Siehe hierzu auch BGH, Urteil v. 24.05.2005, IX ZR 123/04, GmbHR 2005, 1117, 1117 ff. mit der Abgrenzung zwischen Zahlungsstockung und Zahlungsunfähigkeit.

180 Vgl. *Bauer*, Die GmbH in der Krise, 2010, Rn. 1094 ff.

181 Vgl. *Schneider/Hörmann*, Anfechtung, ZInsO 2005, 133; *Bauer*, Unzulässigkeit, ZInsO 2010, 1432, 1433 f.; *Schuhmann*, Haftung, GmbHR 2008, 418, 418 ff.; *Liebscher*, Privilegierung, ZInsO 2009, 1386, 1387.

182 Vgl. BGH, Beschluss v. 30.07.2003, 5 StR 221/03, ZInsO 2004, 39, 39 f.; BGH, Beschluss v. 09.08.2005, 5 StR 67/05, ZInsO 2005, 986, 986 ff.

183 Vgl. *Bauer*, Unzulässigkeit, ZInsO 2010, 1432, 1433 f.

Der II. Senat des BGH entschied jedoch im Anschluss (unter Aufgabe seiner bisherigen Rechtsprechung)[184], dass ein organschaftlicher Vertreter, der bei eingetretener Insolvenzreife der Gesellschaft (Zahlungsunfähigkeit/Überschuldung) seinen steuerrechtlichen und sozialversicherungsrechtlichen Verpflichtungen nachkommt (Abführung von LSt und Sozialversicherungsbeiträgen), *mit der Sorgfalt eines ordentlichen Geschäftsmanns* handelt.[185] Das bedeutete, dass dem Unternehmer keine Haftung gem. § 64 GmbHG drohte, wenn er sich dazu entschied, doch den Fiskus vorrangig zu befriedigen.

Diese neue Gesetzgebung stand damit aber im Widerspruch zur Rechtsprechung des BFH, der wie der Strafsenat des BGH von einer Nichtanwendung der Haftung gem. § 69 AO im 3-Wochen-Zeitraum ausging, wenn die GmbH diesen nutzt, um die Sanierungsfähigkeit zu prüfen, Sanierungsversuche durchführt und ggfs. einen Insolvenzantrag stellt.[186] Aus seiner Sicht war damit bspw. die Abführung von LSt im 3-Wochen-Zeitraum gerade *nicht* mit der Sorgfalt eines ordentlichen Geschäftsmanns vereinbar, da diese steuerlich nicht geboten war.[187] Demnach hätte bei Erfüllung der steuerlichen Pflichten im 3-wöchigen Insolvenzantragszeitraum doch eine Haftung gem. § 64 GmbHG eintreten müssen.

Um diese sich widersprechende Rechtsprechung zu korrigieren, hat der BFH seine Meinung geändert und beschlossen, dass der Geschäftsführer von nun an doch gem. § 69 AO gegenüber dem Finanzamt persönlich haftet, wenn er trotz vorhandener Mittel innerhalb des 3-Wochen-Zeitraums keine LSt abführt.[188] Damit ist nunmehr bestimmt, dass der GmbH-Geschäftsführer auch im 3-Wochen-Zeitraum der Insolvenzantragspflicht des § 15a InsO dazu verpflichtet ist, die LSt und die Arbeitnehmeranteile zur Sozialversicherung abzuführen, da

---

184 Vgl. BGH, Urteil v. 08.01.2001, II ZR 88/99, NZI 2001, 196, 199; BGH, Urteil v. 18.04.2005, II ZR 61/03, ZIP 2005, 1026.

185 Vgl. BGH, Urteil v. 14.05.2007, II ZR 48/06, ZInsO 2007, 660, 660 ff.; *Bauer,* Unzulässigkeit, ZInsO 2010, 1432, 1433. Diese Ansicht wurde anschließend in Bezug auf die Sozialversicherungsbeiträge erneut wiederholt, vgl. BGH, Urteil v. 02.06.2008, II ZR 27/07, ZInsO 2008, 740, 740 ff.

186 Vgl. BFH, Urteil v. 27.02.2007, VII R 67/05, BB 2007, 1711, 1712 f., sich beziehend auf § 64 Abs. 1 GmbHG a.F., der seit der Reform durch das MoMiG in § 15a Abs. 1 InsO geregelt ist.

187 Vgl. *Heeg,* Strafbarkeit, DStR 2007, 2134, 2136 f.; *Beck,* Haftung, ZInsO 2007, 1233, 1238 ff.; *Bauer,* Unzulässigkeit, ZInsO 2010, 1432, 1433 f.

188 Vgl. BFH, Urteil v. 23.09.2008, VII R 27/07, ZInsO 2009, 151, 151 ff. dazu *Liebscher,* Privilegierung, ZInsO 2009, 1386, 1386 ff.; BFH, Urteil v. 11.11.2008, VII R 19/08, BStBl. II 2009, 342, 342 f.

ihm sonst eine Haftung gem. § 69 i. V. m. § 34 AO droht.[189] Dies führt wiederum dazu, dass die Zahlungen mit der Sorgfalt eines ordentlichen Geschäftsmanns vereinbar sind, wodurch eine Haftung aus § 64 GmbHG ausgeschlossen wird.[190] Die Situation des Fiskus hat sich damit im Vergleich zur vorangegangenen Rechtsauffassung erheblich verbessert.

Es ist dabei allerdings nicht zu verkennen, dass die Sicherstellung der Zahlungsmoral des Schuldners aus Sicht des Fiskus durchaus ein Problem darstellt. So ist zu beobachten, dass Unternehmer den Forderungen öffentlicher Gläubiger in finanzieller Notlage nur eine untergeordnete Rolle beimessen.[191] Das Interesse wird eher darin bestehen, Forderungen der für den Fortbestand des Unternehmens wichtigen Lieferanten zu bedienen. Jedoch stellt der Fiskus nicht den einzigen Gläubiger dar, dem der Unternehmer eine untergeordnete Bedeutung beimessen wird. Die Haftung gem. § 69 AO eröffnet dem Fiskus damit ein Druckmittel, das den anderen Gläubigern nicht zur Verfügung steht.

b) Grundsatz der anteiligen Tilgung

In Zusammenhang mit § 69 AO ist jedoch der vom BFH entwickelte *Grundsatz der anteiligen Tilgung* zu beachten, der den Umfang der Haftung betragsmäßig begrenzt.[192] Der Grundgedanke ist, dass der Fiskus durch die Haftung der gesetzlichen Vertreter zwar nicht schlechter, aber auch nicht grundsätzlich besser gestellt werden soll als andere Gläubiger.

§ 69 AO hat Schadensersatzcharakter.[193] Es besteht eine Kausalität zwischen der Pflichtverletzung des gesetzlichen Vertreters und dem beim Finanzamt eingetretenen Schaden. Ein Geschäftsführer verletzt seine Pflicht zur Abfuhr der Steuer laut Rechtsprechung nur, insoweit ihm dies aufgrund der finanziellen Lage des Unternehmens auch möglich gewesen wäre. Stehen keine ausreichenden Mittel zur Verfügung, entsteht ein Schaden beim Fiskus nur in der Höhe, in

189 Vgl. *Bauer,* Unzulässigkeit, ZInsO 2010, 1432, 1434.

190 Vgl. BGH, Urteil v. 25.01.2011, II ZR 196/09, ZIP 2011, 422, 422 f. für die Abführung von USt und LSt nach eingetretener Insolvenzreife.

191 Vgl. *Schuhmann,* Haftung, GmbHR 2008, 418, 418.

192 Vgl. *Kahlert,* Vertreterhaftung, ZIP 2009, 2368, 2371 f.; *Kapischke,* Anteilige Tilgung, NWB Fach 2, 8847, 8848; BFH, Urteil v. 21.06.1994, VII R 34/92, ZIP 1995, 229.

193 Vgl. BFH, Urteil v. 26.07.1988, VII R 83/87, BStBl. II 1988, 859, 860; BFH, Urteil v. 05.09.1989, VII R 61/87, BStBl. II 1989, 979, 980; BFH, Beschluss v. 11.06.1996, I B 60/95, BFH/NV 1997, 7, 7.

der er gegenüber den übrigen Gläubigern benachteiligt wurde.[194] Steuerverbindlichkeiten müssen demnach nur in dem Verhältnis befriedigt werden, in dem auch die Befriedigung der übrigen Gläubiger möglich wäre. Betroffen hiervon ist vor allem die USt, aber auch KSt und GewSt. Für die LSt gilt der Grundsatz der anteiligen Tilgung zwar prinzipiell ebenfalls, faktisch tritt hier jedoch i. d. R. eine vollumfängliche Haftung ein. Maßgeblich ist in diesem Fall nicht eine Benachteiligung im Verhältnis zur gesamten Gläubigergemeinschaft, sondern lediglich zu den Arbeitnehmern. Dies resultiert nach Argumentation des BFH daraus, dass der Arbeitgeber die LSt als Teil des Bruttoarbeitslohns nur treuhänderisch für den Arbeitnehmer und den Fiskus einzuziehen hat und es sich so gesehen um Fremdgelder handelt.[195] Reichen die Mittel nicht zur vollen Befriedigung der LSt aus, sind somit die Löhne der Mitarbeiter im entsprechenden Verhältnis zu kürzen, um aus den dadurch frei werdenden Mitteln anteilig das Finanzamt zu befriedigen.[196] Eine Haftung käme dann nur in Höhe der auf die tatsächlich ausgezahlten Nettolöhne entfallenen LSt infrage. In der Praxis birgt die Kürzung der Löhne jedoch die Gefahr von Arbeitsniederlegung. Wird der Lohn daher in voller Höhe gezahlt, tritt auch eine vollumfängliche Haftung für nicht abgeführte Lohnsteuer ein. Wird der Lohn nicht in voller Höhe gezahlt, muss der Haftungsschuldner zusätzlich nachweisen, dass ihm tatsächlich keinerlei über die gezahlten Löhne hinausgehenden liquiden Mittel zur Verfügung standen.[197] Ist dies nicht möglich oder werden im betroffenen Zeitraum weitere Verbindlichkeiten bedient, ist die Haftung ebenfalls nicht beschränkt.

Im Endergebnis ist daher festzuhalten, dass der Fiskus trotz des Grundsatzes der anteiligen Tilgung erhebliche Vorteile durch die Haftung der gesetzlichen Vertreter gem. § 69 AO erlangen kann. Er stellt sich in jedem Fall besser, als ein einfacher Gläubiger, dem der Schuldner vor Eröffnung des Insolvenzverfahrens ebenfalls nur einen untergeordneten Befriedigungsanspruch zugesteht

---

194 Vgl. BFH, Urteil v. 05.09.1989, VII R 61/87, BStBl. II 1989, 979, 980; BFH, Urteil v. 14.07.1987, VII R 188/82, BStBl. II 1988, 172, 172; BFH, Urteil v. 17.07.1985, I R 205/80, BStBl. II 1985, 702, 702; BFH, Urteil v. 01.08.2000, VII R 110/99, BStBl. II 2001, 271, 271.

195 Vgl. BFH, Urteil v. 20.04.1982, VII R 96/79, BStBl. II 1982, 521, 521; BFH, Urteil v. 26.07.1988, VII R 83/87, BStBl. II 1988, 859, 860; BFH, Urteil v. 01.08.2000, VII R 110/99, BStBl. II 2001, 271, 271.

196 Vgl. BFH, Urteil v. 26.07.1988, VII R 83/87, BStBl. II 1988, 859, 860.

197 Vgl. BFH, Urteil v. 26.07.1988, VII R 83/87, BStBl. II 1988, 859, 860.

und der selten Möglichkeiten hat, die gesetzlichen Vertreter persönlich haftbar zu machen.[198]

3. *Liquiditätsprüfung*

Dem Fiskus steht zur Überprüfung seiner Steueransprüche die Möglichkeit einer regelmäßigen Betriebsprüfung gem. §§ 193 ff. AO offen. Diese hat die Funktion, steuerlich bedeutsame Sachverhalte zu ermitteln und die Gleichmäßigkeit der Besteuerung sicherzustellen.[199] Zum Zweck der Ermittlung von möglichen Vollstreckungsmaßnahmen existiert daneben die Möglichkeit einer *Liquiditätsprüfung*, die jedoch keine bundeseinheitliche Anwendung findet. Im Gegensatz zur Betriebsprüfung ist diese auch nicht erzwingbar, da sie sich nur auf die Auskunfts- und Mitwirkungspflichten des Steuerpflichtigen gem. §§ 88 ff., 249 Abs. 2 AO stützt. Insbesondere, wenn der Schuldner Vollstreckungsschutz-, Stundungs- oder Erlassanträge stellt, muss er zur Sachverhaltsermittlung mit einer vorangehenden Prüfung rechnen.

Der Möglichkeit einer Liquiditätsprüfung wird die Kritik entgegen gebracht, sie diene dazu, dem Fiskus im Wettlauf der Gläubiger einen Vorsprung zu verschaffen.[200] Die Gegenseite argumentiert, dass es sich bei diesem Instrument um eine Unterstützung des Schuldners in der Krise handle und man gemeinsam Lösungen erarbeiten wolle. In jedem Fall ist zu beobachten, dass oftmals bereits die bloße Ankündigung einer Liquiditätsprüfung geeignet ist, den Steuerschuldner dazu zu veranlassen, etwaige Steuerrückstände auszugleichen.[201] Die tatsächliche Durchführung einer Liquiditätsprüfung ist für den Fiskus jedoch eine zweischneidige Angelegenheit, da sie bei Eröffnung eines Insolvenzverfahrens die Gefahr von Anfechtungen durch den Insolvenzverwalter erhöht. Sollte der Schuldner nach erfolgter Liquiditätsprüfung Zahlungen auf Steuerrückstände an das Finanzamt leisten, stehen diese in der Gefahr gem. § 130 InsO als kongruente Deckung anfechtbar zu sein.[202] Hiernach sind Zahlungen innerhalb von drei Monaten vor dem Antrag auf Eröffnung des Insolvenzverfahrens zurück zu gewähren, wenn diese die übrigen Gläubiger benachteiligen, der Schuldner bereits

---

198 Vgl. *Kahlert*, Fiskusvorrechte, ZIP 2010, 1274, 1280 f.

199 Vgl. *Bruschke*, Liquiditätsprüfung, NZI 2003, 636, 637.

200 Vgl. *Maus*, Liquiditätsprüfung, ZInsO 2004, 837, 837 ff.

201 Vgl. *Bruschke*, Liquiditätsprüfung, NZI 2003, 636, 637; *Maus*, Liquiditätsprüfung, ZInsO 2004, 837, 838.

202 Die Gewährung von Sicherheiten für Steuerrückstände wäre ggfs. als inkongruente Deckung gem. § 131 InsO anfechtbar.

zahlungsunfähig war und der Gläubiger *Kenntnis* von der Zahlungsunfähigkeit hatte. In der Praxis stellt vor allem der Nachweis der Kenntnis der Zahlungsunfähigkeit für den Insolvenzverwalter oftmals ein Problem dar. Hat das Finanzamt jedoch zuvor durch eine Liquiditätsprüfung detaillierten Einblick in die finanzielle Lage des Unternehmens erhalten, wird es sich kaum darauf berufen können, nichts gewusst zu haben.

Im Ergebnis lässt sich damit festhalten, dass dem Fiskus aus seiner Position als öffentlicher Gläubiger wesentlich weitreichendere Befugnisse der Informationsbeschaffung über seine Schuldner zur Verfügung stehen als einem nichtöffentlichen Gläubiger. Dies kann zumindest in der Theorie auch dazu benutzt werden, sich eine bessere Befriedigungsposition zu erarbeiten. In der Praxis hält die InsO jedoch durch das Anfechtungsrecht ein probates Mittel parat, um eine tatsächliche Bevorzugung zu verhindern. Daraus folgt, dass die Liquiditätsprüfung durch das Finanzamt letztlich sogar der ganzen Gläubigergemeinschaft zugutekommen kann, wenn der Fiskus bei Kenntnis der Zahlungsunfähigkeit des Schuldners eher auf eine frühzeitige Insolvenzeröffnung hinwirkt als auf eine vorrangige Befriedigung seiner eigenen Forderungen.

4. *Zwischenfazit*

Die vorgenannten Sachverhalte sollen aufzeigen, dass dem Fiskus als öffentlicher Gläubiger verschiedenste rechtliche Hilfsmittel an die Hand gegeben werden, um die Durchsetzung seiner Forderungen sicher zu stellen. Im Vergleich zu anderen nicht-öffentlichen Gläubigern sind die damit eröffneten Möglichkeiten wesentlich weitreichender. In Bezug auf das Insolvenzverfahren sind hiermit jedoch nicht zwangsläufig finanzielle Besserstellungen gegenüber der Gläubigergemeinschaft verbunden.[203] Insgesamt lässt sich zugunsten der Regelungen in dieser Kategorie am ehesten argumentieren, dass diese der besonderen Stellung des Fiskus als öffentlicher Gläubiger Rechnung tragen. Damit dient diese Kategorie jedoch gleichzeitig als Gegenargument für die in den nachfolgenden Kategorien zu findenden weiteren Besserstellungen, die wesentlich stärkere Auswirkungen auf das Insolvenzverfahren haben.

203 Zu beachten ist insb. das Anfechtungsrecht gem. §§ 129 ff. InsO, das grundsätzlich geeignet sein sollte, dennoch erreichte finanzielle Vorteile zugunsten der gesamten Gläubigergemeinschaft rückgängig zu machen.

II. Quellenbesteuerung

Die folgende Kategorie an rechtlichen Maßnahmen, die dem Fiskus bessere Befriedigungsaussichten im Insolvenzfall verschaffen, lassen sich unter dem Begriff der *Quellenbesteuerung* oder auch dem *Wechsel der Steuerschuldnerschaft* zusammenfassen. Es handelt sich grundsätzlich um Gestaltungen, in denen sich der Fiskus zur Befriedigung seiner Forderungen nicht an den (insolventen) Schuldner wendet, sondern direkt an dessen Geschäftspartner im weitesten Sinne. Anstatt die Zahlungsmittel erst in das Vermögen des Schuldners gelangen zu lassen, wo der Fiskus unter Umständen Probleme mit der Vollstreckung bekommt, wird direkt auf die Quelle zugegriffen und der Steuerschuldner erhält nur noch den Nettobetrag ausgezahlt. Unter dem Gesichtspunkt der Gläubigergleichbehandlung ergibt sich hieraus das Problem, dass die hiervon betroffenen Geldmittel dem Zugriff der Gläubigerallgemeinheit entzogen werden und stattdessen nur dem Fiskus zugutekommen.

Insgesamt sind die rein quantitativen Auswirkungen der Privilegierung durch den Wechsel der Steuerschuldnerschaft als vergleichsweise gering einzustufen. Dies ist darauf zurückzuführen, dass eine Privilegierung nur in konkret im Gesetz definierten Sachverhalten eintreten kann. Wie sich in der nachfolgenden Diskussion einzelner Vorschriften zeigen wird, sind oftmals nur bestimmte Unternehmen von einer Vorschrift betroffen, so dass die Problematik nicht in allen Insolvenzverfahren gegeben ist. Indes ist eine konkrete Quantifizierung der finanziellen Auswirkungen nur schwer möglich, da die spezifische Situation eines insolventen Unternehmens über den Wirkungsgrad der Vorschriften entscheidet. Wenn eine Vorschrift in der Vielzahl der Fälle keinerlei Relevanz entfaltet, kann sie in einem anderen Fall unter Umständen gravierende Auswirkungen haben.

1. Lohnsteuerabzug

In Bezug auf den Einbehalt von Lohnsteuer vom Arbeitslohn erlangt der Fiskus eine privilegierte Stellung, die insbesondere in Verbraucherinsolvenzen Relevanz entwickelt. Dabei findet eine Privilegierung gleich in zweifacher Weise statt.[204] § 36 InsO bestimmt, welche Gegenstände des Insolvenzschuldners unpfändbar sind und damit nicht zur Insolvenzmasse gehören. § 36 Abs. 1 S. 2 InsO verweist dabei u.a. auf eine entsprechende Geltung des § 850e ZPO. Dieser

---

204 Vgl. BFH, Urteil v. 24.02.2011, VI R 21/10, ZInsO 2011, 927, S. 928, Rn. 14; *Casse,* Einkommensteuer, ZInsO 2011, 2309, 2309 ff.; *Onusseit,* Kurzkommentar, EWiR, 2011, 427, 427 f.

legt die Berechnung des pfändbaren Arbeitseinkommens fest und bestimmt: *„Nicht mitzurechnen sind [...] Beträge, die unmittelbar auf Grund steuerrechtlicher oder sozialrechtlicher Vorschriften zur Erfüllung gesetzlicher Verpflichtungen des Schuldners abzuführen sind.“*

Dadurch fließt nur der allgemein pfändbare Teil des Arbeitslohns zur Insolvenzmasse, während der Anteil, gegen den steuer- und sozialrechtliche Ansprüche gestellt werden, dem allgemeinen Zugriff der Gläubiger entzogen wird. Dem Fiskus wird dadurch zum einen ein direkter Zugriff auf die Erwerbsquelle des Insolvenzschuldners gewährt, der zum anderen auch noch unabhängig vom Pfändungsschutz gilt.[205] Damit eröffnen sich Möglichkeiten der Forderungsrealisierung, die in dieser Weise der übrigen Gläubigergemeinschaft nicht zur Verfügung stehen.

Es ist insofern positiv anzuerkennen, dass die Rechtsprechung einer weiteren Ausdehnung dieser ohnehin schon existierenden Privilegierung entgegentritt. So hat der BFH in diesem Zusammenhang bspw. entschieden, dass eine am Ende des Jahres zu zahlende Abschlusszahlung keine Masseverbindlichkeit darstellt.[206] Geht der Insolvenzschuldner auch im laufenden Insolvenzverfahren weiterhin einer nicht selbstständigen Tätigkeit nach, so fließt der daraus erzielte sog. *Neuerwerb* in die Insolvenzmasse, soweit er gem. § 36 Abs. 1 InsO der Zwangsvollstreckung unterliegt. Obwohl die (pfändbare) Lohnforderung also zur Insolvenzmasse gehört, resultiert daraus nicht automatisch, dass damit in Zusammenhang stehende Verbindlichkeiten gem. § 55 InsO Masseverbindlichkeiten werden.[207] Diese entstehen darüber hinaus insbesondere nur durch Handlungen des Insolvenzverwalters. Die Arbeitskraft des Insolvenzschuldners selbst ist aber nicht Teil der Insolvenzmasse,[208] so dass in der Tätigkeit des Insolvenzschuldners keine Verwaltungsmaßnahme des Insolvenzverwalters zu sehen ist.[209] Im Endeffekt resultiert daraus, dass der (pfändbare) Lohn des Insolvenzschuldners zwar zur Insolvenzmasse gezogen wird, das Finanzamt aber keinen Nachzahlungsanspruch gegen die Insolvenzmasse festsetzen kann, sondern der Insolvenzschuldner diesen aus seinem insolvenzfreien Vermögen begleichen muss; ein Resultat, das im Übrigen für alle Neugläubiger gilt und damit auch im Blick

205 Vgl. BFH, Urteil v. 24.02.2011, VI R 21/10, ZInsO 2011, 927, S. 928, Rn. 14.

206 Vgl. BFH, Urteil v. 24.02.2011, VI R 21/10, ZInsO 2011, 927, 927; *Kammeter/Kammeter,* Lohnsteuer, NWB 2011, 4012.

207 Vgl. BFH, Urteil v. 24.02.2011, VI R 21/10, ZInsO 2011, 927, 928, Rn. 15.

208 Vgl. BGH, Beschluss v. 18.12.2008, IX ZB 249/07, ZInsO 2009, 299, 299 f.

209 Vgl. BFH, Urteil v. 24.02.2011, VI R 21/10, ZInsO 2011, 927, 928, Rn. 11.

auf die zu zahlende Einkommensteuer gerechtfertigt ist.[210] Nicht zu verkennen ist jedoch, dass der Insolvenzschuldner regelmäßig nicht in der Lage sein wird, bis zur Beendigung des Insolvenzverfahrens Verbindlichkeiten aus seinem insolvenzfreien Vermögen zu begleichen. Besondere Brisanz erlangt dies bei einem Insolvenzschuldner, der einer selbstständigen Tätigkeit nachgeht. Im Gegensatz zum nichtselbstständigen Arbeitnehmer ist sein gesamtes Einkommen (auch ohne Abzug beruflich bedingter Ausgaben[211]) pfändbar und fließt damit vollumfänglich in die Insolvenzmasse.[212] Damit verbleibt ihm prinzipiell kein insolvenzfreies Vermögen (noch nicht einmal zum Bestreiten seines Lebensunterhalts), so dass die Durchsetzung von Forderungen hier von vorneherein aussichtslos ist.[213]

Es bleibt somit festzuhalten, dass dem Fiskus im Vergleich zur übrigen Gläubigergemeinschaft durch den Abzug von Lohnsteuer eine privilegierte Stellung zukommt, die auch den Pfändungsschutz umgeht. Lediglich bei durch die Lohnsteuer nicht abgedeckten Einkommensteuerforderungen ist der Fiskus bezüglich des Neuerwerbs in gleicher Weise wie die übrigen Neugläubiger auf das insolvenzfreie Vermögen des Insolvenzschuldners verwiesen.

2. *Bauabzugsteuer §§ 48 ff. EStG*

Die Bauabzugsteuer wurde durch das Gesetz zur Eindämmung der illegalen Betätigung im Baugewerbe vom 30.08.2001 eingeführt.[214] Erklärtes Ziel der Vorschrift ist es, insbesondere die Schwarzarbeit in diesem Bereich einzudämmen.

---

210 Vgl. *Hirte*, in: Uhlenbruck, InsO, § 35, Rn. 113.

211 Vgl. BGH, Beschluss v. 20.03.2003, IX ZB 388/02, ZInsO 2003, 413, 413 ff.

212 Vgl. *Hirte*, in: Uhlenbruck, InsO, § 35, Rn. 116.

213 Der Insolvenzschuldner kann jedoch Pfändungsschutz gem. § 850i ZPO beantragen, der ihm so viel belässt, wie ihm verbleiben würde, wenn sein Einkommen aus laufendem Arbeitslohn bestehen würde. Den Neugläubigern nützt dies indes nichts.

214 Vgl. 30.08.2001, BGBl. I 2001, 2267, 2267. Ein erster Versuch in dieser Richtung wurde bereits durch das Steuerentlastungsgesetz 1999/2000/2002 vom 24.03.1999 unternommen (vgl. 24.03.1999, BGBl. I 1999, 402, 413 f. Der damals geänderte § 50a Abs. 7 EStG a. F. regelte eine Abzugsteuer i. H. v. 25 % auf Vergütungen an ausländischen Dienstleistungserbringern. Die Regelung wurde anschließend rückwirkend durch das Steuerbereinigungsgesetz 1999 vom 22.12.1999 wieder aufgehoben (vgl. StBereinG 1999 v. 22.12.1999, BGBl. I 1999, 2601, 2601, da die EU-Kommission der Auffassung war, die Regelung widerspreche dem Grundsatz der Verhältnismäßigkeit und schränke die Dienstleistungsfreiheit in der EU ein. Gegen die Neuregelung in den §§ 48 ff. EStG werden ähnliche Vorwürfe erhoben, vgl. *Hey*, Bauabzugsteuer, EWS 2002, 153, 164 f.

Ein besonderes Problem stellen dabei Werkvertragsunternehmen mit tatsächlichem oder vorgeblichem Sitz im Ausland dar.[215] Der Steuerfiskus erlangt dabei oft gar nicht oder erst zu spät Kenntnis von einer illegalen Betätigung.

a) Wirkungsweise

Um diesem Missstand effektiv vorzubeugen, bestimmt § 48 Abs. 1 S. 1 EStG, dass der Empfänger einer Bauleistung (Leistungsempfänger), sofern es sich um einen Unternehmer i. S. d. § 2 UStG oder eine juristische Person des öffentlichen Rechts handelt, einen Steuerabzug von 15 % der Gegenleistung für Rechnung des Leistenden vorzunehmen hat. Der Abzug kann unterbleiben, wenn der Wert der Bauleistungen bestimmte *Erheblichkeitsschwellen* nicht überschreitet oder der Leistende eine *Freistellungsbescheinigung* vorweisen kann. Durch den direkten Abzug beim Zahlenden findet eine Sicherung der Steueransprüche des Staates direkt an der Quelle statt. Gegenüber anderen Quellensteuern wie der Lohnsteuer oder der Kapitalertragsteuer, hat die Regelung jedoch einen wesentlich erweiterten Sicherungsumfang.[216] So werden durch den Abzug Ansprüche auf ESt, KSt und LSt[217] gegenüber dem Leistenden abgesichert, auf die der abgeführte Betrag gem. § 48c Abs. 1 EStG angerechnet wird. Eine Absicherung insbesondere von Ansprüchen aus USt findet jedoch nicht statt.[218]

Da die Gegenleistung gem. § 48 Abs. 3 EStG als Entgelt zuzüglich USt definiert wird, beträgt der Abzug beim derzeit gültigen USt-Satz tatsächlich nicht 15 %, sondern 17,85 %.[219]

---

215 Vgl. BT-Drucks. 14/4658, 8 f.

216 Teilweise wird daher sogar bestritten, dass es sich bei der Bauabzugsteuer überhaupt um eine Quellensteuer, sondern vielmehr um einen schlichten Sicherungseinbehalt ohne Steuercharakter handele, vgl. *Ramackers,* Kommentierung, BB 2002, Beilage 2, 1, 2.

217 Zur LSt siehe FG Düsseldorf v. 04.03.2002, 10 V 1007/02, EFG 2002, 688, 688 ff.; *Stickan/Martin,* Bauabzugbesteuerung, DB 2001, 1441, 1448; kritisch hierzu *Fuhrmann,* in: Korn, EStG, 2003, § 48b EStG, Rz. 6.2. Die Frage, ob die LSt ebenfalls unter die zu sichernden Steueransprüche fällt, entwickelt vor allem Relevanz bei der Erteilung von Freistellungsbescheinigungen gem. § 48b Abs. 1 EStG, da diese nur versagt werden können, wenn ein *zu sichernder* Steueranspruch gefährdet ist.

218 Vgl. FG Düsseldorf, Urteil v. 03.07.2002, 18 V 1183/02 AE (KV), EFG 2003, 99. Bei der USt findet eine Absicherung über § 13b Abs. 2 Nr. 4 UStG statt, siehe Teil III, Kapitel C.II.3.b), S. 65 ff.

219 Vgl. *Apitz,* in: Herrmann/Heuer/Raupach, EStG/KStG, 2013, § 48, Rn. 21.

Tabelle 1: Bauabzugsteuer gem. §§ 48 ff. EStG[220]

	Euro	%
Vereinbarte Vergütung	100.000	100
zzgl. USt	19.000	19
Bruttovergütung	119.000	119
Abzugsteuer 15 %	17.850	17,85
Auszahlungsbetrag	101.150	82,15

b) Kritik

Mit Blick auf den eigentlichen Zweck der §§ 48 ff. EStG, nämlich der Bekämpfung von illegaler Betätigung im Baugewerbe, erscheint die Vorschrift in vielen Punkten nicht schlüssig umgesetzt.

So ergibt sich bereits ein gleichheitsrechtliches Problem (Art. 3 GG), da nichtunternehmerische Leistungsempfänger nicht zum Steuerabzug verpflichtet sind, obwohl gerade im privaten Bereich die Gefahr der Schwarzarbeit als hoch einzustufen ist.[221] Als weitere Entlastung für private Vermieter wurde mit dem Steueränderungsgesetz vom 20.12.2001[222] die Regelung eingeführt, dass § 48 EStG nicht auf Bauleistungen für vermietete Wohnungen anzuwenden ist, sofern der Leistungsempfänger nicht mehr als zwei Wohnungen vermietet (§ 48 Abs. 1 S. 2 EStG). Diese Anpassung schießt insofern über das Ziel hinaus, als diese auch auf Unternehmen anwendbar ist.[223] Darüber hinaus lassen die in § 48 Abs. 2 Alt. 2 EStG aufgeführten Erheblichkeitsschwellen an der Wirksamkeit zur Bekämpfung illegaler Betätigung im Baugewerbe zweifeln. So ist § 48 EStG nicht anzuwenden, wenn die Bauleistungen im Kalenderjahr nicht mehr als 5.000 Euro betragen, bzw. 15.000 Euro, wenn der Leistungsempfänger ausschließlich steuerfreie Umsätze nach § 4 Nr. 12 S. 1 UStG ausführt. Der Aufwand für den Leistungsempfänger soll dabei in ein angemessenes Verhältnis zum wirtschaftlichen

---

220 *Stickan/Martin*, Bauabzugbesteuerung, DB 2001, 1441, 1442.

221 Vgl. *Hey*, Bauabzugsteuer, EWS 2002, 153, 163, mit Verweis darauf, dass Baukasten als Privatausgaben steuerlich nicht geltend gemacht werden können (§ 12 Nr. 1 EStG); *Kaeser*, in: Kirchhof/Söhn/Mellinghoff, EStG, 2004, § 48 Rn. A 50.

222 Vgl. StÄndG 2001 v. 20.12.2001, BGBl. I 2001, 3794, 3797.

223 Vgl. *Kaeser*, in: Kirchhof/Söhn/Mellinghoff, EStG, 2004, § 48 Rn. C 1.

Nutzen der Vorschrift gesetzt werden. Schwarzarbeit dürfte aber gerade in diesem Bagatellbereich eine gewichtige Rolle spielen.[224]

Ein weiterer Kritikpunkt besteht darin, dass der Staat Dritten den Aufwand zur Sicherung seiner Steueransprüche auflädt. Alternativ hätte man auch den Bauleistenden zur Sicherheitsleistung für etwaige zukünftige Steuerschulden verpflichten können oder der Leistungsempfänger hätte lediglich zu einer formlosen Anzeige an das Finanzamt verpflichtet werden können, dass und von wem er Bauleistungen bezieht.[225]

c) Auswirkung im Insolvenzfall

Die Erteilung einer Freistellungsbescheinigung nach § 48 b Abs. 1 S. 1 EStG stellt den Normalfall zur Vermeidung der Bauabzugsteuer dar.[226] Diese soll gewährt werden, wenn die zu sichernden Steueransprüche nicht gefährdet sind (§ 48 b Abs. 1 EStG) oder wenn gar keine zu sichernden Steueransprüche bestehen (§ 48 b Abs. 2 EStG). Dabei stellt sich die Frage, wann ein Steueranspruch als gefährdet einzustufen ist. So kam das Finanzministerium des Saarlandes auf die Idee, die Ausgabe einer Freistellungsbescheinigung im Insolvenzfall zu versagen, wenn sich diese auf Bauleistungen bezieht, die *vor* Eröffnung des Insolvenzverfahrens erbracht wurden.[227] Die Begründung lautete schlicht, dass in diesem Fall nur eine quotale Befriedigung der Steuerforderungen zu erwarten sei und der Steueranspruch demnach gefährdet wäre. Dies hätte zu einer ganz klaren Besserstellung des Fiskus im Insolvenzfall geführt, weshalb der BFH dieser Vorgehensweise zu Recht widersprach[228] und das BMF sich dieser Auffassung anschloss.[229] Eine Versagung der Freistellungsbescheinigung im Insolvenzverfahren ist nunmehr nur möglich, wenn der Insolvenzverwalter seinen steuerlichen Pflichten nicht nachkommt.[230]

Eine Freistellungsbescheinigung kann jedoch auch vorher schon versagt werden, wenn nachhaltige Steuerrückstände bestehen.[231] Dabei ist nicht zu übersehen, dass dies zu einer Verschärfung der Krisensituation eines Unternehmens

224 Vgl. *Kaeser*, in: Kirchhof/Söhn/Mellinghoff, EStG, 2004, § 48 Rn. C 18.
225 Vgl. *Kaeser*, in: Kirchhof/Söhn/Mellinghoff, EStG, 2004, § 48 Rn. A 34.
226 Vgl. *Ramackers,* Kommentierung, BB 2002, Beilage 2, 1, 8.
227 Vgl. Ministerium der Finanzen Saarland, Erlass v. 03.07.2002, B/1-2 – 178/2002 – S 0550, DStZ 2002, 653, 653 f.
228 Vgl. BFH, Beschluss v. 13.11.2002, I B 147/02, BStBl. II 2003, 716, 716 ff.
229 Vgl. BMF-Schreiben v. 04.09.2003, IV A 5 – S 2272 b – 20/03, BStBl. I 2003, 431, 431.
230 Vgl. *Kaeser*, in: Kirchhof/Söhn/Mellinghoff, EStG, 2004, § 48 b, Rn. B 20.
231 Vgl. BMF-Schreiben v. 27.12.2002, IV A 5 – S 2272 – 1/02, BStBl. I 2002, 1399, 1402.

führen kann, da ein Auftraggeber sich lieber ein Unternehmen suchen wird, bei dem er nicht verpflichtet ist, den zusätzlichen Aufwand der Abführung einer weiteren Steuer inklusive der damit verbundenen Haftungsrisiken auf sich zu nehmen (vgl. § 48a Abs. 3 EStG). Aus diesem Grund soll die Finanzbehörde zuerst dazu übergehen, Freistellungsbescheinigungen mit einer kürzeren Laufzeit oder aber mit Beschränkung auf einen bestimmten Auftrag auszustellen.[232]

Insgesamt ist festzustellen, dass die Bauabzugsteuer eine gesetzliche Regelung darstellt, die ohne weiteres geeignet ist, zu einer Privilegierung des Fiskus im Insolvenzverfahren zu führen.[233] Sollte einem Unternehmen mit Zahlungsschwierigkeiten die Freistellungsbescheinigung verweigert werden, so erhält der Fiskus durch die Abzugsteuer einen Zugriff auf dem Unternehmen zufließende Zahlungen, bevor irgendein anderer Gläubiger einen Anspruch darauf geltend machen kann. Im Insolvenzverfahren liegt die Handlungspflicht dann auf Seiten des Insolvenzverwalters, der kurz vor Verfahrenseröffnung an das Finanzamt abgeführte Beträge gem. §§ 129 ff. InsO anfechten muss.[234] Eine Anfechtung ist dabei unmittelbar gegenüber dem Finanzamt möglich, da die Beträge vom Leistungsempfänger in Rechnung für den Leistenden abgeführt wurden.[235] Für den Fall der Anfechtung gem. § 130 InsO wird dem Finanzamt die Kenntnis von der Zahlungsunfähigkeit des Schuldners zu beweisen sein. Die Tatsache, dass das Finanzamt zuvor die Erteilung einer Freistellungsbescheinigung versagt hat, kann die Beweisführung dabei erleichtern.[236]

Trotz des zweifellos bestehenden Potentials der Vorschrift, eine Privilegierung des Fiskus zu bewirken, dürfte deren praktische Relevanz eher von

---

232 Vgl. BMF-Schreiben v. 04.09.2003, IV A 5 – S 2272 b – 20/03, BStBl. I 2003, 431, 431; *Fuhrmann*, in: Korn, EStG, 2003, § 48b EStG, Rz. 12.7.

233 Vgl. *Bauer*, Insolvenzvorrechte, ZInsO 2008, 119, 120; *Kahlert*, Fiskusvorrechte, ZIP 2010, 1274, 1274.

234 Gleiches gilt für nach Insolvenzeröffnung vereinnahmte Abzugsteuer. Eine Anfechtung ist jedoch generell nur in einem eröffneten Insolvenzverfahren möglich. Sollte eine Abweisung mangels Masse erfolgen, können die abgeführten Beträge nicht zurückgefordert werden.

235 Vgl. *Kroth*, Fiskusprivileg, NZI 2004, 345, 347; BFH, Beschluss v. 13.11.2002, I B 147/02, BStBl. II 2003, 716, 718; BGH, Urteil v. 16.09.1999, IX ZR 204/98, BGHZ 142, 248, 248.

236 Vgl. *Drenckhahn*, Bauabzugsteuer, ZInsO 2003, 405, 405; steigende Steuerschulden können trotz erbrachter Teilleistungen ebenfalls als Indiz für die Kenntnis des Finanzamts von der Zahlungsunfähigkeit dienen, vgl. BGH, Urteil v. 09.01.2003, IX ZR 175/02, ZIP 2003, 410.

untergeordneter Bedeutung sein. Erste Untersuchungen zur Höhe der eingezogenen Bauabzugsteuer fallen auch eher „bescheiden" aus.[237]

3. *Leistungsempfänger als Steuerschuldner, § 13b UStG*

Der in Deutschland geltenden Ausgestaltung der Umsatzsteuer als Allphasen-Netto-Umsatzsteuersystem mit Vorsteuerabzug[238] ist es an sich zu eigen, dass derjenige die USt schuldet, der auch den Umsatz bewirkt hat (Leistungserbringer).[239] § 13b UStG bestimmt demgegenüber, dass in bestimmten Fällen der Leistungsempfänger als Steuerschuldner anzusehen ist.[240] Dieses Vorgehen wird auch als „*Reverse-Charge*"-Verfahren bezeichnet. Ist der Leistungsempfänger gleichzeitig zum vollen Vorsteuerabzug berechtigt, sind die geschuldete USt und die abziehbare VSt miteinander verrechenbar.[241] In diesem Fall wird somit keinerlei Zahlungsstrom ausgelöst.[242] Ist er nicht zum VSt-Abzug berechtigt, so trifft ihn eine echte Steuerschuld in Form einer direkten Steuer.[243] Bei Leistungsbeziehungen mit ausländischen Unternehmern führt dies zu erheblichen Verfahrensvereinfachungen. Gleichzeitig dient diese Maßnahme der Sicherung des Steueraufkommens. Der Steuerfiskus umgeht die Gefahr, dass der Leistungserbringer zahlungsunfähig wird, der Leistungsempfänger jedoch in voller Höhe die VSt geltend machen kann.[244] Obwohl auf diesem Wege Umsatzsteuerausfälle, z. B. aufgrund missbräuchlicher Karussellgeschäfte, bekämpft werden können, scheint ein wesentliches Bestreben auch darin zu liegen, insolvenzbedingte Steuerausfälle zu kompensieren.[245] Die Vorschrift sieht sich bereits in ihrem grundsätzlichen Aufbau Kritik ausgesetzt.[246] Nachfolgend werden die beiden für die

---

237 Vgl. *Kleiner*, Entwicklungen, StWa 2002, 220, 223.

238 Vgl. *Englisch*, in: Tipke/Lang, Steuerrecht, 2013, § 17 Rz. 15.

239 Vgl. *Langer*, in: Reiß/Kraeusel/Langer, UStG, 2013, § 13b Rz. 12.

240 Dabei haften Leistungserbringer und Leistungsempfänger *nicht* gesamtschuldnerisch.

241 Vgl. *Stadie*, in: Rau/Dürrwächter, UStG, § 13b nF Anm. 20.

242 Vgl. *Langer*, in: Reiß/Kraeusel/Langer, UStG, 2013, § 13b Rz. 12; *Stadie*, in: Rau/Dürrwächter, UStG, § 13b nF Anm. 20.

243 Vgl. *Stadie*, in: Rau/Dürrwächter, UStG, § 18 Anm. 374.

244 Vgl. *Langer*, in: Reiß/Kraeusel/Langer, UStG, 2013 § 13b Rz. 13.

245 So *Nieskens*, Reverse-Charge, BB 2006, 356, 356. Nach Schätzungen sollen im Jahr 2005 rund 2,1 Mrd. Euro Umsatzsteuerausfall aus Karussellgeschäften resultieren, wohingegen 5,7 Mrd. Euro Ausfall aus Insolvenzen stammen, vgl. *Hundt-Eßwein*, in: Offerhaus/Söhn/Lange, UStG, § 13b Rz. 11.

246 Vgl. *Stadie*, in: Rau/Dürrwächter, UStG, § 13b nF Anm. 6, der die Vorschrift als „dilettantisch" und „verwirrend formuliert und aufgebaut" bezeichnet.

vorliegende Problematik relevantesten Unterpunkte des § 13b UStG behandelt, die einerseits Umsätze betreffen, die unter die GrESt fallen und anderseits Steuern bei Bauleistungen betreffen.

a) Grunderwerbsteuer, § 13b Abs. 2 Nr. 3 UStG

Die Regelung des § 13b Abs. 2 Nr. 3 i. V. m.. Abs. 5 S. 1 UStG bestimmt, dass der Leistungsempfänger die Steuer für Umsätze, die unter das GrEStG fallen, schuldet, wenn er selber Unternehmer oder juristische Person ist. Umsätze, die unter das GrEStG fallen, sind jedoch nach § 4 Nr. 9 lit. a UStG von der Umsatzsteuer befreit.[247] Der Anwendungsbereich des Reverse-Charge-Verfahrens beschränkt sich daher auf Fälle, in denen der Leistungserbringer gem. § 9 Abs. 1, 3 UStG zur Besteuerung optiert auf die vorgenannte Steuerbefreiung verzichtet.[248]

(1) Erklärtes Ziel der Vorschrift

Durch die Vorschrift sollen insbesondere missbräuchliche Gestaltungen durch die Option nach § 9 UStG verhindert werden. Dies betraf nach Feststellung des Bundesrechnungshofs bspw. Fälle, in denen Kreditforderungen durch Grundstücke abgesichert wurden.[249] Wurde im Sicherungsvertrag vereinbart, dass die Bank im Sicherungsfall den „Verwertungserlös" beanspruchen kann, so betrifft dies den Verkaufspreis einschließlich USt, da diese einen unselbstständigen Teil des Verwertungserlöses darstellt.[250] Die Bank konnte somit den Bruttoerlös vereinnahmen, während der Verkäufer weiterhin die USt schuldete. Sofern der Erwerber die Vorsteuer gem. § 15 Abs. 1 S. 1 Nr. 1 UStG geltend machen kann, wird

---

247 Hierdurch soll eine Doppelbesteuerung durch GrESt und USt vermieden werden, vgl. *Klenk*, in: Rau/Dürrwächter, UStG, § 4 Nr. 9 Anm. 1.

248 Im Zwangsversteigerungsverfahren kann die Option gem. § 9 Abs. 3 S. 1 UStG nur bis zur Aufforderung zur Abgabe von Geboten im Versteigerungstermin ausgeübt werden. Aus Gründen der Rechtssicherheit bestimmt § 9 Abs. 3 S. 2 UStG, dass die Option zur Umsatzsteuerpflicht außerhalb der Zwangsversteigerung zwingend im notariellen Kaufvertrag erklärt werden muss. Dadurch wird vermieden, dass der Erwerber durch eine einseitige Optionserklärung des Veräußerers im Nachhinein mit der USt belastet wird, vgl. *Maus,* Steuerschuldnerschaft, ZIP 2004, 1580, 1581. Eine nachträgliche Änderung soll jedoch möglich sein, sofern diese ebenfalls notariell beurkundet wird, vgl. BMF-Schreiben v. 31.03.2004, IV D 1 – S 7279 – 107/04, BStBl. I 2004, 453, Rz. 4.

249 Vgl. BT-Drucks. 15/1495, 15 f.

250 Vgl. BGH, Urteil v. 22.03.1972, VIII ZR 119/70, DB 1972, 1059, 1060; BGH, Urteil v. 12.05.1980, VIII ZR 167/79, DB 1980, 1790, 1790 ff.; BGH, Urteil v. 07.05.1987, IX ZR 198/85, DB 1987, 1727, 1727.

er keine Einwände gegen die Option zur Besteuerung haben.[251] Oftmals wurden derartige Absprachen daher noch nachträglich in die Verträge aufgenommen.[252] Meldet der Verkäufer nach erfolgter Veräußerung Insolvenz an, da er die Umsatzsteuerschuld nicht begleichen kann, entsteht für den Fiskus ein Schaden in Höhe der durch den Erwerber gezogenen Vorsteuer, während die Bank den entsprechenden Umsatzsteuerbetrag vereinnahmt.[253]

(2) Auswirkung im Insolvenzverfahren

Mit dem Wechsel der Steuerschuldnerschaft umgeht der Fiskus das Problem, Vorsteuer erstatten zu müssen, ohne die korrespondierende USt zu erhalten. In dem oben skizzierten Missbrauchsfall bedeutet dies für die gesamte Gläubigergemeinschaft, dass eine vorrangige Befriedigung lediglich von der Bank auf das Finanzamt übergeht. Das eigentliche Problem liegt dabei in der Einbeziehung der USt in den Umfang der Sicherung des Sicherungsnehmers. Anstatt hier die missbräuchlichen Gestaltungen von Sicherungsnehmern zu verhindern, indem die USt als nicht zum Sicherungsumfang gehörig erklärt wird (um somit eine Anreicherung der Insolvenzmasse zugunsten aller Gläubiger zu ermöglichen), hängt sich der Fiskus an das Sicherungsrecht an und sorgt für eine vorrangige Befriedigung seiner eigenen Forderungen.

Die Regelung ist dabei auch für die Insolvenzverwalter von Vorteil. Soll ein Grundstück in der Insolvenz veräußert werden, so kann er die Option zur Umsatzsteuer nutzen, um eine mögliche Vorsteuerkorrektur zu verhindern.[254] Die nach Verfahrenseröffnung anfallende Umsatzsteuer wäre prinzipiell als sonstige Masseverbindlichkeit gem. § 55 Abs. 1 Nr. 1 InsO zu begleichen. Hier entsteht für den Insolvenzverwalter ein Haftungsrisiko, wenn er nicht sicherstellt, dass die anfallende Steuer aus der Masse beglichen werden kann.[255] Schuldet

251 Obwohl der Verzicht auf die Steuerbefreiung prinzipiell nur eine einseitige öffentlichrechtliche Erklärung des Leistungserbringers voraussetzt, wird die Entscheidung aufgrund vertraglicher Grundlagen (s. auch § 9 Abs. 3 UStG) nur im Einverständnis mit dem Leistungsempfänger durchsetzbar sein, vgl. *Stadie*, in: Rau/Dürrwächter, UStG, § 13b nF Anm. 338 ff.

252 Vgl. BT-Drucks. 15/1495, 15.

253 Vgl. *Bülow*, in: Plückebaum/Malitzky, UStG, § 13b, Rn. 39.

254 Wurde beim Bau eines Gebäudes die auf die Herstellungskosten entfallende Vorsteuer gezogen, so ist diese bei steuerfreier Veräußerung innerhalb von zehn Jahren gem. § 15a Abs. 8, 9 UStG anteilig zu erstatten. Gleiches gilt bei den Anschaffungskosten eines steuerpflichtig erworbenen Grundstücks, vgl. *Stadie*, in: Rau/Dürrwächter, UStG, § 13b nF Anm. 319.

255 Vgl. BFH, Urteil v. 28.11.2002, VII R 41/01, BStBl. II 2003, 337, 337 ff.

aber nun aufgrund des Reverse-Charge-Verfahrens der Leistungsempfänger die Steuer, entfällt für den Insolvenzverwalter dieses Risiko.[256] Gleichzeitig kann die Gestaltung für Gesellschafter-Geschäftsführer vorteilhaft sein, wenn sie private Ausfallbürgschaften für die Verbindlichkeiten der insolventen GmbH gegeben haben.[257]

Die privilegierende Wirkung ist insgesamt in folgendem Sachverhalt zu sehen: Erfolgt eine Veräußerung des Grundstücks *vor* Insolvenzeröffnung, würde bei einem Ausschluss der Bevorrechtigung – sowohl der Banken als auch des Fiskus – der entsprechende USt-Betrag nach Eröffnung des Verfahrens allen Gläubigern in gleichem Maße zustehen. Der Fiskus würde nur eine Insolvenzforderung in Höhe der USt erlangen. Der Wechsel der Steuerschuldnerschaft bewirkt jedoch eine vollständige Befriedigung der Steuerforderungen zu Lasten der übrigen Gläubiger.[258] Bei einer Grundstücksveräußerung durch den Insolvenzverwalter *nach* Eröffnung des Verfahrens kommt es erst einmal zu keiner Vorteilswirkung. Anstatt dass der Fiskus eine sonstige Masseforderung gem. § 55 Abs. 1 Nr. 1 InsO erhält, befriedigt er seine Forderung direkt über den Zugriff auf den Leistungsempfänger. In beiden Fällen hat er den Anspruch auf vollständige Befriedigung. Die Privilegierung durch den Wechsel der Steuerschuldnerschaft ergibt sich hier erst im Fall einer Masseunzulänglichkeit. Während die Insolvenzgläubiger in diesem Fall vollkommen leer ausgingen, steht den Massegläubigern nur eine quotale Befriedigung nach der Rangfolge des § 209 InsO zu. Der Fiskus erlangt durch § 13b Abs. 2 Nr. 3 UStG jedoch auch in diesem Fall eine vollständige Befriedigung.[259]

b) Steuer bei Bauleistungen, § 13b Abs. 2 Nr. 4 UStG

(1) Wirkungsweise

Die Regelung des § 13b Abs. 2 Nr. 4 S. 1 UStG i. V. m. Abs. 5 S. 2 UStG bestimmt, dass der Leistungsempfänger bestimmter Bauleistungen die Umsatzsteuer schuldet, wenn er selber Unternehmer ist und auch entsprechende Bauleistungen ausführt.[260] Die Regelung betrifft ausschließlich leistende Unternehmer, die im Inland ansässig sind. Im Ausland ansässige Unternehmer fallen aufgrund von

256 Vgl. *Maus*, Steuerschuldnerschaft, ZIP 2004, 1580, 1582.

257 Vgl. *Küffner/Zugmaier*, Steuerschuldnerschaft, DStR 2004, 712, 712.

258 Vgl. *Bauer*, Insolvenzvorrechte, ZInsO 2008, 119, 120.

259 Vgl. *Kahlert*, Fiskusvorrechte, ZIP 2010, 1274, 1274.

260 Vgl. *Bülow*, in: Plückebaum/Malitzky, UStG, § 13b, Rn. 48 ff.

§ 13b Abs. 2 Nr. 4 S. 2 UStG unter § 13b Abs. 2 Nr. 1 UStG.[261] Darüber hinaus ist die Vorschrift in ihren Voraussetzungen nicht deckungsgleich mit der Bauabzugsteuer gem. §§ 48 ff. EStG.[262] Dabei wurde § 13b Abs. 2 Nr. 4 UStG vor allem deshalb eingeführt, weil durch die Bauabzugsteuer keine Sicherung von USt-Aufkommen stattfindet. Darüber hinaus kommt die Abzugsteuer durch die Ausstellung von Freistellungsbescheinigungen in den meisten Fällen gar nicht zur Anwendung.[263]

Die Einschränkung der Bestimmung auf Fälle, in denen der Leistungsempfänger ebenfalls Bauleistungen ausführt, führt dazu, dass vorrangig Fälle erfasst werden, in denen ein Bauunternehmer weitere Subunternehmer beauftragt.[264] Entscheidendes Merkmal ist dabei, dass die Erbringung der Bauleistungen durch den Leistungsempfänger *nachhaltig* geschehen muss.[265] Nach Auffassung der Finanzverwaltung ist dies der Fall, wenn der Unternehmer im vorangegangenen Kalenderjahr Bauleistungen erbracht hat, die mehr als 10 % seiner steuerbaren und nicht steuerbaren Umsätze betragen haben.[266] Diese Grenze wird für den leistenden Unternehmer vielfach nur schwer überprüfbar sein, weshalb zudem von einer Nachhaltigkeit ausgegangen werden kann, wenn der Leistungsempfänger eine Freistellungsbescheinigung gem. § 48b EStG vorlegen kann.[267] Die Frage, wer als Bauleister i. S. d. Gesetzes gilt, ist für die Anwendung der Vorschrift von entscheidender Bedeutung und führt dementsprechend zu Diskussionen.[268]

---

261 Vgl. *Stadie*, in: Rau/Dürrwächter, UStG, § 13b nF Anm. 362. Hierdurch sind einige Bestimmungen, die den Anwendungsbereich der Vorschrift für im Inland ansässige Unternehmer einschränken, auf im Ausland ansässige Unternehmer nicht anwendbar (z. B. die Ausnahme von Planungs- und Überwachungsleistungen oder die Bagatellgrenze von 500 € für Reparatur- und Wartungsarbeiten, vgl. Abschn. 13b.2 Abs. 7 Nr. 15 UStAE).

262 Siehe hierzu Teil III, Kapitel C.II.2, S. 57 ff.

263 Vgl. BT-Drucks. 15/1495, 12; *Kroth*, Fiskusprivileg, NZI 2004, 345, 348 f.

264 Vgl. BT-Drucks. 15/1798, 19.

265 Vgl. *Stadie*, in: Rau/Dürrwächter, UStG, § 13b nF Anm. 383 ff.

266 Vgl. BMF-Schreiben v. 31.03.2004, IV D 1 – S 7279 – 107/04, BStBl. I 2004, 453, 455, Tz. 14; BMF-Schreiben v. 16.10.2009, IV B 9 – S 7279/0, BStBl. I 2009, 1298, 1298; BMF-Schreiben v. 11.03.2010, IV D 3 – S 7279/09/10006, BStBl. I 2010, 254, 254.

267 Siehe Teil III, Kapitel C.II.2.c), S. 60.

268 Vgl. bspw. *Forster*, Bauleister, DStR 2011, 351, 351 f.; *Meurer*, Steuerschuldnerschaft, NWB 2010, 3540, 3547 f.

(2) Auswirkung im Insolvenzverfahren
Sind die Voraussetzungen des § 13b Abs. 2 Nr. 4 UStG erfüllt, so kann der Insolvenzverwalter bei der Insolvenz des leistenden Unternehmers nur noch den Nettobetrag vereinnahmen, während der Leistungsempfänger die Steuer abführt.[269] Der Fiskus kann demnach erneut eine direkte Befriedigung seiner Forderung erreichen, wo ihm andernfalls – wie allen anderen Gläubigern auch – nur ein quotaler Anspruch zustünde.

Hierbei ist jedoch zu differenzieren. Es wird regelmäßig der Fall sein, dass mit Eröffnung des Insolvenzverfahrens Bauleistungen noch nicht vollständig abgeschlossen sind. Der Insolvenzverwalter hat in diesem Fall gem. § 103 InsO die Wahl, ob er den zugrunde liegenden Vertrag erfüllen möchte (die Bauleistung also zu Ende führt) oder aber die Erfüllung ablehnt. Wählt der Verwalter die Erfüllung, ist die Rechtsprechung des BFH zu beachten, die die entstehende Steuer in *vollem* Umfang den Masseforderungen nach § 55 Abs. 1 Nr. 1 InsO zuordnet, ungeachtet dessen, dass die zugrunde liegende Leistung teilweise bereits *vor* Eröffnung des Verfahrens ausgeführt wurde.[270] Liegt kein Fall von Masseunzulänglichkeit vor, ändert sich in diesem Fall durch § 13b Abs. 2 Nr. 4 UStG im Ergebnis für den Fiskus daher nichts. Er erhält in beiden Fällen eine volle Befriedigung.

Der Wechsel der Steuerschuldnerschaft nützt dem Fiskus erst,

- wenn die Erfüllung des Vertrags abgelehnt wird (die USt demnach nur eine Insolvenzforderung darstellen würde),
- wenn der Vertrag erfüllt wird, aber bereits Vorauszahlungen auf die vor Eröffnung erbrachten Teilleistungen geleistet wurden (die hiervon betroffene USt ist in diesem Fall ebenfalls nur Insolvenzforderung[271]),
- oder aber Masseunzulänglichkeit eintritt (wodurch auch Masseforderungen nur quotal befriedigt würden).

Für den Insolvenzverwalter ist dies insofern auch vorteilhaft, da er die Erfüllung des Werkvertrags verlangen kann, ohne sich um die Begleichung der nach der Rechtsprechung des BFH als Masseforderung entstehenden USt kümmern zu müssen.

---

269 Vgl. *Kroth,* Fiskusprivileg, NZI 2004, 345, 349.

270 Vgl. BFH, Urteil v. 30.04.2009, V R 1/06, BStBl. II 2010, 138, 138 ff.; siehe zur detaillierten Betrachtung Teil III, Kapitel C.IV.4, S. 99 f.

271 Siehe hierzu nachfolgend Teil III, Kapitel C.IV.4, S. 99 ff.

c) Kritische Zusammenfassung

Das Reverse-Charge-Verfahren führt im Insolvenzverfahren insgesamt zu einer weitreichenden Bevorzugung des Fiskus, indem im Rahmen des Insolvenzverfahrens als Insolvenzforderungen zu behandelnde Umsatzsteuerforderungen in voller Höhe beglichen werden und dem Fiskus somit ein vorrangiger Zugriff auf die Einnahmequellen des Insolvenzschuldners gewährt wird.[272] Dieser Sachverhalt wird noch dadurch verstärkt, dass es dem Insolvenzverwalter nicht möglich ist, auf diese Weise erlangte Beträge nach §§ 129 ff. InsO anzufechten.[273] Dies liegt darin begründet, dass ein tatsächlicher Wechsel der Schuldnerschaft stattfindet und nicht nur eine zusätzliche Absicherung des Steueranspruchs (wie bei der Bauabzugsteuer §§ 48 ff. EStG). Der Fiskus ist insofern gar kein Gläubiger des insolventen Unternehmens und erlangt so rein formal auch keine (anfechtbare) Befriedigung einer Insolvenzforderung.[274]

In Bezug auf Bauinsolvenzen ist zu beachten, dass mit der Umverlagerung des in den Forderungen enthaltenen Umsatzsteueranteils von der Bank auf den Fiskus ein im Vergleich zu vorherigen Rechtslage höheres Sicherungsbedürfnis der Banken einhergeht.[275] Es kann nur noch die Nettoforderung anstelle der Bruttoforderung als Sicherheit dienen. Dies erschwert u. U. die Arbeit des Insolvenzverwalters, da die freie Masse verringert wird.

Aus der steuerrechtlich geprägten Literatur wird wiederum Unverständnis über den Vorwurf einer privilegierenden Wirkung des § 13b UStG geäußert. Begründet wird dies damit, dass die USt schließlich nicht als Subvention für den Insolvenzschuldner gedacht sei und ohnehin keinen ihm zustehenden Vermögensbestandteil darstelle.[276] Dieses generell die USt betreffende und zumindest derzeit der herrschenden Meinung widersprechende Argument wird im weiteren Verlauf noch ausführlicher analysiert.[277]

---

272 Vgl. *Bauer*, Insolvenzvorrechte, ZInsO 2008, 119, 120 f.

273 Vgl. *Kroth*, Fiskusprivileg, NZI 2004, 345, 349.

274 Die Schlussfolgerung, dass hierdurch die Möglichkeit der Anfechtung entfällt, ist m. E. nicht zwingend. Das UStG wäre auf diese Weise in der Lage, das der Gläubigergleichbehandlung dienende Anfechtungsrecht der InsO auszuhebeln. Es ließe sich argumentieren, dass hierdurch eine für die Anfechtung erforderliche Gläubigerbenachteiligung vorliegt. Dem Verfasser ist bislang kein Gerichtsverfahren bekannt, in dem ein derartiger Sachverhalt verhandelt wurde.

275 Vgl. *Kroth*, Fiskusprivileg, NZI 2004, 345, 349.

276 Vgl. *Stadie*, in: Rau/Dürrwächter, UStG, § 13b nF Anm. 10.

277 Siehe Teil III, Kapitel C.V.1, S. 109 ff.

4. *Haftung des Sicherungsnehmers, § 13c UStG*

Die Einführung des § 13c UStG geht auf einen Bericht des Bundesrechnungshofs zurück.[278] Beklagt wurden dabei Steuerausfälle, die durch Globalzession entstehen. Tritt der Kreditnehmer (Zedent) seine gegenwärtigen und zukünftigen Forderungen zur Sicherung seines Kredits an den Kreditgeber (Zessionar) ab, so hatte dieser nach alter Rechtslage einen Anspruch auf den Bruttoforderungsbetrag. Die Sachlage ist damit mit der Situation vergleichbar, die der Schaffung des § 13b Abs. 2 Nr. 3 UStG zugrunde liegt.[279] Anstelle eines Grundstücks dient nun jedoch der Forderungsbestand des Schuldners als Sicherheit. Macht der Zessionar zur Tilgung seiner Forderungen von der Abtretung Gebrauch, konnte er bislang den Bruttobetrag vereinnahmen, während der Zedent weiterhin die USt schuldete. Diese müsste er aus anderen Mitteln begleichen, die ihm bei drohender Insolvenz regelmäßig nicht zur Verfügung stehen.[280] Nach Schätzung des Bundesrechnungshofs lagen die jährlichen Steuerausfälle durch derartige Sachverhalte im *„dreistelligen Millionenbereich"*.[281]

§ 13c Abs. 1 UStG bestimmt nunmehr, dass der Abtretungsempfänger ebenfalls für die Steuerverpflichtung des leistenden Unternehmers haftet, soweit er die in der Forderung enthaltene USt mit vereinnahmt hat und wenn der Leistende die festgesetzte Steuer nicht oder nicht vollständig entrichtet hat. Die Haftung lässt sich dabei nicht umgehen, indem eine zivilrechtliche Vereinbarung getroffen wird, dass es sich bei dem weitergeleiteten Betrag nur um den Nettobetrag handle.[282] Unter die Regelung fallen letztlich nicht nur Fälle der Globalzession, sondern sämtliche Formen der Forderungsabtretung wie bspw. das echte Factoring.[283] Gem. § 13c Abs. 3 UStG fallen auch Verpfändungen unter die Regelung.[284] Als besonders problematisch erweist sich in diesem Zusammenhang § 13c Abs. 1 S. 3 UStG, der festlegt, dass die Forderung in voller Höhe als vereinnahmt „gilt", soweit sie wiederum an einen Dritten abgetreten wird.[285] Dabei

---

278 Vgl. BT-Drucks. 15/1495, 13 f.

279 Siehe Teil III, Kapitel C.II.3.a), S. 63 ff.

280 Vgl. *Blesinger*, in: Offerhaus/Söhn/Lange, UStG, § 13c UStG, Rz. 4.

281 BT-Drucks. 15/1495, 14.

282 Vgl. BFH, Urteil v. 20.03.2013, XI R 11/12, NZI 2013, 657, 657 ff.

283 Vgl. EuGH, Urteil v. 26.06.2003, C-305/01, BStBl. II 2004, 688, 688 ff.; *Nieskens*, Änderungen, UR 2004, 105, 125; *Blesinger*, in: Offerhaus/Söhn/Lange, UStG, § 13c UStG, Rn. 16. A. A. *Weber/Reiß*, Factoring, BB 2004, 1367, 1374.

284 Vgl. *Blesinger*, in: Offerhaus/Söhn/Lange, UStG, § 13c UStG, Rn. 18 ff.

285 Vgl. *Blesinger*, in: Offerhaus/Söhn/Lange, UStG, § 13c UStG, Rn. 47 ff. Die Rechtfertigung liegt hierbei darin, dass andernfalls die Haftung durch Kettenabtretung

haftet nur der erste Abtretungsempfänger, während die nachfolgenden Abtretungsempfänger von der Haftung ausgeschlossen sind. Bei der Realisierung von Sicherheiten werden jedoch regelmäßig sog. Poolverträge geschlossen, in denen sich verschiedene besicherte Gläubiger zur Durchsetzung ihrer Interessen zusammenschließen. Die Abtretung ihrer Forderungen an die Pool-GbR führt mit Einführung des § 13c UStG dazu, dass eine Haftung für die in der gesamten Forderung enthaltene USt eintritt, unabhängig davon, in welcher Höhe die Forderung überhaupt vom Pool realisiert werden kann.[286] Das Problem kann nur umgangen werden, indem die Zessionare ihre Forderungen nicht an den Pool abtreten, sondern diesen lediglich dazu ermächtigen, die Forderungen in ihrem Namen einzuziehen.[287]

a) Insolvenzrechtliche Probleme

Gerade am Beispiel des § 13c UStG und seiner Kommentierung lässt sich das Spannungsverhältnis zwischen Steuerrecht und Insolvenzrecht ablesen.[288] In den steuerlichen Kommentaren wird Unverständnis darüber geäußert, warum aus insolvenzrechtlicher Sicht Kritik an der Vorschrift geübt wird.[289] Als Begründung wird wiederum aufgeführt, dass sich der Fiskus im Gegensatz zu den Banken nicht ausreichend absichern könne.[290] Einen erheblichen Schritt weiter geht *Stadie*, der erklärt, dass die Banken durch die Vereinnahmung der Bruttoforderung einen nicht zu rechtfertigenden Vorteil erlangen, da die USt gar keinen

---

umgangen werden könnte, da der nächste Abtretungsempfänger die Forderung nicht vom leistenden Unternehmer i. S. d. § 13c Abs. 1 S. 1 UStG erhalten hat.

286 Vgl. *Haunhorst*, in: Reiß/Kraeusel/Langer, UStG, 2012, § 13c, Rn. 42 f.

287 Vgl. *Weßling/Romswinkel*, Anmerkungen, ZInsO 2004, 193, 194.

288 Vgl. bzgl. Einordnung der Vorschrift als Vorrecht: *Bauer*, Ungleichbehandlung der Gläubiger im geltenden Insolvenzrecht, 2007, 107 ff.; *Bauer*, Unzulässigkeit, ZInsO 2010, 1432, 1436; *Hahne*, Umsatzsteuerschulden, BB 2003, 2720, 2720 ff.; *Reiß*, Factoring, in: FS Korn, 2005, 521, 547 ff.; *Weber/Reiß*, Factoring, BB 2004, 1367, 1374; *de Weerth*, Steuerhaftung, ZInsO 2004, 190, 193; *Weßling/Romswinkel*, Anmerkungen, ZInsO 2004, 193, 193.

289 Vgl. *Stadie*, in: Rau/Dürrwächter, UStG, § 13c Anm. 4; *Haunhorst*, in: Reiß/Kraeusel/ Langer, UStG, 2012, § 13c, Rn. 6.

290 Vgl. *Blesinger*, in: Offerhaus/Söhn/Lange, UStG, § 13c UStG, Rn. 8. Dieser widerspricht zudem dem Vorwurf, dass eine derartige Regelung in der InsO und nicht im UStG hätte geregelt werden müssen, mit dem Argument, dass dadurch nicht Fälle hätten erfasst werden können, in denen es z.B. mangels einer die Verfahrenskosten deckenden Masse kein Insolvenzverfahren eröffnet wird.

Vermögenswert des Unternehmers/Kreditnehmers darstelle.[291] Der Unternehmer würde ohnehin nur als Gehilfe des Steuergläubigers tätig.[292] Dies widerspricht indes (bislang) gängiger BGH-Rechtsprechung.[293]

Es ist dabei grundsätzlich richtig, zu hinterfragen, warum den Banken ein Vorteil durch die Vereinnahmung der Brutto- anstelle der Nettoforderung zugebilligt werden soll. Im Sinne einer an den Grundprinzipien der InsO orientierten Argumentation ist dann jedoch nicht ersichtlich, warum aus der Bekämpfung dieses Missstandes folgern soll, dass nun der Fiskus diesen Vorteil für sich in Anspruch nimmt. Der Fiskus nutzt die gesicherte Position der Banken, um sich selber eine Absicherung zu schaffen. Diese Möglichkeit steht keinem anderen Gläubiger zur Verfügung. Möchte man die Gläubigergleichbehandlung stärken, wäre es richtiger gewesen, im Rahmen der InsO dafür zu sorgen, dass die USt in die Insolvenzmasse fließt und damit allen Gläubigern und nicht nur den Banken bzw. dem Fiskus zugutekommt.

Der Anwendungsbereich von § 13c UStG dürfte sich nach neuerer Rechtslage verringert haben, da die in den vom Insolvenzverwalter nach Eröffnung des Insolvenzverfahrens vereinnahmten Forderungsbeträgen enthaltene Umsatzsteuer nunmehr als Masseverbindlichkeit geschuldet wird.[294] Bei Berechnung des Kostenbeitrags gem. § 171 InsO wird der Verwalter demnach zukünftig die Umsatzsteuer mit berücksichtigen, nur den Nettobetrag an den Sicherungsgläubiger auskehren und die Umsatzsteuerschuld begleichen, so dass eine Haftung des Abtretungsempfängers diesbezüglich nicht zum Zuge kommen kann. Eine Haftung kann dann nur noch für vor Insolvenzeröffnung bzw. vor Bestellung eines *starken* vorläufigen Verwalters vereinnahmte Beträge eintreten.

b) Anfechtung

Dem Insolvenzverwalter sollte es grundsätzlich möglich sein, Zahlungen, die der Sicherungsnehmer aufgrund der Haftung gem. § 13c UStG an den Fiskus leistet, anzufechten. Es ist jedoch im Einzelfall zu prüfen, ob eine für die Anfechtung erforderliche Gläubigerbenachteiligung vorliegt.[295] Im Regelfall geht lediglich ein Anspruch, der vorher dem Sicherungsnehmer zustand, auf den

291 Vgl. *Stadie*, in: Rau/Dürrwächter, UStG, § 13c Anm. 4.

292 Siehe hierzu auch nachfolgend Teil III, Kapitel C.V.1, S. 109 ff.

293 Vgl. BGH, Urteil v. 22.03.1972, VIII ZR 119/70, DB 1972, 1059, 1059 f.; BGH, Urteil v. 12.05.1980, VIII ZR 167/79, DB 1980, 1790, 1790 ff.; BGH, Urteil v. 07.05.1987, IX ZR 198/85, DB 1987, 1727, 1727 f.

294 Siehe Teil III, Kapitel C.IV.2, S. 90 ff.

295 Vgl. *Kroth*, Fiskusprivileg, NZI 2004, 345, 351.

Fiskus über. Hierin ist ein wertneutraler Passivtausch zu sehen.[296] Die übrigen Gläubiger stehen in beiden Fällen gleich und werden somit durch den Vorgang nicht benachteiligt. Benachteiligt wird allenfalls der Sicherungsnehmer, der nicht hundert Prozent seines Sicherungsanspruchs behalten kann, sondern den darin enthaltenen USt-Anteil an den Fiskus abführen muss.

Eine Gläubigerbenachteiligung wird jedoch für den Fall eintreten, dass der Wert der abgetretenen Forderungen größer ist als der Wert der hierdurch gesicherten Forderungen des Abtretungsempfängers. In diesem Fall wird der Abtretungsempfänger einen dem Haftungsbetrag entsprechenden zusätzlichen Betrag einbehalten, um eine vollständige Befriedigung seiner Forderungen zu erlangen. Hierdurch würde die Insolvenzmasse verkürzt und die Gläubiger benachteiligt.

Tabelle 2: Gläubigerbenachteiligung durch § 13c UStG[297]

ohne 13c UStG	
Ausgangslage	
Insolvenzforderungen Gesamt	1.119.000
freie Insolvenzmasse	100.000
besicherte Insolvenzmasse	119.000
Forderungen Abtretungsempfänger	119.000
Forderungen Fiskus	19.000
Verteilung	
Insolvenzforderungen Gesamt	1.000.000
freie Insolvenzmasse	100.000
besicherte Insolvenzmasse	0
Forderungen Abtretungsempfänger	0
Forderungen Fiskus	19.000
Quote Insolvenzgläubiger	**10,0%**

ohne 13c UStG	
Ausgangslage	
Insolvenzforderungen Gesamt	1.119.000
freie Insolvenzmasse	100.000
besicherte Insolvenzmasse	238.000
Forderungen Abtretungsempfänger	119.000
Forderungen Fiskus	19.000
Verteilung	
Insolvenzforderungen Gesamt	1.000.000
freie Insolvenzmasse	219.000
besicherte Insolvenzmasse	0
Forderungen Abtretungsempfänger	0
Forderungen Fiskus	19.000
Quote Insolvenzgläubiger	**21,9%**

296 Vgl. *Kroth,* Fiskusprivileg, NZI 2004, 345, 352.

297 Eigene Berechnung in Anlehnung an *Kroth,* Fiskusprivileg, NZI 2004, 345, 351 f.

mit 13c UStG	
Ausgangslage	
Insolvenzforderungen Gesamt	1.119.000
freie Insolvenzmasse	100.000
besicherte Insolvenzmasse	119.000
Forderungen Abtretungsempfänger	119.000
Forderungen Fiskus	19.000
Verteilung	
Insolvenzforderungen Gesamt	1.000.000
freie Insolvenzmasse	100.000
besicherte Insolvenzmasse	0
Forderungen Abtretungsempfänger	19.000
Forderungen Fiskus	0
Quote Insolvenzgläubiger	**10,0%**

mit 13c UStG	
Ausgangslage	
Insolvenzforderungen Gesamt	1.119.000
freie Insolvenzmasse	100.000
besicherte Insolvenzmasse	238.000
Forderungen Abtretungsempfänger	119.000
Forderungen Fiskus	19.000
Verteilung	
Insolvenzforderungen Gesamt	981.000
freie Insolvenzmasse	200.000
besicherte Insolvenzmasse	0
Forderungen Abtretungsempfänger	0
Forderungen Fiskus	0
Quote Insolvenzgläubiger	**20,4%**

In der linken Hälfte der Tabelle 2 ist der Fall zu sehen, dass der Wert der abgetretenen Forderungen dem Wert der hierdurch gesicherten Forderungen entspricht. Es ist erkennbar, dass die Forderungen des Fiskus lediglich auf den Abtretungsempfänger umgelagert werden. Die Quote der Insolvenzgläubiger bleibt unverändert. Auf der rechten Seite übersteigt die besicherte Insolvenzmasse die Forderungen des Abtretungsempfängers. Er wird also den an den Fiskus zu zahlenden Haftungsbetrag zusätzlich einbehalten. Hierdurch werden sowohl Abtretungsempfänger als auch Fiskus in voller Höhe befriedigt und die Insolvenzmasse verringert sich, wodurch sich die Quote der Insolvenzgläubiger verschlechtert.

5. Fortbestand der umsatzsteuerlichen Organschaft

Die umsatzsteuerliche Organschaft erfordert eine finanzielle, wirtschaftliche[298] und organisatorische[299] Eingliederung der Organgesellschaft in den Organträger

298 Vgl. BFH, Urteil v. 20.08.2009, V R 30/06, BStBl. II 2010, 863.

299 Vgl. BFH, Urteil v. 05.12.2007, V R 26/06, BStBl. II 2008, 451; BFH, Urteil v. 03.04.2008, V R 76/05, BStBl. II 2008, 905; BFH, Urteil v. 20.08.2009, V R 30/06, BStBl. II 2010, 863.

(§ 2 Abs. 2 Nr. 2 UStG). Wird für das Vermögen einer Organgesellschaft ein Insolvenzantrag gestellt und ein vorläufiger Insolvenzverwalter eingesetzt, ist fraglich, ob die organisatorische Eingliederung weiterhin gegeben ist. Wird ein starker vorläufiger Insolvenzverwalter bestellt, ist diese Frage zu verneinen. Für den Fall einer schwachen vorläufigen Insolvenzverwaltung (Zustimmungsvorbehalt nach § 21 Abs. 2 Nr. 2 Alt. 2 InsO) hat der BFH jedoch entschieden, dass die Organschaft bestehen bleibt.[300] Damit ist es dem Fiskus eröffnet, Forderungen gegenüber der (insolventen) Organgesellschaft bis zur Eröffnung des Insolvenzverfahrens weiterhin gegen den Organträger geltend zu machen. Zu Zeiten der KO hatte es der Senat bei der Sequestration noch von den Gesamtumständen des Einzelfalls abhängig gemacht, ob dem Sequester eine vom Willen des Organträgers abweichende Willensbildung in der Organgesellschaft möglich gewesen sei und damit die organisatorische Eingliederung wegfalle.[301] Dies wurde nunmehr ausdrücklich aufgegeben und die generelle Erhaltung der Organschaft bei Einsetzung eines schwachen vorläufigen Insolvenzverwalters angeordnet.

6. *Umsatzsteuer bei freihändiger Veräußerung von mit Grundpfandrechten belasteten Grundstücken*

Bei mit Grundpfandrechten belasteten Grundstücken stellt die sog. „kalte Zwangsverwaltung bzw. -vollstreckung" ein gängiges Mittel zur Verwertung dar. Der Insolvenzverwalter übernimmt in Absprache mit dem Grundpfandgläubiger (Bank) die freihändige Verwertung des Grundstücks. Gegenüber der Anordnung einer echten Zwangsverwaltung bietet dies den Vorteil, dass ein sich aus den Vorschriften des ZVG ergebender Mehraufwand vermieden wird und zudem keine Eintragung in das Grundbuch hierüber erfolgt. Für den Insolvenzverwalter eröffnet sich die Möglichkeit, die Insolvenzmasse zu mehren, indem er für seinen eigenen Mehraufwand einen „Massekostenbeitrag" beansprucht. Normalerweise besteht kein Anspruch auf einen Kostenbeitrag, wie es demgegenüber bei der Verwertung von *beweglichen* Gegenständen gem. §§ 170, 171 InsO der Fall ist. Man könnte in dem vereinbarten Massekostenbeitrag jedoch

300 Vgl. BFH, Urteil v. 01.04.2004, V R 24/03, ZInsO 2004, 618; BFH, Urteil v. 22.10.2009, V R 14/08, ZIP 2010, 383; *Blank*, Kurzkommentar, EWiR 2004, 1095; *Ganter/Hans Gerhard/Brünink/Jan-Hendrik*, Umsatzsteuer, NZI 2006, 257, 263; *Kahlert*, Fiskusvorrechte, ZIP 2010, 1274, 1276; *de Weerth*, Organschaft, DStR 2010, 590, 590 f.; *Dobler*, Organschaft, ZInsO 2011, 2312, 2312 ff.; *Staats*, Organschaft, ZInsO 2011, 2173, 2173 ff.

301 Vgl. BFH, Urteil v. 13.03.1997, V R 96/96, BStBl. II 1997, 580.

eine analoge Anwendung dieser Vorschriften sehen, die der Insolvenzmasse lediglich ihren Anteil am Verwertungserlös verschafft.

Der BFH folgt dieser Auffassung aber nicht. Er erkennt in der freihändigen Verwertung des Sicherungsguts durch den Insolvenzverwalter eine umsatzsteuerpflichtige sonstige Leistung an den Sicherungsnehmer.[302] Der „Massekostenbeitrag" (i. d. R. 5 % des Verwertungserlöses, vgl. § 171 Abs. 2 InsO) ist demnach als Entgelt hierfür der USt zu unterwerfen. Der Insolvenzverwalter wird die abzuführende Steuer zusätzlich einbehalten und der Bank den entsprechend verringerten Betrag auskehren. Da die Bank nicht zum Vorsteuerabzug berechtigt ist, erlangt der Fiskus Mehreinnahmen zulasten der Bank.[303]

Im engeren Sinne handelt es sich hierbei um keinen Fall einer Quellenbesteuerung. Der Sachverhalt ist jedoch insofern mit den übrigen Fällen vergleichbar, da der Fiskus aus dem Sicherungsrecht eines Dritten für sich selber Profit schlagen kann.

7. Praktische Probleme des Transparenzprinzips

Bei dem nachfolgenden Sachverhalt handelt es sich ebenfalls nicht um einen Fall von Quellenbesteuerung oder Wechsel der Steuerschuldnerschaft im engeren Sinn. Er ist jedoch mit den übrigen in dieser Kategorie aufgeführten Beispielen vergleichbar, da auch hier verschiedene Protagonisten an dem Vorgang beteiligt sind.

So gilt bspw. bei der Insolvenz einer KG weiterhin das Transparenzprinzip und für die Besteuerung werden die hinter der Gesellschaft stehenden Gesellschafter herangezogen. Im Insolvenzverfahren ergibt sich damit das Problem, dass vom Insolvenzverwalter abgeführte Kapitalertragsteuer (bspw. auf Festgelder der Insolvenzmasse) nur zurückerlangt werden kann, indem die Gesellschafter entsprechende Steuererklärungen abgeben.[304] Die Steuererstattung muss in jedem Fall erst den Weg über den Gesellschafter gehen und kann nicht sofort an den Verwalter ausbezahlt werden, obwohl der Erstattungsanspruch der Insolvenzmasse zusteht. Dies ist ständige Rechtsprechung.[305]

---

302 Vgl. BFH, Urteil v. 28.07.2011, V R 28/09, BFH/NV 2011, 1985, 1985 ff.

303 Diese Rechtsfolge gilt jedoch nicht für den Fall, dass der Verwertungserlös die mit den Grundpfandrechten besicherte Forderung übersteigt und der Verwalter vereinbarungsgemäß keinen Kostenbeitrag erhält, vgl. BFH, Urteil v. 28.07.2011, V R 28/09, BFH/NV 2011, 1985, 1987.

304 Vgl. *Maus,* Zinsabschlag, ZIP 1993, 743, 743 ff.

305 Vgl. LG Freiburg, Urteil v. 03.08.1999, 12 O 39/99, WM 2000, 436 dazu *Onusseit,* Kurzkommentar, EWiR 1999, 1169; BFH, Urteil v. 09.11.1994, I R 5/94, BStBl. II

In der Praxis kann diese Vorgehensweise zu erheblichen Problemen führen. So ist dem Verfasser ein Fall bekannt, in dem Steuererstattungen aus Kapitalertragsteuer in Höhe von rund 70.000,00 Euro für die Insolvenzmasse zu erwarten waren. Die Aufforderung an die Gesellschafter, die erforderlichen Steuererklärungen vorzunehmen, blieb ohne jegliche Reaktion. Nachdem das Insolvenzverfahren schließlich kurz vor dem Abschluss stand, meldete sich doch noch ein Gesellschafter mit der Bitte, ihm die für seine Steuererklärung notwendigen Unterlagen der Festgeldkonten zur Verfügung zu stellen. Da aufgrund der Vorgeschichte zu Befürchten stand, dass der Gesellschafter die Steuererstattung lediglich für sich selbst vereinnahmen wollte, ohne die Erstattung an die Insolvenzmasse auszukehren, wurde die Herausgabe der Unterlagen verweigert. So führt die für Insolvenzfälle unzureichend abgestimmte Rechtslage und das Auseinanderfallen von steuerlichen Erklärungspflichten und den sich daraus ableitenden Ansprüchen zu einer für den Fiskus vorteilhaften Sachlage, in der an sich unstreitige Erstattungsansprüche nicht geltend gemacht werden, da sich die beteiligten Parteien nicht einigen können.

8. *Zwischenfazit*

Die vorangegangenen Sachverhalte zeigen, in welch vielfältiger Form der Fiskus in die Lage versetzt wird, Forderungen, die im Rahmen des Insolvenzverfahrens nur eingeschränkte Befriedigungsaussichten hätten, auf andere Weise zur Erfüllung zu bringen. Die hierfür notwendigen gesetzlichen Regelungen finden zumeist außerhalb der InsO in den jeweiligen Steuergesetzen statt. Allein hieraus lässt sich bereits erkennen, dass hier Rechtspositionen geschaffen werden, die allein dem Fiskus zur Verfügung stehen, der übrigen Gläubigergemeinschaft jedoch verwehrt bleiben.

Die finanziellen Auswirkungen für das Insolvenzverfahren sind nicht ohne weiteres zu beziffern, dürften aber im Vergleich eher gering ausfallen. Es ist auch nicht jedes Insolvenzverfahren gleichermaßen von den einzelnen Vorschriften betroffen. In manchen Konstellationen sind die Vorschriften selbst aus Sicht des Insolvenzverwalters vorteilhaft, da er durch den Wechsel der Steuerschuldnerschaft nicht mehr dazu verpflichtet ist, für die Erfüllung der Steueransprüche Rechnung zu tragen.[306]

1995, 255; BFH, Urteil v. 05.03.2008, X R 60/04, BStBl. II 2008, 787; *Maus*, Zinsabschlag, ZIP 1993, 743, 743 ff.

306 Siehe bspw. Teil III, Kapitel C.II.3.b)(2), S. 67.

III. Aufrechnung

Bestehen zwischen zwei Geschäftspartnern wechselseitige Lieferbeziehungen, so werden Forderungen und Gegenforderungen regelmäßig gegeneinander aufgerechnet. Im speziellen Fall der Beziehungen zum Fiskus betrifft dieses vor allem die Umsatzsteuer. Während der Unternehmer allgemein die USt schuldet, kann er gleichzeitig die von ihm an andere Unternehmer gezahlte Vorsteuer gegenüber dem Finanzamt geltend machen. Übersteigt die erhaltene USt die VSt, so entsteht am Ende des Voranmeldungszeitraums eine Zahllast des Unternehmers, übersteigt die VSt die USt, so hat der Unternehmer einen Erstattungsanspruch.

Im Insolvenzfall stellt die Aufrechnung grundsätzlich eine einfache Möglichkeit dar, eine an sich wertlose Forderung doch noch werthaltig zu machen. Ist der Insolvenzschuldner zahlungsunfähig, so kann der Insolvenzgläubiger seine Insolvenzforderungen, auf die er nur eine geringe Quote zu erwarten hat, durch Aufrechnung mit eigenen Gegenforderungen weiter reduzieren und damit eigene Zahlungsverpflichtungen vermeiden. Für die Insolvenzmasse bedeutet dies dementsprechend eine zusätzliche Gefährdung der Liquidität, weshalb die Aufrechnung nur unter zusätzlichen Voraussetzungen möglich ist.

Die Möglichkeit der Aufrechnung richtet sich allgemein nach den Regelungen der §§ 387 ff. BGB. Dies gilt gem. § 226 AO auch für Ansprüche aus dem Steuerschuldverhältnis. Demnach ist eine Aufrechnung allgemein möglich, wenn sich ihrem Gegenstand nach zwei *gegenseitige* und *gleichartige* Forderungen gegenüberstehen. Die Forderung desjenigen, der die Aufrechnung erklärt, muss dabei *erfüllbar* sein und die Forderung, gegen die aufgerechnet wird, muss *fällig* sein. Darüber hinaus enthält das Gesetz Bestimmungen, in denen eine Aufrechnung ausgeschlossen ist.[307] Im Insolvenzverfahren gelten darüber hinaus weitere Einschränkungen, die in den §§ 94–96 InsO geregelt sind. Nach § 96 Abs. 1 Nr. 1 InsO gilt dabei insbesondere, dass eine Aufrechnung ausgeschlossen ist, wenn der Insolvenzgläubiger erst *nach* Eröffnung des Insolvenzverfahrens etwas zur Insolvenzmasse schuldig wird. Er muss seinen Zahlungsverpflichtungen nachkommen und kann nicht mit seinen Insolvenzforderungen aufrechnen.

Zu einer Bevorrechtigung des Fiskus gegenüber der übrigen Gläubigergemeinschaft kommt es bei der Aufrechnung insbesondere durch die Rechtsprechung. Darüber hinaus sind jedoch auch immer wieder gesetzgeberische Vorhaben zu beobachten, die eine Aufrechnungsmöglichkeit des Fiskus zu erleichtern versuchen.

---

307 Bspw. wenn gegen eine der Forderungen eine Einrede besteht (§ 390 BGB), bei Forderungen aus unerlaubter Handlung (§ 393 BGB) oder bei unpfändbaren Forderungen (§ 394 BGB).

Diese Versuche sind bislang immer wieder am heftigen Widerstand aus Fachkreisen gescheitert. Ob dies auch in Zukunft so bleiben wird, ist abzuwarten.

Die Auswirkungen von Privilegien in dieser Kategorie sind als sanierungsfeindlich einzustufen. Wird die Aufrechnung mit Gegenforderungen in besonderem Maße erlaubt, ermöglicht dies nicht nur eine letzte Möglichkeit der Forderungsrealisation für den Insolvenzgläubiger, sondern bedeutet gleichfalls den Verlust von dringend benötigter Liquidität für den Insolvenzschuldner.

1. *Aufrechnung kraft Verwaltungszuständigkeit*

Mit § 226 Abs. 4 AO gilt zugunsten des Fiskus eine Regelung, die in Bezug auf das Erfordernis einer *Gegenseitigkeit* der gegeneinander aufzurechnenden Forderungen wirkt. So gilt für die Aufrechnung eines Anspruchs aus dem Steuerschuldverhältnis auch die Körperschaft, die die Steuer verwaltet, als Gläubiger oder Schuldner. Dies führt bspw. dazu, dass Forderungen aus dem Solidaritätszuschlag (SolZ) gegen Erstattungsansprüche aus Kfz-Steuer aufgerechnet werden dürfen, obwohl der Bund Gläubiger des SolZ ist (Art. 106 Abs. 1 Nr. 6 GG) und das Land Schuldner des Kfz-Steuer Erstattungsanspruchs ist (Art. 106 Abs. 2 Nr. 3 GG). Beide Steuern werden jedoch durch das Land verwaltet (Art. 108 Abs. 2 GG) und können daher aufgrund § 226 Abs. 4 AO gegeneinander aufgerechnet werden.[308]

2. *Fälligkeit der Gegenforderung*

Damit das zuständige Finanzamt die Aufrechnung erklären kann, muss die Gegenforderung des Insolvenzschuldners fällig sein. Gem. § 220 Abs. 2 S. 2 AO tritt die Fälligkeit einer festzusetzenden Steuerforderung frühestens mit Bekanntgabe des Bescheids ein.[309] Dieser Regelung steht die für den Fiskus in diesem Fall problematische Bestimmung gegenüber, dass Steuerforderungen nach Eröffnung des Insolvenzverfahrens nicht mehr durch Steuerbescheid festgesetzt werden dürfen (§ 251 Abs. 2 AO).[310] Die Regelung des § 41 Abs. 1 InsO, wonach nicht fällige Forderungen mit Eröffnung des Verfahrens als fällig gelten, greift ebenfalls nicht ein, da diese für Fälle der Aufrechnung gem. § 95 Abs. 1 S. 2 InsO

---

308 Vgl. *Onusseit,* Neuregelung, ZInsO 2011, 641, 643 f.; *Rüsken,* Aufrechnung, ZIP 2007, 2053, 2054 f.

309 Vgl. *Kahlert,* Fiskusvorrechte, ZIP 2010, 1274, 1275.

310 Vgl. BFH, Urteil v. 18.12.2002, I R 33/01, ZIP 2003, 1212, 1212; BFH, Urteil v. 17.07.1985, I R 117/84, ZIP 1986, 39, 39; ausgenommen hiervon sind jedoch Erstattungsansprüche, vgl. BFH, Urteil v. 13.05.2009, XI R 63/07, ZIP 2009, 1631, 1631.

ausdrücklich ausgeschlossen wurde. Der Fiskus ist daher nicht in der Lage, eine gültige Aufrechnungslage herzustellen.

Der für Aufrechnungsfragen zuständige VII. Senat behilft sich daher mit einer Interpretation des § 220 Abs. 2 S. 1 AO, die jedoch über das Ziel hinausschießt und damit eine Privilegierung des Fiskus bewirkt.[311] § 220 Abs. 2 S. 1 AO legt fest: „Fehlt es an einer besonderen gesetzlichen Regelung über die Fälligkeit, so wird der Anspruch mit seiner Entstehung fällig [...]". Daraus leitet der BFH ab,[312] dass mit Eröffnung des Insolvenzverfahrens die in diesem Zeitpunkt entstandenen Steuerforderungen fällig werden, ohne dass es einer Festsetzung (§ 155 AO), Feststellung durch Verwaltungsakt (§ 251 Abs. 3 AO) oder einer Anmeldung der Forderung zur Tabelle bedarf (§ 174 InsO), es sei denn, es existieren spezielle steuergesetzliche Fälligkeitsbestimmungen.[313] Im Endeffekt wird damit eine Situation analog zu § 41 Abs. 1 InsO (nicht fällige Forderungen gelten als fällig) geschaffen, dessen Gültigkeit für die Aufrechnung jedoch gerade durch § 95 Abs. 1 S. 2 InsO ausgeschlossen wird und somit der übrigen Gläubigergemeinschaft versagt bleibt. Deutlicher lässt sich die gegenüber der übrigen Gläubigergemeinschaft privilegierende Wirkung dieser Rechtsprechung nicht darstellen.

3. Zeitpunkt der Begründetheit

Wie bereits erwähnt wurde, ist die Aufrechnung im Insolvenzverfahren nur unter bestimmten zusätzlichen Voraussetzungen möglich. Insbesondere § 96 InsO erklärt die Aufrechnung für unzulässig, wenn:

- ein Insolvenzgläubiger erst *nach* der Eröffnung des Insolvenzverfahrens etwas zur Insolvenzmasse schuldig geworden ist,
- ein Insolvenzgläubiger seine Forderung erst *nach* der Eröffnung des Verfahrens von einem anderen Gläubiger erworben hat,
- ein Insolvenzgläubiger die Möglichkeit der Aufrechnung durch eine *anfechtbare* Rechtshandlung erlangt hat,
- ein Gläubiger, dessen Forderung aus dem *freien Vermögen* des Schuldners zu erfüllen ist, etwas zur Insolvenzmasse schuldet.

---

311 Vgl. *Kahlert,* Fiskusvorrechte, ZIP 2010, 1274, 1275; *Rüsken,* Aufrechnung, ZIP 2007, 2053, 2053 ff.

312 Vgl. BFH, Urteil v. 04.05.2004, VII R 45/03, ZIP 2004, 1423, 1423, dazu *App,* Kurzkommentar, EWiR 2004, 10631064, 1063 f.; BFH, Urteil v. 10.05.2007, VII R 18/05, ZIP 2007, 1514, 1514 ff., dazu *Onusseit,* Kurzkommentar, EWiR 2008, 85, 85 f.; OFD Nürnberg, Verfügung v. 25.01.2005, S 7100 – 620/St 43, ZInsO 2005, 584, 584 ff.

313 Vgl. *Kahlert,* Fiskusvorrechte, ZIP 2010, 1274, 1275.

Im vorliegenden Fall ist vor allem der erste Punkt von Bedeutung. Da der Fiskus nur gegen Erstattungsansprüche[314] des Insolvenzschuldners aufrechnen kann, stellt sich die Frage, *wann* dieser Anspruch begründet wurde. Liegt dieser Zeitpunkt *vor* der Eröffnung des Verfahrens, kann der Fiskus aufrechnen, liegt er *nach* der Eröffnung, so bleibt ihm die Aufrechnung verwehrt und er muss an die Insolvenzmasse zahlen.

a) Rechtsauffassung des VII. Senats des BFH

Die vorliegende Problematik begründet sich einerseits maßgeblich in der bereits zu Zeiten der KO für die Einordnung der Fiskusprivilegien nach § 61 Abs. 1 Nr. 2 KO wichtigen Unterscheidung[315] zwischen der *Begründetheit* und der *Entstehung* eines Anspruchs und andererseits in der Interpretation eben dieser Begriffe, wobei wiederum die Frage eine Rolle spielt, ob eine stärker wirtschaftlich oder juristisch geprägte Sichtweise eingenommen wird.

(1) Begründetheit oder Entstehung

Das Insolvenzrecht bestimmt gem. § 38 InsO für die zeitliche Einordnung eindeutig, dass es auf die *Begründetheit* eines Anspruchs ankommt. Demgegenüber gilt jedoch für Ansprüche aus dem Steuerschuldverhältnis, dass diese gem. § 38 AO *entstehen*, sobald der Tatbestand verwirklicht ist, an den das Gesetz die Leistungspflicht knüpft. Dies verleitete die Finanzverwaltung in der Vergangenheit, für die Einordnung eines Steueranspruchs im Insolvenzverfahren eben auf diese Steuerentstehung abzustellen.[316] Nach steuerlichen Grundsätzen *entsteht* bspw. die USt gem. § 13 Abs. 1 Nr. 1 UStG mit Ablauf des Voranmeldungszeitraums. Dieser Zeitpunkt ist relativ willkürlich gewählt und daher für eine Abgrenzung ungeeignet. Es wurde daher sehr bald gerichtlich klargestellt, dass die Steuerentstehung nicht maßgeblich ist.[317] Der stattdessen maßgebliche Begriff der *Begründetheit* ist jedoch weiter auslegungsbedürftig.

(2) Wirtschaftliche oder juristische Betrachtungsweise

In der Vergangenheit vertrat der für Aufrechnungsfragen zuständige VII. Senat des BFH eine wirtschaftlich orientierte Betrachtungsweise, wie sie im

314 Insb. Vorsteuervergütungsansprüche, aber auch Einkommensteuerguthaben, Körperschaftsteuerguthaben.

315 Siehe Teil II, Kapitel A.I.1.b), S. 19 ff.

316 Vgl. BMF-Schreiben v. 06.12.1972, F/IV A 2 – S 7100 – 55/72, BStBl. I 1972, 579-; siehe auch BFH, Urteil v. 04.07.1957, V 199/56 U, BStBl. III 1957, 282.

317 Vgl. BFH, Urteil v. 21.12.1988, V R 29/86, BStBl. II 1989, 434, 434 ff.

Konkurrenzverhältnis von Insolvenz- und Steuerrecht auch angebracht erscheint.[318] Er erklärte, dass es für die *Begründung* des Steueranspruchs auf den zugrunde liegenden zivilrechtlichen Sachverhalt ankommt, der zur *Entstehung* des Steueranspruchs führt.[319] Damit knüpfte der VII. Senat an die *vor* Eröffnung des Insolvenzverfahrens geleisteten Steuerzahlungen bzw. Lieferungen und Leistungen an. Führte ein erst *nach* Eröffnung des Verfahrens eintretendes Ereignis zu einer Korrektur des Sachverhalts (z. B. §§ 15a, 17 UStG), war der daraus resultierende Erstattungsanspruch des insolventen Schuldners bereits ein mit der ursprünglichen Zahlung bzw. der Ausführung aufschiebend bedingt *begründeter* Anspruch. Der Anspruch war in seinem Kern schon *vor* Eröffnung begründet und der Fiskus durfte daher gem. § 95 Abs. 1 S. 1 InsO[320] aufrechnen. Diese Herangehensweise konnte dabei als Fortentwicklung der bereits zu Zeiten der KO vom VII. Senat entwickelten Rechtsprechung gelten.[321]

Mit dieser Rechtsauslegung befand sich der VII. Senat jedoch lange Zeit im offenen Widerspruch zum V. Senat, der allgemein für die Umsatzsteuer zuständig ist.[322] Dieser definierte ebenfalls bereits zu Zeiten der KO, dass ein Steueranspruch begründet sei, wenn der ihn begründende Tatbestand vollständig verwirklicht, also abgeschlossen ist.[323] Aus diesem Grundsatz entwickelte der V. Senat über die Jahre einen Beurteilungsmaßstab, der sich an den im Steuergesetz definierten Tatbestandvoraussetzungen orientiert. Damit wird nicht auf die wirtschaftlichen Verhältnisse abgestellt, sondern eine sehr juristisch geprägte Betrachtungsweise eingenommen. Bei der USt wird für den Fall der Ist-Besteuerung bspw. auf den sich aus § 13 Abs. 1 Nr. 1 lit. b UStG ergebenden Zeitpunkt der *Vereinnahmung* des Entgelts abgestellt.[324] Wann die zugehörige Leistung ausgeführt wurde ist dagegen nicht relevant.

---

318 Siehe Teil I, Kapitel B, S. 5 ff.

319 Vgl. BFH, Urteil v. 05.10.2004, VII R 69/03, ZIP 2005, 266, 266 ff. dazu *Onusseit,* Kurzkommentar, EWiR 2005, 475, 475 f.; BFH, Urteil v. 17.04.2007, VII R 27/06, ZIP 2007, 1166, 1167.

320 § 96 Abs. 1 Nr. 1 InsO ist nach Aussage des Gerichts nachrangig gegenüber dieser Vorschrift, vgl. *Kahlert,* Fiskusvorrechte, ZIP 2010, 1274, 1275.

321 Vgl. *Take,* Aufrechnung, in: Smid, Aktuelle Probleme des geltenden deutschen Insolvenzrechts, 2009, 57, 60; zuletzt zur KO, vgl. BFH, Urteil v. 01.08.2000, VII R 31/99, BStBl. II 2002, 323, 323 ff.

322 Vgl. *Gotthardt/Kubaczynska,* Widerstreitende Rechtsprechung, DStR 2009, 1015, 1015 ff.

323 Vgl. bspw. BFH, Urteil v. 21.12.1988, V R 29/86, BStBl. II 1989, 434, 434 ff.

324 Siehe Teil III, Kapitel C.IV.2.a), S. 90 ff.

Nach jahrelanger Uneinigkeit und damit einhergehender Rechtsunsicherheit hat sich der VII. Senat mit seinem Urteil vom 25.07.2012 ausdrücklich von seiner bisherigen Rechtsprechung abgewendet und knüpft nun zur Beurteilung der Begründetheit einer Steuerforderung ebenfalls an steuerrechtliche Grundsätze an.[325] Im Ergebnis führt dies dazu, dass der für die Begründetheit eines Anspruchs maßgebliche Zeitpunkt tendenziell *später* als bisher verwirklicht wird und damit häufiger als bisher erst *nach* Insolvenzeröffnung eintritt. In diesen Fällen ergibt sich die für den Fiskus nachteilige Situation, dass die Aufrechnung nunmehr gem. § 96 InsO ausgeschlossen ist.

b) Kritische Wertung

Die Herbeiführung einer einheitlichen Rechtsprechung zwischen dem V. und VII. Senat des BFH ist auf der einen Seite zu begrüßen. In der Vergangenheit war die Zuständigkeit des jeweiligen Senats entscheidend für die Erfolgsaussichten einer finanzgerichtlichen Klage.[326] Zumindest dies ist für die Zukunft behoben. Auf der anderen Seite ist es m. E. bedauerlich, dass der VII. Senat seine Position aufgegeben hat. Obwohl durch die vorherige Rechtsprechung des Senats vielfach eine Aufrechnung ermöglicht wurde, die nach nunmehr verfolgter Richtung nicht mehr zulässig ist, war die damals verfolgte Sichtweise in ihrer grundsätzlichen Ausrichtung vollkommen richtig.[327] Sie betonte den Vorrang von insolvenzrechtlichen Bestimmungen (und damit einer wirtschaftlichen Betrachtungsweise) gegenüber steuerrechtlichen Regelungen (und einer damit verbundenen juristisch geprägten Betrachtungsweise). Für Fragen der Aufrechnung hat der Fiskus jetzt im Vergleich zur alten Rechtsauslegung Nachteile hinzunehmen.[328] Dem stehen jedoch aus dieser Argumentationslinie resultierende

---

325 Vgl. BFH, Urteil v. 25.07.2012, VII R 29/11, BStBl. II 2013, 36 hierzu: *Kahlert,* Aufrechungsverbote, ZIP 2013, 500, 500 ff.; *Merath,* Aufrechnung, ZInsO 2013, 2415, 2415 ff.; *Uhländer,* Anmerkung, NZI 2012, 1022, 1025 f.

326 Vgl. *Onusseit,* Aufrechnung, ZInsO 2005, 638, 639 f.

327 So auch *Onusseit,* Aufrechnung, ZInsO 2005, 638, 640 f. A. A. *Waclawik,* Vorsteuerberichtigung, ZIP 2010, 1465, 1469, der dem VII. Senat vorwirft, seine Argumentation nur zu verfolgen, um dem Fiskus eine weitreichendere Befugnis zur Aufrechnung zu gewähren.

328 Diesbezüglich gab es bereits gesetzliche Bestrebungen dem entgegen zu treten, indem die Anfechtung nach der neuen Rechtsprechung unzulässiger Aufrechnungen unmöglich gemacht werden sollte. Die angestrebte Gesetzesänderung in einem § 226 Abs. 5 AO scheiterte jedoch, siehe Teil III, Kapitel C.V.2, S. 111 f.

Vorteile gegenüber, die zu einer massiven Ausweitung der zugunsten des Fiskus begründeten Masseforderungen führen.[329]

4. *Steuerberechnung gem. §§ 16 ff. UStG*

Im Rahmen der Berechnung der Umsatzsteuerzahllast kommt es zu einer Gegenüberstellung von an den Unternehmer zu erstattender Vorsteuer und von ihm zu zahlender Umsatzsteuer. Zur Zahlung gelangt jeweils nur die Differenz dieser beiden Größen. Man könnte auch hierin einen Fall von Aufrechnung sehen.[330] Der V. Senat des BFH vertritt jedoch die Auffassung, dass es sich bei den §§ 16 ff. UStG lediglich um eine *Steuerberechnung* handelt, die keine Aufrechnung darstellt und daher auch nicht den Beschränkungen der §§ 94 ff. InsO unterliegen kann.[331] So verweist der Senat darauf, dass es sich bei den zu saldierenden Steueransprüchen, Vorsteuerbeträgen oder Berichtigungen lediglich um unselbstständige Besteuerungsgrundlagen innerhalb einer Steuerberechnung handelt und nicht um *„Ansprüche mit verfahrensrechtlichem Eigenleben"*.[332] Darüber hinaus stellt der V. Senat fest, dass es sich bei der Steuerberechnung nach §§ 16 ff. UStG auch nicht um eine i. S. d. §§ 129 ff. InsO anfechtbare Rechtshandlung handelt.[333] Begründet wird dies unter anderem damit, dass die Umsatzsteuer aufgrund des Neutralitätsprinzips keine gläubigerbenachteiligende Wirkung habe.[334]

Diese Rechtsauffassung entwickelt im Zusammenspiel mit der im nachfolgenden Kapitel behandelten Rechtsprechung des V. Senats besondere Bedeutung, da diese mit Eröffnung des Insolvenzverfahrens eine Korrektur der Umsatzsteuer-Bemessungsgrundlage erforderlich macht, die zu einem Erstattungsanspruch zugunsten der Insolvenzmasse führt.[335] Nach Auffassung des Senats entsteht dieser Anspruch „mit" Eröffnung und damit eine juristische Sekunde *vor* der

---

329 Siehe nachfolgend Teil III, Kapitel C.IV.2, S. 90 ff.

330 Vgl. *Onusseit,* Aufrechnung, ZInsO 2005, 638, 638 ff.

331 Vgl. BFH, Urteil v. 24.11.2011, V R 13/11, ZIP 2011, 2481, 2481 ff.; *Schmittmann,* Umsatzsteuer, ZIP 2012, 249, 250 ff.

332 Vgl. BFH, Urteil v. 24.11.2011, V R 13/11, ZIP 2011, 2481, 2481; *Schmittmann,* Umsatzsteuer, ZIP 2012, 249, 251.

333 Vgl. BFH, Urteil v. 24.11.2011, V R 13/11, ZIP 2011, 2481, 2481 A. A. jedoch der IX. Senat des BGH, vgl. BGH, Urteil v. 22.10.2009, IX ZR 147/06, ZIP 2010, 90, 90 f. und der VII. Senat des BFH, vgl. BFH, Urteil v. 02.11.2010, VII R 6/10, ZIP 2011, 181, 181 ff.

334 Vgl. BFH, Urteil v. 24.11.2011, V R 13/11, ZIP 2011, 2481, 2481.

335 Siehe Teil III, Kapitel C.IV.2.b), S. 91 ff.

Insolvenzeröffnung.[336] Die Korrektur erfolgt damit ebenfalls im Rahmen der Jahressteuerberechnung nach §§ 16 ff. UStG und unterliegt nicht den Beschränkungen der Aufrechnung gem. §§ 94 ff. InsO. Eine Anfechtung kommt wie bereits dargelegt ebenfalls nicht in Betracht. Es erfolgt daher keine Auszahlung des Erstattungsanspruchs an die Insolvenzmasse.

5. *Zwischenfazit*

Der Problembereich der Aufrechnung spielt für die im Insolvenzverfahren verfügbare Insolvenzmasse eine wichtige Rolle, da Erstattungsansprüche bei erlaubter Aufrechnung nicht zur Anreicherung der vorhandenen Liquidität durchgesetzt werden können. Es wurde dabei aufgezeigt, dass dem Fiskus bestimmte Vorteile gewährt werden, die es ihm erleichtern, überhaupt eine gültige Aufrechnungslage herstellen zu können. Größere Bedeutung kommt hierbei erneut der Frage zu, wann ein Steueranspruch als begründet anzusehen ist. Die Änderung der Rechtsprechung des VII. Senats löst zwar den bislang bestehenden Konflikt zur Rechtsprechung des V. Senats, entfernt sich aber damit leider von der wünschenswerten Betonung der wirtschaftlichen gegenüber einer juristischen Betrachtungsweise. Welche weiteren Konsequenzen sich aus dieser vom V. Senat eingeführten und nunmehr einheitlich erfolgten Linie ergeben, wird im nachfolgenden Kapitel dargelegt.

IV. Masseverbindlichkeiten

Die mit Abstand wirkungsvollste und zugleich für das Insolvenzverfahren gravierendste Möglichkeit, eine vollständige Befriedigung von Forderungen zu erreichen, liegt in der Unterscheidung zwischen Insolvenz- und Masseforderungen begründet. Während Insolvenzforderungen nach Abschluss des Insolvenzverfahrens i. d. R. nur in quotaler Höhe befriedigt werden, sind Masseforderungen dem Grundsatz nach in voller Höhe zu bedienen.[337] Es besteht daher ein starker Anreiz, Forderungen des Fiskus als Masse- und nicht als Insolvenzforderungen

---

336 Vgl. BFH, Urteil v. 24.11.2011, V R 13/11, ZIP 2011, 2481, 2486 dazu *Schmittmann,* Umsatzsteuer, ZIP 2012, 249, 252; A. A. und demnach auf eine Entstehung *nach* Eröffnung plädierend, vgl. *Heinze,* Umsatzsteuern, DZWIR 2011, 276, 279; *Onusseit,* Urteil, DZWIR 2011, 353, 355.

337 Eine Ausnahme hiervon tritt lediglich bei Anzeige der Masseunzulänglichkeit gem. § 208 InsO oder gänzlicher Einstellung mangels Masse gem. § 207 InsO in Kraft. In diesem Fall werden die Insolvenzforderungen gar nicht ausgeglichen und höchstens die Masseforderungen erreichen eine quotale Befriedigung.

zu begründen. Ein Wahlrecht diesbezüglich besteht selbstverständlich nicht. Gem. § 38 InsO sind Insolvenzforderungen all diejenigen Forderungen, die zum Zeitpunkt der Eröffnung des Verfahrens bereits *begründet* waren. Dagegen ergeben sich Masseforderungen gem. § 55 InsO aus Handlungen, die der (vorläufige) Insolvenzverwalter vornimmt und die demzufolge nach (Antrag auf) Eröffnung des Insolvenzverfahrens begründet wurden. Es kommt somit erneut auf die Frage an, zu welchem Zeitpunkt ein Steueranspruch als *begründet* angesehen wird.[338] Die Rechtsprechung des BFH sorgt hier für eine Einordnung von Steuerforderungen zu den Masseforderungen, wo bislang nur Insolvenzforderungen entstanden sind. Neben der Rechtsprechung gibt es jedoch auch gesetzgeberische Bestrebungen, die zu einer Verschiebung fiskalischer Forderungen hin zu den Masseforderungen führen.

Die rein quantitativen Auswirkungen auf die Finanzlage im Insolvenzverfahren sind bei den in diese Kategorie fallenden Vorschriften besonders gravierend. Der Insolvenzverwalter wird gezwungen, Forderungen zu begleichen, die er ohne die entsprechenden Regelungen nicht begleichen müsste. Dem Verfahren wird somit Liquidität entzogen, die jedoch zur Aufrechterhaltung und zeitweisen Fortführung des Geschäftsbetriebs dringend benötigt wird.

1. *Masseverbindlichkeiten bei vorläufiger Insolvenzverwaltung, § 55 Abs. 4 InsO*

Mit Einführung des § 55 Abs. 4 InsO im Jahr 2010 ist der vorläufige Höhepunkt gesetzgeberischer Bestrebungen zur Wiedereinführung von Fiskusprivilegierungen erreicht. Die Regelung lautet wie folgt:

> *„Verbindlichkeiten des Insolvenzschuldners aus dem Steuerschuldverhältnis, die von einem vorläufigen Insolvenzverwalter oder vom Schuldner mit Zustimmung eines vorläufigen Insolvenzverwalters begründet worden sind, gelten nach Eröffnung des Insolvenzverfahrens als Masseverbindlichkeiten.“*

a) Begründung

Die Regelung des § 55 Abs. 4 InsO zielt insbesondere auf die in der vorläufigen Verwaltung begründeten USt-Verbindlichkeiten ab, ist jedoch nach dem Wortlaut der Vorschrift nicht allein auf diese beschränkt.[339] Die Argumentation lautet dabei, dass es bei Einführung der InsO die Erwartung des Gesetzgebers war, dass

338 Siehe bereits Teil II, Kapitel A.I.1.b), S. 19 ff. und Teil III, Kapitel C.III.3, S. 79 ff.

339 Zu Überlegungen bzgl. ertragsteuerlicher Konsequenzen, vgl. *Beck,* Fiskusprivileg, ZIP 2011, 551, 551 ff.

die in der vorläufigen Verwaltung begründeten (Steuer)verbindlich-keiten nach Eröffnung des Verfahrens als Masseverbindlichkeiten zu bedienen seien.[340] Diese Erwartung wurde nicht erfüllt.

Für den vorläufigen Insolvenzverwalter ist die Möglichkeit der Begründung von Masseverbindlichkeiten generell ein wichtiges Mittel zur erfolgreichen Fortführung des Geschäftsbetriebs. Er muss dafür sorgen, dass seine Geschäftspartner sich darauf verlassen können, dass ihre Bezahlung sichergestellt ist. Andernfalls werden diese ihre Geschäftsbeziehungen nicht weiter aufrecht erhalten. Durch die Bestellung eines *starken* vorläufigen Verwalters, auf den die Verfügungsbefugnis über das Vermögen des Insolvenzschuldners übergeht, ist genau dies gesetzlich vorgesehen. § 55 Abs. 2 InsO bestimmt, dass von einem starken vorläufigen Verwalter begründete Verbindlichkeiten nach Eröffnung des Verfahrens als Masseverbindlichkeiten gelten, die in voller Höhe zu begleichen sind. Dabei spricht der Gesetzestext allgemein von *Verbindlichkeiten*. Diese offene Formulierung führt grundsätzlich dazu, dass auch die mit den Geschäften einhergehenden Steuerverbindlichkeiten als Masseverbindlichkeiten zu bedienen sind, sofern sie durch den starken vorläufigen Verwalter begründet werden.[341] Um die Belastung der Insolvenzmasse mit Steuerforderungen zu vermeiden, sind die Gerichte jedoch – tatsächlich entgegen der ursprünglichen Erwartung des Gesetzgebers – dazu übergegangen, keine *starken*, sondern allenfalls *halbstarke* bzw. *schwache* vorläufige Insolvenzverwalter einzusetzen, da diese nur in festgelegten Bereichen oder aber gar keine Masseverbindlichkeiten begründen. Somit wurde verhindert, dass die ohnehin angespannte Liquiditätslage der Unternehmen durch Steuerverbindlichkeiten zusätzlich belastet wurde. Der vorläufige Insolvenzverwalter musste die Bezahlung seiner betriebsnotwendigen Geschäftspartner auf andere Weise sicherstellen.[342] Für den Fiskus ergab sich die Situation, tatenlos mit ansehen zu müssen, wie während der vorläufigen Insolvenzverwaltung weitere Verbindlichkeiten zulasten der Staatskasse aufgebaut wurden. Dies wird nunmehr durch § 55 Abs. 4 InsO wirkungsvoll verhindert.

---

340 BT-Drucks. 17/3030, 42 f. verweisend auf BT-Drucks. 12/2443, 126.

341 Kritisch hierzu *Kahlert,* HBeglG 2011, ZIP 2010, 1887, der feststellt, dass *Verbindlichkeiten* aus Steuerschuldverhältnissen gesetzlich nicht definiert sind, sondern § 37 Abs. 1 AO lediglich *Ansprüche* aus Steuerschuldverhältnissen kennt.

342 Zu der sich hieraus ergebenden Problematik der Sicherstellung von Zahlungszusagen an „betriebsnotwendige" Gläubiger, siehe bereits Teil III B.I.2, S. 41 f.

b) Entstehungsgeschichte

Die Neuregelung blickt auf eine bewegte Vorgeschichte zurück, in der mehrfach versucht wurde, eine entsprechende Bestimmung Gesetz werden zu lassen.[343] Die Formulierung der einzelnen Gesetzesvorschläge unterschied sich dabei kaum. Der erste Versuch einer Regelung in dieser Richtung wurde mit dem „Entwurf eines Gesetzes zum Pfändungsschutz der Altersvorsorge und zur Anpassung des Rechts der Insolvenzanfechtung" vom 23.06.2005 unternommen.[344] Die Änderung sollte damals in § 55 Abs. 2 InsO vorgenommen werden. Nachdem der Bundesrat ablehnte, wurde ein Gegenvorschlag unterbreitet, der einen Abs. 4 an § 251 AO anfügen sollte.[345] Dieser Vorschlag scheiterte ebenfalls. Im Entwurf des JStG 2007 wurde ein zweiter Versuch mit einem nahezu identischen § 251 Abs. 4 AO unternommen.[346] Als auch dieser Entwurf scheiterte, wurde im „Entwurf eines Gesetzes zur Entschuldung mittelloser Personen, zur Stärkung der Gläubigerrechte sowie der Regelung der Insolvenzfestigkeit von Lizenzen" vom 05.12.2007[347] erneut eine Änderung des § 55 Abs. 2 InsO angestrebt. Dieser wurde vom Bundesrat kritisiert und anschließend ebenfalls nicht umgesetzt. Nachdem Anfang 2010 Stimmen laut wurden, einfach direkt das Fiskusprivileg aus Zeiten der KO wieder einzuführen,[348] wurde nach der hieran geäußerten Kritik der letztlich von Erfolg gekrönte Änderungsversuch im Haushaltsbegleitgesetz 2011 vom 28.10.2010[349] unternommen, das den hier diskutierten § 55 Abs. 4 InsO umsetzte. So konnte verkündet werden, dass die Wiedereinführung des alten Fiskusprivilegs erfolgreich verhindert wurde und stattdessen eine in ihren Auswirkungen wesentliche abgemilderte Regelung umgesetzt wurde.[350] Ob die Auswirkungen tatsächlich geringer ausfallen, bleibt noch zu klären. Anschließend lautet die Kritik jedenfalls nicht zu Unrecht, dass man den Eindruck

343 Ausführlich dargelegt von *Onusseit,* Neuregelung, ZInsO 2011, 641, 641 f.

344 Vgl. *Pape/Uhlenbruck,* Reform, ZIP 2005, 417, 417 ff.

345 Vgl. *Marotzke,* Reformvorschlag, ZIP 2005, 2144, 2144.

346 Vgl. BT-Drucks. 16/2712, 28 f. und 81.

347 Vgl. BT-Drucks. 16/7416, 7, 28 f.

348 Siehe bereits Teil II, Kapitel B.II, S. 43.

349 Vgl. HBeglG 2011 v. 09.12.2010, BGBl. I 2010, 1885, 1893.

350 Die damalige Justizministerin Frau Leutheusser-Schnarrenberger weist die Kritik an der Vorschrift zurück und erklärt diese für überzogen, vgl. *Kuhr,* Justizministerin, SZ v. 10.09.2010, 19.

gewinnen könne, dass ein entsprechendes Gesetzesvorhaben dem Parlament nur oft genug vorgelegt werden müsse, um schließlich durchgewinkt zu werden.[351]

c) Wirkungsweise im Vergleich zu § 61 KO

Die Regelung des § 55 Abs. 4 InsO reicht unter zeitlichen Gesichtspunkten nicht an das Fiskusprivileg des § 61 Abs. 1 Nr. 2 KO heran.[352] Die vorläufige Verwaltung erstreckt sich üblicherweise über einen Zeitraum, der nicht länger als drei Monate andauert, da nur für diese Zeit die Löhne der Arbeitnehmer durch das Insolvenzgeld abgedeckt sind (§ 165 SGB III). Die Qualifizierung als Masseverbindlichkeiten geht hingegen weit über das Fiskusprivileg der KO hinaus.[353] Im alten Recht wurde den unter § 61 KO fallenden Steuerforderungen eine Befriedigung im zweiten Rang gewährt, also erst nach den Masseverbindlichkeiten und nur sofern nach Befriedigung des ersten Rangs noch Masse zur Verteilung stand. § 55 Abs. 4 InsO führt hingegen zu einer vollständigen Befriedigung vor allen übrigen Insolvenzgläubigern, die nur im Falle der Masseunzulänglichkeit lediglich quotal oder bei gänzlicher Massearmut vollständig ausfällt.

Die Anwendung des § 55 Abs. 4 InsO findet nur Anwendung für vorläufige Insolvenzverwalter, auf die die Verwaltungs- und Verfügungsbefugnis nicht nach § 22 Abs. 1 InsO übergegangen ist (sog. schwache vorläufige Insolvenzverwaltung).[354] Prinzipiell muss man bei einem schwachen vorläufigen Verwalter, der gar keine Verfügungsbefugnisse besitzt, jedoch feststellen, dass dieser ohnehin keine Verbindlichkeiten selber *begründen* kann. Der Anwendungsbereich der ersten Alternative innerhalb der Vorschrift bleibt daher unklar.[355] Einschlägig ist dann jedoch die zweite Alternative, dass der Schuldner mit Zustimmung des vorläufigen Verwalters Steuerverbindlichkeiten begründet. Eine ausdrückliche Zustimmung ist hierfür nicht erforderlich, sie kann vielmehr

---

351 Vgl. *Gundlach/Rautmann,* Änderungen, DStR 2011, 82, 85; *Onusseit,* Neuregelung, ZInsO 2011, 641, 642.

352 § 61 Abs. 1 Nr. 2 KO erfasste alle Forderungen die *„im letzten Jahre vor der Eröffnung des Verfahrens fällig geworden sind oder nach § 65 [KO] als fällig gelten“* und bezog sich somit nicht lediglich auf den Zeitraum der vorläufigen Insolvenzverwaltung, siehe Teil II, Kapitel A.I.1.b), S. 19 ff.

353 Vgl. *Onusseit,* Neuregelung, ZInsO 2011, 641, 642.

354 Vgl. BMF-Schreiben v. 17.01.2012, IV A 3 – S 0550/10/10020-05, BStBl. I 2012, 120, Rz. 2.

355 Vgl. *Onusseit,* Neuregelung, ZInsO 2011, 641, 644 f.

auch konkludent erfolgen.[356] Im Endeffekt sind damit alle Vorgänge erfasst, denen der vorläufige Verwalter nicht ausdrücklich widerspricht.[357]

d) Kritische Würdigung

Es ist nicht zu verkennen, dass die Situation vor Einführung des § 55 Abs. 4 InsO aus Sicht des Fiskus sehr nachteilig erschien. Aus Sicht des Insolvenzverfahrens war die Möglichkeit der Vereinnahmung der USt, ohne die sich daraus ergebende Zahlungsverpflichtung erfüllen zu müssen, jedoch ein nicht zu unterschätzender Liquiditätsvorteil.[358] Im Endeffekt konnte in der Anreicherung der Insolvenzmasse durch die USt eine Art Subventionierung gesehen werden.[359] Wenngleich dies erst einmal höhere Steuerausfälle bedeutet, ist hiermit jedoch auf lange Sicht nicht zwangsläufig ein Verlustgeschäft des Staates verbunden.

Es wird im Verlauf dieser Arbeit gezeigt werden, dass der nunmehr erfolgte Wegfall dieser Subventionierung erhebliche Auswirkungen auf die im Insolvenzverfahren zur Verfügung stehende Liquidität hat.[360] Der Handlungsspielraum des Insolvenzverwalters wird eingeschränkt, was die Wahrscheinlichkeit einer erfolgreichen Unternehmensfortführung reduziert. Dies hat aber wiederum negative Konsequenzen für den Fiskus, da dieser bspw. aufgrund der verkürzten Betriebsfortführung mit weniger Steuereinnahmen rechnen muss. Es ist daher zu hinterfragen, ob die durch § 55 Abs. 4 InsO nun weggefallene Subventionierung tatsächlich mehr Vor- als Nachteile mit sich bringt.[361]

Im Allgemeinen ist die Regelung des § 55 Abs. 4 InsO in der Literatur sehr kritisch aufgenommen worden.[362] Im Endeffekt nutzt der Fiskus seine Position als vermeintlich schutzloser Gläubiger, um sich an die Sicherungsmöglichkeiten

---

356 Vgl. BMF-Schreiben v. 17.01.2012, IV A 3 – S 0550/10/10020-05, BStBl. I 2012, 120, Rz. 2; *Onusseit,* Neuregelung, ZInsO 2011, 641, 645.

357 Vgl. BMF-Schreiben v. 17.01.2012, IV A 3 – S 0550/10/10020-05, BStBl. I 2012, 120.

358 Dieser wurde allerdings dadurch relativiert, dass die in dem betroffenen Zeitraum angefallene VSt nicht gezogen werden konnte.

359 Vgl. *Onusseit,* Neuregelung, ZInsO 2011, 641, 643.

360 Siehe Teil IV, Kapitel C.I.2, S. 137 ff.

361 Siehe hierzu Teil IV, Kapitel C.II, S. 158 ff.

362 Vgl. *Bauer,* Einnahmequelle, ZInsO 2010, 1917, 1920; *Heinze,* Masseverbindlichkeiten, ZInsO 2011, 603; *Jungclaus/Keller,* Haushaltbegleitgesetz 2011, NZI 2010, 808, 808 ff.; *Kahlert,* HBeglG 2011, ZIP 2010, 1887, 1887 f.; *Landfermann,* Dauerkonflikt, ZIP 2010, 2471, 2471; *Marotzke,* Privilegierung, ZInsO 2010, 2163, 2174 ff.; *Nawroth,* HBeglG, ZInsO 2011, 107, 107 ff.; *Onusseit,* Neuregelung, ZInsO 2011, 641, 641 ff.; *Sterzinger,* Fiskusprivileg, BB 2011, 1367, 1367; *Schacht,* Vorrechte, ZInsO 2011, 1048; *Weiland,* Privilegierung, DZWIR 2011, 224, 231 f.

betriebsnotwendiger Gläubiger anzuhängen, zu denen er selber nicht gehört. Die Begründung von Masseverbindlichkeiten soll jedoch gerade die Fortführung des Geschäftsbetriebs ermöglichen und nicht der wahllosen Bevorzugung einzelner Gläubiger dienen.

2. Entgeltvereinnahmung vorinsolvenzlich ausgeführter Leistungen

Im Rahmen der Behandlung von USt im Insolvenzverfahren treten insbesondere in den Konstellationen Probleme auf, in denen ein Unternehmer vor der Eröffnung seines Insolvenzverfahrens eine Leistung ausgeführt hat, das Entgelt hierfür aber erst nach Eröffnung des Insolvenzverfahrens durch den Insolvenzverwalter vereinnahmt wird. Es ist die Frage zu beantworten, wann die betroffene USt i. S. d. § 38 InsO als *begründet* anzusehen ist und ob demzufolge eine Insolvenz- oder Masseverbindlichkeit vorliegt. In diesem Problemfeld hat sich vor allem der für die USt zuständige V. Senat des BFH mit einer Reihe von Entscheidungen hervorgetan, die einen gravierenden Einfluss auf das Insolvenzverfahren haben. Diese führen dazu, dass USt-Forderungen, die bislang als Insolvenzforderungen zu behandeln waren, nunmehr als Masseforderungen einzustufen sind.

a) Masseverbindlichkeit bei Ist-Besteuerung

In seinem Urteil vom 29.01.2009 – V R 64/07[363] hatte der V. Senat des BFH über einen Fall zu entscheiden, in dem ein Unternehmer, der seine Umsätze nach vereinnahmten Entgelten gem. § 13 Abs. 1 Nr. 1 lit. b UStG (Ist-Besteuerung) versteuert, eine Leistung vor Insolvenzeröffnung erbracht hat, für die der Insolvenzverwalter das Entgelt jedoch erst nach Insolvenzeröffnung vereinnahmte.[364]

Der V. Senat erklärt, dass sich die Unterscheidung, ob eine Insolvenz- oder Masseverbindlichkeit vorliegt, nach dem Zeitpunkt richtet, zu dem der Umsatzsteueranspruch begründende Tatbestand vollständig verwirklicht wurde. Dabei stellt er das Steuerrecht ausdrücklich vor das Insolvenzrecht, was nach der im Rahmen dieser Arbeit vertretenen Auffassung zu keinem akzeptablen Ergebnis führen kann.[365]

Gem. § 13 Abs. 1 Nr. 1 lit. b UStG ist nach Auffassung des Senats entscheidendes Merkmal der Ist-Besteuerung die *Vereinnahmung* des Entgelts, nicht aber (wie bisher angenommen) die Leistungserbringung. Dass die Steuer*entstehung*

---

363 Vgl. BFH, Urteil v. 29.01.2009, V R 64/07, BStBl. II 2009, 682.

364 Vgl. *Bächer,* Umsatzsteuer, ZInsO 2009, 1634, 1634 f.; *Weitzmann,* Umsatzsteuer, ZInsO 2009, 920, 923 ff.

365 Siehe Teil I, Kapitel B, S. 5 ff.; vgl. *Kahlert,* Fiskusvorrechte, ZIP 2010, 1274, 1277.

nach dem Gesetz erst mit Ablauf des Voranmeldungszeitraums, in dem das Entgelt vereinnahmt wurde, erfolgt, sei diesbezüglich unerheblich.[366] Insgesamt verfolgt der V. Senat eine eng am Wortlaut des UStG orientierte Auslegung, die insofern bezüglich des Abstellens auf die Entgeltvereinnahmung anstelle der Steuerentstehung zumindest nachvollziehbarer erscheint. Dennoch ist dieser Argumentation zu widersprechen, da sich die Einordnung in Insolvenz- bzw. Masseverbindlichkeiten nicht nach der Auslegung des Steuerrechts, sondern des Insolvenzrechts richten muss.[367]

Akzeptiert man die Wertung des V. Senats, dass der Zeitpunkt der Entgeltvereinnahmung und nicht der (bei einer wirtschaftlichen Betrachtungsweise relevante) Zeitpunkt der Leistungserbringung maßgeblich dafür ist, wann der Steueranspruch i. S. d. § 38 InsO als begründet anzusehen ist, so ist die weitere Argumentation des Senats durchaus folgerichtig.[368] Demnach liegt in der Einziehung von Forderungen durch den Insolvenzverwalter eine Verwertung der Masse vor, die als Handlung des Insolvenzverwalters gem. § 55 Abs. 1 Nr. 1 InsO zur Begründung von Masseverbindlichkeiten führt.[369] Das Finanzamt ist dann berechtigt, die Steuerforderungen gegenüber dem Insolvenzverwalter durch Steuerbescheid festzusetzen. Der Insolvenzverwalter ist verpflichtet, die Forderungen in voller Höhe zu begleichen.

b) Masseverbindlichkeit bei Soll-Besteuerung

Im Anschluss an seine Rechtsprechung zur Ist-Besteuerung hat der V. Senat des BFH mit seinem Urteil vom 09.12.2010 – V R 22/10[370] die gleiche Rechtsfolge der Einordnung als Masseverbindlichkeit von aus nach Eröffnung des Insolvenzverfahrens vereinnahmten Entgelten resultierender Umsatzsteuer auch bei der Soll-Besteuerung festgestellt; dies auch ausdrücklich, um eine einheitliche Wertung

---

366 Vgl. BFH, Urteil v. 29.01.2009, V R 64/07, BStBl. II 2009, 682, 682 m. w. N. Es ist ständige Rechtsprechung, dass die gesetzliche *Entstehung* der Steuer nicht maßgeblich ist.

367 Vgl. *Sämisch/Adam,* Begehrlichkeiten, ZInsO 2010, 934, 935 f.

368 Vgl. *Weiland,* Privilegierung, DZWIR 2011, 224, 232 f.

369 Der V. Senat bezieht sich insoweit auf seine bereits zur Geltungszeit der KO ergangene Rechtsprechung, wonach die Einziehung von Forderungen der Masse zur Verwertung der Masse gehört, vgl. BFH, Urteil v. 04.07.1957, V 199/56 U, BStBl. III 1957, 282, 282 ff.

370 Vgl. BFH, Urteil v. 09.12.2010, V R 22/10, BStBl. II 2011, 996, 996 ff. Der XI. Senat schließt sich dieser Wertung an, vgl. BFH, Beschluss v. 11.07.2013, XI B 41/13, ZIP 2013, 1680, 1680 ff., dazu *Krüger,* Korrektur, ZInsO 2013, 2200, 2200 ff.

sowohl bei der Ist- als auch bei der Soll-Besteuerung zu erreichen.[371] Möglich wird dies jedoch nur durch einen ausgesprochenen Kunstgriff der Richter, der sich die Anwendung des § 17 UStG zunutze macht.

(1) Ausführung einer Leistung

In seinem Urteil zur Ist-Besteuerung erklärte der V. Senat bereits, dass sich die Unterscheidung zwischen Insolvenz- und Masseverbindlichkeit nach den Tatbeständen der Steuergesetze richten müsse und nahm demzufolge eine Auslegung des Gesetzeswortlauts des § 13 Abs. 1 Nr. 1 lit. b UStG vor. Auf den Fall der Soll-Besteuerung angewendet, erfordert es demnach eine Auslegung von § 13 Abs. 1 Nr. 1 lit. a UStG. Dieser bestimmt, dass es für die Entstehung der Steuer auf den Zeitpunkt der Ausführung der Leistung ankommt. Demzufolge müsste argumentiert werden, dass die Steuerforderung – im Gegensatz zur für die Ist-Besteuerung relevanten *Vereinnahmung* des Entgelts[372] – mit *Ausführung* der Leistung begründet wird.[373] Diese liegt jedoch in den hier betrachteten kritischen Fällen in jedem Fall *vor* Eröffnung des Insolvenzverfahrens. Damit läge bei der Soll-Besteuerung eindeutig eine Insolvenzforderung vor.

Um dennoch zu einer Einordnung als Masseverbindlichkeit zu gelangen, macht sich der V. Senat § 17 UStG zunutze. Nach dieser Vorschrift ist die Umsatzsteuer zu korrigieren, wenn sich etwas an der Bemessungsgrundlage des steuerpflichtigen Umsatzes ändert. Das gilt gem. § 17 Abs. 2 Nr. 1 UStG sinngemäß auch, wenn das vereinbarte Entgelt einer steuerpflichtigen Leistung uneinbringlich geworden ist.

(a) Uneinbringlichkeit wegen Aufspaltung in mehrere Unternehmensteile

Der V. Senat erklärt, dass das Entgelt mit Eröffnung des Insolvenzverfahrens eben gerade *in voller Höhe* uneinbringlich werde. Um zu dieser Erkenntnis zu gelangen, bedarf es eines weiteren Kunstgriffs der Richter.

Demnach liege die Uneinbringlichkeit darin begründet, dass das Unternehmen mit Eröffnung des Insolvenzverfahrens in unterschiedliche Unternehmensteile

---

371 Diese Gleichstellung ist jedoch keineswegs zwingend und wird sogar als systemwidrig bezeichnet, vgl. *Deutscher Anwaltverein,* Bewertung, ZInsO 2011, 1449, 1449.

372 § 13 Abs. 1 Nr. 1 lit. b UStG: „Die Steuer entsteht […] bei der Berechnung der Steuer nach vereinnahmten Entgelten (§ 20) mit Ablauf des Voranmeldungszeitraums, in dem die Entgelte *vereinnahmt* worden sind […]".

373 § 13 Abs. 1 Nr. 1 lit. a UStG: „Die Steuer entsteht […] bei der Berechnung der Steuer nach vereinbarten Entgelten (§ 16 Abs. 1 S. 1) mit Ablauf des Voranmeldungszeitraums, in dem die Leistungen *ausgeführt* worden sind […]".

zerfalle. Zwischen diesen dürfen umsatzsteuerliche Berechtigungen und Verpflichtungen *nicht* miteinander verrechnet werden.[374] Zu unterteilen sei das Unternehmen in einen vorinsolvenzrechtlichen und einen insolvenzrechtlichen Unternehmensteil (Insolvenzmasse). Hat der Insolvenzverwalter Teile der Masse freigegeben (§ 35 Abs. 2 InsO), kann auch noch ein insolvenzfreier Unternehmensteil hinzukommen.[375] Der Grundsatz der Unternehmenseinheit sei dennoch gewahrt, da die Summe der für alle Unternehmensteile insgesamt festgesetzten oder angemeldeten Umsatzsteuer der Umsatzsteuer für das gesamte Unternehmen entspreche.[376]

Da nunmehr zwei unterschiedliche Rechtssubjekte betroffen sind,[377] erklärt der V. Senat die der Umsatzsteuer zugrunde liegende Entgeltforderung als uneinbringlich. Der vorinsolvenzrechtliche Unternehmensteil kann das Entgelt nicht mehr vereinnahmen. Dies sei nur noch durch den insolvenzrechtlichen Unternehmensteil möglich. Diese Argumentation ist auch deshalb interessant, weil es für die Annahme der Uneinbringlichkeit nicht darauf ankommen soll, ob der Schuldner der Forderung zahlungsfähig ist. Relevant ist nach Ansicht des Senats einzig, dass der Gläubiger nicht in der Lage ist, die Forderung selber zu vereinnahmen. Hier findet insofern ein Perspektivwechsel statt. Die Entgeltforderung wird uneinbringlich, weil sie nicht mehr vom Insolvenzschuldner, sondern nur noch vom Insolvenzverwalter vereinnahmt werden kann. Auf die Zahlungsfähigkeit desjenigen, der die Forderung begleichen muss, kommt es nicht an.[378] Die Forderung wird vielmehr „aus Rechtsgründen" uneinbringlich.[379]

(b) Korrektur gem. § 17 UStG

Mit Eröffnung des Insolvenzverfahrens ist damit eine Steuerkorrektur gem. § 17 Abs. 2 Nr. 1 S. 1 UStG vorzunehmen. Hiermit fällt die ursprünglich nach Auslegung des § 13 Abs. 1 Nr. 1 lit. a UStG vorliegende Insolvenzforderung weg. Sollte die USt aus der zugrunde liegenden Forderung bereits an das Finanzamt abgeführt worden sein, so müsste das Finanzamt diese erstatten. Der

---

374 Vgl. BFH, Urteil v. 09.12.2010, V R 22/10, BStBl. II 2011, 996

375 Die Aufteilung in mehrere Unternehmensteile ist dabei nicht neu, jedoch wurde hieraus bislang keine Einschränkung bzgl. der Verrechenbarkeit abgeleitet, vgl. BFH, Beschluss v. 01.09.2010, VII R 35/08, BStBl. II 2011, 336 dazu *Benzel,* Steuervergütungsguthaben, NWB 2011, 782, 782 ff.

376 Vgl. auch BFH, Urteil v. 28.06.2000, V R 87/99, BStBl. II 2000, 639.

377 Vgl. bereits BFH, Urteil v. 28.06.2000, V R 87/99, BStBl. II 2000, 639.

378 Vgl. *Krüger,* Korrektur, ZInsO 2013, 2200, 2202.

379 Vgl. BFH, Urteil v. 09.12.2010, V R 22/10, BStBl. II 2011, 996, 996 ff.

Entstehungszeitpunkt des Erstattungsanspruchs liegt jedoch nach Auffassung des V. Senats mit Eröffnung des Verfahrens eine juristische Sekunde *vor* der Insolvenzeröffnung.[380] Demnach ist es dem Fiskus grundsätzlich erlaubt, den Erstattungsanspruch mit bestehenden Insolvenzforderungen aufzurechnen (§ 96 Abs. 1 Nr. 1 InsO greift nicht ein).[381]

Vereinnahmt der Insolvenzverwalter nach Eröffnung des Insolvenzverfahrens das Entgelt für die erbrachte Leistung, so ist eine erneute Berichtigung nach § 17 Abs. 2 Nr. 1 S. 2 UStG vorzunehmen.[382] Hierdurch wird nach Ansicht des Senats eine zutreffende Besteuerung des Unternehmens bewirkt. Für die Frage, wann der Steueranspruch entstanden ist, ist nunmehr auf die Verwirklichung der Tatbestände des § 17 Abs. 2 Nr. 1 S. 2 UStG abzustellen. Da diese erst mit *Vereinnahmung* des Entgelts vollständig verwirklicht und damit abgeschlossen sind und die Vereinnahmung erst *nach* Insolvenzeröffnung durch den Insolvenzverwalter erfolgt, wird eine Masseverbindlichkeit gem. § 55 Abs. 1 Nr. 1 InsO begründet.[383] Für die hiervon betroffenen Umsätze findet im Ergebnis ein Wechsel von der Soll- zur Ist-Besteuerung statt.[384] Der Umsatz wird besteuert, sobald das Entgelt vereinnahmt ist.

(2) Bezug einer Leistung

Die Rechtsfolge der Uneinbringlichkeit gilt nach Meinung des V. Senats sowohl für den Fall, dass der Insolvenzschuldner vor Eröffnung des Insolvenzverfahrens eine Leistung ausführt, als auch für den Fall, dass er eine Leistung bezieht. Diese Konstellation ist für die Untersuchung im Rahmen dieser Arbeit weniger relevant, soll aber der Vollständigkeit halber nicht unerwähnt bleiben. Bei Bezug

380 Vgl. BFH, Urteil v. 24.11.2011, V R 13/11, ZIP 2011, 2481, 2486; A. A. und demnach für eine Entstehung *nach* Eröffnung plädierend, vgl. *Heinze,* Umsatzsteuern, DZWIR 2011, 276, 279; *Onusseit,* Urteil, DZWIR 2011, 353, 355; vgl. auch *Schmittmann,* Umsatzsteuer, ZIP 2012, 249, 252; siehe bereits Teil III, Kapitel C.III.4, S. 83 f.

381 Es kann jedoch die Auffassung vertreten werden, dass die Aufrechnung eine inkongruente Deckung darstellt und deshalb § 96 Abs. 1 Nr. 3 InsO eingreift, vgl. *Roth,* Umsatzsteuer, ZInsO 2014, 309, 325. Dem kann jedoch die Auffassung des V. Senats des BFH entgegen gehalten werden, dass die USt nicht gläubigerbenachteiligend wirkt und deshalb der Anfechtung entzogen ist, vgl. BFH, Urteil v. 24.11.2011, V R 13/11, ZIP 2011, 2481, 2485. Vgl. auch *Wäger,* Umsatzsteuer, DStR 2011, 1925, 1933 f. sowie nachfolgend Teil IV, Kapitel C.I.2.a)(2), S. 141 ff.

382 Vgl. BFH, Urteil v. 09.12.2010, V R 22/10, BStBl. II 2011, 996, 996 ff.; vgl. auch BFH, Urteil v. 22.10.2009, V R 14/08, ZIP 2010, 383.

383 Vgl. BFH, Urteil v. 09.12.2010, V R 22/10, BStBl. II 2011, 996, 996 ff.

384 Vgl. *Wäger,* Umsatzsteuer, DStR 2011, 1925, 1926.

einer Leistung ergibt sich die Uneinbringlichkeit der Entgeltforderung nach Ansicht des V. Senats daraus, dass die Forderung mit Eröffnung des Insolvenzverfahrens nicht mehr persönlich gegen den Schuldner durchgesetzt werden kann, sondern nur eine Anmeldung nach §§ 174 ff. InsO zur Insolvenztabelle möglich ist.

Bezieht der Insolvenzschuldner demnach vor Eröffnung des Insolvenzverfahrens eine Leistung und erhält hierfür eine Rechnung, so kann er die darin ausgewiesene Vorsteuer im Rahmen der Soll-Besteuerung geltend machen.[385] Wird nun das Insolvenzverfahren eröffnet bevor er die Rechnung begleicht, kann der Gläubiger die Forderung nur noch zur Insolvenztabelle anmelden. Die Forderung gilt nun als in *voller Höhe* uneinbringlich (unabhängig von einer zu erwartenden Insolvenzquote[386]), was eine Korrektur der Vorsteuer gem. § 17 Abs. 1 S. 2 UStG erforderlich macht.[387] Sowohl nach der Argumentation des V. als auch des VII. Senats stellt der Rückforderungsanspruch des Finanzamts eine Insolvenzforderung dar. Wird nach Abschluss des Insolvenzverfahrens eine Quote gezahlt, so ist eine erneute Korrektur gem. § 17 Abs. 2 Nr. 1 S. 2 UStG erforderlich.[388] Der VII. Senat hat diesbezüglich allerdings seine bisherige Rechtsprechung aufgegeben und entschieden, dass der hieraus entstehende Erstattungsanspruch erst nach Insolvenzeröffnung vollständig verwirklicht wird.[389] Damit greift das Aufrechnungsverbot gem. § 96 Abs. 1 Nr. 1 InsO und der Betrag ist an die Insolvenzmasse zu erstatten.[390] Hier entsteht ein Rekursivitätsproblem. Der Insolvenzverwalter kann aus der quotal beglichenen Rechnung erneut die quotale Vorsteuer geltend machen, die der Insolvenzmasse zufließt und wiederum eine höhere Insolvenzquote bewirkt usw. Bislang war in der Praxis kaum zu beobachten, dass überhaupt ein Insolvenzverwalter die abschließende

385 In der Praxis ist allerdings oftmals zu beobachten, dass in der Zeit vor Eröffnung des Verfahrens keine Steuererklärungen mehr abgegeben werden und demnach auch keine VSt geltend gemacht wird.

386 Vgl. BFH, Urteil v. 13.11.1986, V R 59/79, ZIP 1987, 119, 119 ff.

387 Vgl. BMF-Schreiben v. 09.12.2011, IV D 2 – S 7330/09/10001 : 001, BStBl. I 2011, 1273, 1274.

388 Vgl. BFH, Urteil v. 09.12.2010, V R 22/10, BStBl. II 2011, 996, 996 ff.; vgl. auch BFH, Urteil v. 22.10.2009, V R 14/08, ZIP 2010, 383, 383 f.

389 Vgl. BFH, Urteil v. 25.07.2012, VII R 29/11, BStBl. II 2013, 36, 36; gegenteilig auf Grundlage der bisherigen Rechtsprechung entschieden, vgl. bspw. BFH, Beschluss v. 07.07.2010, VII B 253/09, BFH/NV 2010, 2019, 2019; vgl. *Kahlert,* Aufrechungsverbote, ZIP 2013, 500, 506.

390 Vgl. *Heinze,* Umsatzsteuer, DZWIR 2013, 45, 48 f.; *Kahlert,* Aufrechungsverbote, ZIP 2013, 500, 506.

Vorsteuerkorrektur vorgenommen hat, da ohnehin keine Auszahlung zugunsten der Insolvenzmasse zu erwarten war. Dies könnte sich mit der nun verfolgten Rechtsprechung ändern, was den Abschluss des Insolvenzverfahrens noch weiter in die Länge ziehen dürfte.

(3) Kritische Würdigung

Der Entscheidung des V. Senats des BFH folgte ein Aufschrei in der Literatur, die nicht zuletzt feststellte, dass eine generelle Umsetzung der Entscheidung in der Praxis durch ihre massebeeinträchtigende Wirkung erhebliche Folgen für die Sanierungschancen von Unternehmen habe.[391] Sogar Verfassungswidrigkeit wird der Rechtsprechung vorgeworfen.[392] Dabei erweist sich erneut als äußerst problematisch, dass der V. Senat bei der Beurteilung insolvenzrechtlicher Sachverhalte das Steuerrecht vor das Insolvenzrecht stellt und damit eine sehr juristisch geprägte Sichtweise verfolgt.

So ist insbesondere nicht nachvollziehbar, warum die Entgeltforderung mit Eröffnung des Insolvenzverfahrens uneinbringlich werden soll. Die Aufteilung des insolventen Unternehmens in mehrere Unternehmensteile ist zwar richtig, dient aber einzig der insolvenzrechtlichen Zuordnung der Ansprüche aus dem Steuerschuldverhältnis.[393] Eine Vertiefung dieser Aufteilung dahingehend, dass eine Forderung aufgrund des Wechsels der Empfangszuständigkeit gemäß § 80 InsO für den vorinsolvenzrechtlichen Unternehmensteil als uneinbringlich anzusehen sei, ist nicht angezeigt.[394]

Überhaupt hat sich die Frage der Uneinbringlichkeit nach den Verhältnissen des Leistungsempfängers und nicht des leistenden Unternehmers zu richten.[395] Der V. Senat definiert in seinem Urteil selbst: „Uneinbringlichkeit setzt nach ständiger BFH-Rechtsprechung voraus, dass der Anspruch auf Entrichtung des

---

391 Vgl. *Deutscher Anwaltverein*, Bewertung, ZInsO 2011, 1449, 1449 ff.; *Kahlert*, Umsatzsteuer, DStR 2011, 921, 921 ff}; *Onusseit*, Urteil, DZWIR 2011, 353, 353 ff.; *Dobler*, Handlungsmöglichkeiten, ZInsO 2011, 1098, 1098 ff.; *Heinze*, Umsatzsteuern, DZWIR 2011, 276, 276 ff.; *Schmittmann*, Altforderungen, ZIP 2011, 1125, 1125 ff.; *Klusmeier*, Umsatzsteuer, ZInsO 2011, 1340, 1340 ff.; *Welte/Friedrich-Vache*, Masseverbindlichkeiten, ZIP 2011, 1595, 1595 ff.; *Mitlehner*, Kurzkommentar, EWiR 2011, 323, 323 f.; *Weiland*, Privilegierung, DZWIR 2011, 224, 232 f.; a. A. *Wäger*, Umsatzsteuer, DStR 2011, 1925, 1925 ff.

392 Vgl. *Roth*, Umsatzsteuer, ZInsO 2014, 309, 311 f.

393 Vgl. *Mitlehner*, Kurzkommentar, EWiR 2011, 323, 324; *Onusseit*, Urteil, DZWIR 2011, 353, 354.

394 Vgl. *Onusseit*, Urteil, DZWIR 2011, 353, 354.

395 A. A. *Wäger*, Umsatzsteuer, DStR 2011, 1925, 1928.

Entgelts nicht erfüllt wird und bei objektiver Betrachtung damit zu rechnen ist, dass der Leistende die Entgeltforderung (ganz oder teilweise) jedenfalls auf absehbare Zeit rechtlich oder tatsächlich nicht durchsetzen kann."[396] Vom Wortlaut her deckt diese Definition durchaus die nun durchgeführte Interpretation durch den V. Senat. Dass in der Frage der rechtlichen Durchsetzbarkeit ein Abstellen auf die Verhältnisse des leistenden Unternehmers verfehlt ist, zeigt jedoch ein Übertragen des Gedankens auf den Sachverhalt einer Forderungszession.[397] Der Zedent tritt seine Forderungen an den Zessionar ab und ist gemäß Vereinbarung nicht mehr berechtigt, das Entgelt hierauf selber zu vereinnahmen. Nach Beurteilung des V. Senats müsste die Forderung für den Zedenten uneinbringlich werden, da er aus Rechtsgründen dauerhaft daran gehindert ist, seine Forderung durchzusetzen. Es müsste eine Berichtigung nach § 17 Abs. 2 Nr. 1 UStG durchgeführt werden. Da der Zessionar nicht leistender Unternehmer ist, schuldet er folglich auch nicht die Umsatzsteuer.[398] Ebenso wenig schuldet er aber die Steuer aus der geforderten zweiten Korrektur gem. § 17 Abs. 2 Nr. 1 S. 2 UStG nach Vereinnahmung des Entgelts. Diese zweite Korrektur wäre aber nach Vorstellung des V. Senats nicht vom Zessionar (vorinsolvenzrechtlicher Unternehmensteil), sondern vom Zedenten (insolvenzrechtlicher Unternehmensteil) vorzunehmen. Grundsätzlich greift hier zwar die Steuerhaftung des Zedenten gem. § 13c UStG; für den Fall, dass der Zessionar die ursprüngliche Steuer jedoch bereits abgeführt hatte, trifft auch dieses nicht zu, da es an der zugrunde liegenden Schuld mangelt, für die gehaftet werden könnte.[399]

Dieses Beispiel zeigt darüber hinaus deutlich die eigene Widersprüchlichkeit in der Urteilsbegründung. Einerseits will der V. Senat eine strikte Trennung der einzelnen Unternehmensteile. Der die Leistung *ausführende* vorinsolvenzrechtliche Unternehmensteil kann das Entgelt nicht mehr vereinnahmen, weshalb die Forderung uneinbringlich wird. Führt man diese Überlegung konsequent zu Ende, müsste man andererseits argumentieren, dass der *vereinnahmende* insolvenzrechtliche Unternehmensteil gar nicht Schuldner der Steuer ist, da er keine Leistung ausgeführt hat.[400] Die Begründung von Verbindlichkeiten hieraus, die sich gegen die Insolvenzmasse richten, schließt sich allein deshalb schon aus.

---

396 Vgl. BFH, Urteil v. 09.12.2010, V R 22/10, BStBl. II 2011, 996 mit Verweis auf BFH, Urteil v. 20.07.2006, V R 13/04, BStBl. II 2007, 22, 22; vgl. *Onusseit,* Urteil, DZWIR 2011, 353, 354 f.

397 Vgl. *Onusseit,* Urteil, DZWIR 2011, 353, 354 f.

398 A. A. *Wäger,* Umsatzsteuer, DStR 2011, 1925, 1932.

399 Vgl. *Onusseit,* Urteil, DZWIR 2011, 353, 355.

400 Vgl. *Onusseit,* Urteil, DZWIR 2011, 353, 355.

Das BMF hat mit einem Schreiben auf das Urteil des BFH reagiert[401] und die hieraus entwickelten Grundsätze im UStAE umgesetzt.[402] Darüber hinaus wird bestimmt, dass die Aufspaltung in mehrere Unternehmensteile bereits bei Anordnung der vorläufigen Insolvenzverwaltung eintritt, wenn ein *starker* Verwalter berufen wird, da bereits zu diesem Zeitpunkt für den Insolvenzschuldner die Uneinbringlichkeit der Entgelte aus Rechtsgründen eintritt. Die neue Sachlage entwickelt damit weitreichende Folgen für das Insolvenzverfahren, da wie beim zuvor besprochenen § 55 Abs. 4 InsO durch die Aufwertung der fiskalischen Ansprüche zu Masseforderungen ein Entzug von Liquidität stattfindet, der dann nicht mehr zum Erhalt des Unternehmens verwendet werden kann.

3. *Rechtliche Selbstständigkeit steuerlicher Korrekturvorschriften*

Ändert sich im Zeitablauf etwas an den für die Umsatzbesteuerung maßgeblichen Bemessungsgrundlagen, so ist unter bestimmten Voraussetzungen eine Korrektur durchzuführen. Für die USt war dies bereits bei der Anwendung des im vorherigen Abschnitt relevanten § 17 UStG zu sehen, der eine Korrektur der geschuldeten Umsatzsteuer bestimmt.[403] Ebenso existiert mit § 15a UStG eine Vorschrift, die eine Korrektur der gezogenen Vorsteuer vorsieht. Gem. § 15a Abs. 1 UStG hat bspw. eine Korrektur zu erfolgen, wenn sich innerhalb von fünf Jahren ab dem Zeitpunkt der erstmaligen Verwendung, die für den Vorsteuerabzug maßgebenden Verhältnisse ändern. Dies ist insbesondere bei Verwertungshandlungen des Insolvenzverwalters der Fall. An der Rechtsprechung zu derartigen Korrekturvorschriften lässt sich besonders gut der Unterschied zwischen einer wirtschaftlichen und einer juristischen Betrachtungsweise darlegen.[404]

Betrachtet man die wirtschaftliche Konsequenz der vorgenannten Korrekturvorschriften, so lässt sich feststellen, dass durch diese die ursprünglichen Verhältnisse ganz oder teilweise rückgängig gemacht werden. Aus diesem Grund hat der VII. Senat des BFH in der Vergangenheit argumentiert, dass es sich bei dem ursprünglichen Steueranspruch nur um eine *aufschiebend bedingt begründete* Forderung handele.[405] Diese Ansicht gilt jedoch mittlerweile als überholt.

---

401 Vgl. BMF-Schreiben v. 09.12.2011, IV D 2 – S 7330/09/10001 : 001, BStBl. I 2011, 1273, 1273 f. dazu *Sterzinger,* Umsatzsteuer, NZI 2012, 63, 63 ff.

402 Vgl. Abschnitt 17.1 Abs. 11 bis 15 UStAE.

403 Vgl. *Onusseit,* Bauvorhaben, ZIP 2009, 2180, 2182.

404 Siehe bereits Teil I, Kapitel B, S. 5 ff.

405 Vgl. BFH, Urteil v. 17.04.2007, VII R 27/06, ZIP 2007, 1166, 1166 ff.; siehe auch Teil III, Kapitel C.III.3.a)(2), S. 80 f.

Durchgesetzt hat sich vielmehr der juristische Ansatz, wonach die Korrektur vollkommen unabhängig von den ursprünglichen Forderungen durchzuführen ist.[406] Die Korrektur finde rechtlich selbstständig statt[407] und begründe einen eigenen Steuertatbestand, der lediglich in der Höhe mit der ursprünglichen Forderung korrespondiere.[408] Insofern argumentieren die Befürworter dieser Sichtweise, dass eigentlich gar nicht von einem „Berichtigungsanspruch" die Rede sein dürfte, da bspw. § 15a UStG eben *keine* Korrektur des ursprünglich gem. § 15 UStG gewährten Vorsteuerabzugs darstelle.[409] Lediglich in der wirtschaftlichen Wirkung führe der Anspruch zu einer Korrektur des ursprünglich gewährten Vorsteuerabzugs.[410] Diese Argumentation führt nunmehr dazu, dass der Erstattungsanspruch erst mit der Änderung der Verhältnisse i. S. d. § 15a UStG *begründet* wird (also durch die Verwertungshandlung des Insolvenzverwalters) und der Erstattungsanspruch des Finanzamts demnach eine Masseverbindlichkeit gem. § 55 Abs. 1 InsO darstellt.[411] Würde man weiterhin der zuvor vom VII. Senat forcierten wirtschaftlichen Betrachtungsweise folgen, käme man dagegen zu einer Einordnung als Insolvenzforderung.[412]

4. *Bei Insolvenzeröffnung noch nicht vollendete Bauleistungen*

Ist ein Vertrag bis zur Eröffnung des Insolvenzverfahrens noch nicht vollständig erfüllt, hat der Insolvenzverwalter ein Wahlrecht nach § 103 Abs. 1 InsO, ob er seinerseits die Vertragsverpflichtungen erfüllen will oder diese ablehnt bzw. ob er vom Vertragspartner die Erfüllung seiner vertraglichen Pflichten verlangt oder auf diese verzichtet.

---

406 Vgl. BFH, Urteil v. 09.02.2011, XI R 35/09, ZIP 2011, 1222, 1222 ff.; BFH, Urteil v. 08.03.2012, V R 24/11, ZIP 2012, 684, 684 ff.

407 Vgl. BFH, Urteil v. 09.04.1987, V R 23/80, BStBl. II 1987, 527.

408 Vgl. BFH, Urteil v. 06.06.1991, V R 115/87, BStBl. II 1991, 817.

409 Vgl. *Waclawik,* Vorsteuerberichtigung, ZIP 2010, 1465, 1467 f.

410 Vgl. *Waclawik,* Vorsteuerberichtigung, ZIP 2010, 1465, 1467 f.

411 Vgl. BFH, Urteil v. 09.02.2011, XI R 35/09, ZIP 2011, 1222, 1222 ff.; *Kahlert,* Fiskusvorrechte, ZIP 2010, 1274, 1278. In diesem Zusammenhang ist allerdings darauf hinzuweisen, dass ein sich aus der gleichen Sachlage ergebender *Erstattungsanspruch* folgerichtig an die Insolvenzmasse auszukehren ist und nicht mehr mit Insolvenzforderungen verrechnet werden darf, vgl. *Merath,* Aufrechnung, ZInsO 2013, 2415, 2418.

412 Vgl. *Kahlert,* Anmerkung, ZIP 2011, 1225, 1225.; *Kahlert,* Fiskusvorrechte, ZIP 2010, 1274, 1278;

Bei Werklieferungsverträgen ist dies von besonderer Bedeutung, wenn das Bauwerk zum Zeitpunkt der Insolvenzeröffnung noch nicht vollständig fertiggestellt ist. Lehnt der Insolvenzverwalter die Erfüllung des Vertrags ab, sind die aus der bis dahin ausgeführten Leistung resultierenden Umsatzsteuerforderungen als Insolvenzforderungen zu qualifizieren. Wählt der Verwalter jedoch die Erfüllung, so fällt der gesamte Umsatzsteuerbetrag (auch der für den vor Insolvenzeröffnung ausgeführten Teil) als Masseverbindlichkeit i. S. d § 55 Abs. 1 Nr. 1 InsO an.[413] Die Umsatzsteuerschuld entsteht nach § 13 Abs. 1 Nr. 1 lit. a UStG erst mit Ablieferung des fertigen Werkes, also bei Abnahme durch den Besteller. Der V. Senat hält sich auch in diesem Fall eng an den Gesetzeswortlaut und erklärt, dass sich die Frage, wann ein Steueranspruch i. S. d. § 38 InsO als *begründet* anzusehen ist, nach der Verwirklichung der im Steuergesetz definierten Tatbestände richte.[414] Im Extremfall kann dies bedeuten, dass die (für die gesamte Bauleistung) zulasten der Masse anfallende USt die zugunsten der Masse realisierbare Gegenleistung übersteigt.[415] Sind auf den vor Insolvenzeröffnung ausgeführten Teil bereits Vorauszahlungen vereinbart und geleistet worden, sind die diesbezüglichen Umsatzsteuerforderungen jedoch als Insolvenzforderungen zu qualifizieren, was die Problematik entschärfen kann.[416] Dies resultiert daraus, dass auch im Fall der Soll-Besteuerung bei Entgelten für Teilleistungen gem. § 13 Abs. 1 Nr. 1 lit. a S. 4 UStG bereits der Zeitpunkt der *Vereinnahmung* des Entgelts relevant ist (kombinierte Soll- und Ist-Besteuerung).

Im Rahmen einer wirtschaftlichen Betrachtungsweise ist dieses Vorgehen nicht nachvollziehbar, da argumentiert werden muss, dass zumindest ein Teil der Bauleistung bereits vor Insolvenzeröffnung ausgeführt wurde.[417] Dementsprechend wäre es gerechtfertigt, auch die diesen Teil betreffende USt bereits zu diesem Zeitpunkt als begründet anzusehen. Erbringt ein anderer Gläubiger eine Teilleistung an den Insolvenzschuldner, ist das hierauf zu beanspruchende Entgelt auch nur als Insolvenzforderung einzustufen, selbst wenn der Insolvenzverwalter anschließend die Erfüllung des Vertrags wählt (§ 105 InsO).[418] Durch die Rechtsprechung des BFH erfolgt demnach eine eindeutige Besserstellung des Fiskus gegenüber anderen Gläubigern.

---

413 Vgl. BFH, Urteil v. 30.04.2009, V R 1/06, BStBl. II 2010, 138, 138 ff.

414 Vgl. BFH, Urteil v. 30.04.2009, V R 1/06, BStBl. II 2010, 138, 139.

415 Vgl. *Kroth*, in: Braun, InsO, 2012, § 105, Rn. 15.

416 Vgl. BFH, Urteil v. 30.04.2009, V R 1/06, BStBl. II 2010, 138, 139.

417 Vgl. *Fölsing*, Privilegierung, NZI 2009, 794, 794 f.; *Onusseit*, Bauvorhaben, ZIP 2009, 2180, 2182 ff.

418 Vgl. *Fölsing*, Privilegierung, NZI 2009, 794, 794 f.

In der Praxis erfolgt durch den Wechsel der Steuerschuldnerschaft gem. § 13b Abs. 2 Nr. 4 UStG oftmals zumindest eine Erleichterung für den Insolvenzverwalter (des Bauherren), da in diesen Fällen der Leistungsempfänger als Steuerschuldner deklariert wird.[419] Er kann zwar damit nur noch den Nettobetrag vereinnahmen, muss aber nicht für die Begleichung der Steuer Sorge tragen. Der Wechsel der Steuerschuldnerschaft greift jedoch – wie zuvor dargestellt – nicht in allen Fällen.[420]

5. *Realisierung vorinsolvenzlicher Gewinne innerhalb des Insolvenzverfahrens*

In einem Unternehmen besteht die Möglichkeit, dass im Insolvenzverfahren ein Gewinn realisiert wird und zu einer Ertragsteuerbelastung führt, der tatsächlich auf einer Wertschöpfung beruht, die vor der Eröffnung des Insolvenzverfahrens stattgefunden hat. Im Allgemeinen ist dies der Fall, wenn im Unternehmen stille Reserven gebildet wurden. Es stellt sich dann erneut die Frage, wann der dem Steueranspruch des Finanzamts zugrunde liegende Sachverhalt begründet wurde und ob dementsprechend eine Insolvenz- oder Masseforderung vorliegt.[421]

Die Bildung von stillen Reserven kann einerseits durch die Überbewertung von Verbindlichkeiten (Passivseite; Rückstellungen) oder andererseits durch Unterbewertung von Vermögensgegenständen (Aktivseite; Abschreibungen) geschehen. In jüngerer Zeit ist hierzu ein Urteil des BFH in Bezug auf die Auflösung von Rückstellungen ergangen, das sich ebenso auf die Wertaufholung bei Abschreibungen übertragen lässt.[422]

a) Auflösung von Rückstellungen

Rückstellungen werden im Unternehmen für Verbindlichkeiten gebildet, die hinsichtlich ihres Bestehens oder ihrer Höhe noch ungewiss, aber hinreichend wahrscheinlich sind. Die Höhe der zu bildenden Rückstellung richtet sich nach vernünftiger kaufmännischer Beurteilung (§ 253 Abs. 1 S. 2 HGB). Dabei führt eine Rückstellung im Jahr ihrer Bildung zu einem sofortigen Aufwand, der dementsprechend den steuerlichen Gewinn und damit die zu entrichtende Steuer vermindert. Fällt zu einem späteren Zeitpunkt der Grund für die Bildung der Rückstellung weg, ist diese gewinnerhöhend wieder aufzulösen (§ 249 Abs. 2 S. 2

---

419 Siehe hierzu Teil III, Kapitel C.II.3.b), S. 65 ff.

420 Siehe Teil III, Kapitel C.II.3.b)(1), S. 65 f.

421 Vgl. *Herzig/Liekenbrock*, Sanierungshindernisse, Ubg, 2011, 313, 323; *Kahlert*, Fiskusvorrechte, ZIP 2010, 1274, 1278; *Fritsch*, in: Pahlke/Koenig, § 251, Rn. 60.

422 Vgl. BFH, Urteil v. 18.05.2010, X R 60/08, BStBl. II 2011, 429, 429 ff.

HGB). Wäre die Rückstellung nicht gebildet worden, hätte der Gewinn schon früher versteuert werden müssen. Es findet somit eine zeitliche Verlagerung der Gewinnrealisierung statt.[423]

Der BFH hatte über einen Fall zu entscheiden, in dem über das Vermögen einer Privatperson das Insolvenzverfahren eröffnet wurde.[424] Zu seinem Vermögen gehörte der Anteil an einer GbR, die während des Insolvenzverfahrens Rückstellungen auflöste. Den auf den Insolvenzschuldner entfallenden Gewinn machte das Finanzamt als Masseverbindlichkeit gegen die Insolvenzmasse geltend. Auf Klage des Insolvenzverwalters bestätigte der BFH die Auffassung des Fiskus.[425]

Hiergegen ist einzuwenden, dass es sich bei der Besteuerung eines aus der Auflösung einer Rückstellung resultierenden Gewinns, rein technisch um eine Nachversteuerung früherer Gewinne handelt. Wurde die Rückstellung vor der Eröffnung des Insolvenzverfahrens gebildet, so ist die aus ihrer Auflösung nach Insolvenzeröffnung resultierende Einkommensteuerschuld wirtschaftlich betrachtet ebenfalls bereits vor der Eröffnung des Insolvenzverfahrens begründet. Daraus resultiert die Entstehung einer Insolvenz- und keiner Masseverbindlichkeit.[426] Hätte die Rückstellung nicht gebildet werden müssen, da die Höhe der Verbindlichkeit bereits bekannt war, hätte eine sofortige Versteuerung des Gewinns stattgefunden.

Für den (vorläufigen) Insolvenzverwalter bedeutet dies, dass er bei Mitunternehmerschaften ein besonderes Augenmerk auf die Begründetheit von Rückstellungen legen und diese notfalls noch vor Eröffnung des Insolvenzverfahrens auflösen muss, um die Begründung von Masseverbindlichkeiten zu vermeiden. Mit Einführung des § 55 Abs. 4 InsO hat sich das Problem weiter verschärft, da eine Auflösung von Rückstellungen nicht erst vor Eröffnung des Insolvenzverfahrens, sondern gar vor Bestellung eines vorläufigen Insolvenzverwalters erfolgen müsste. Da ein schwacher Verwalter zu diesem Zeitpunkt noch keinerlei Verfügungsrecht besitzt, dürfte sich dies allgemein als schwierig erweisen.

b) Wertaufholung nach (außerplanmäßigen) Abschreibungen

Die vorgenannten Überlegungen bezüglich der Auflösung von Rückstellungen lassen sich in gleicher Weise auf die Wertaufholung von abgeschriebenen

423 Vgl. *Ballwieser*, in: MünchKomm-HGB, § 249.

424 Vgl. BFH, Urteil v. 18.05.2010, X R 60/08, BStBl. II 2011, 429, 429 ff.;

425 Siehe bereits zu Zeiten der KO BFH, Urteil v. 29.03.1984, VI R 271/83, BStBl. II 1984, 602, 602 ff.; BFH, Urteil v. 11.11.1993, XI R 73/92, ZIP 1994, 1286, 1286 ff.

426 Vgl. *Sämisch/Adam*, Begehrlichkeiten, ZInsO 2010, 934, 938; a. A. *Schuster*, Fiskusprivileg, DStR 2013, 1509, 1511.

Vermögensgegenständen übertragen. Stille Reserven entstehen dabei im Unternehmen im Zeitablauf durch einen bilanziell niedrigeren Wertansatz von Vermögenswerten als es den tatsächlichen Verhältnissen entspricht (Niederstwertprinzip; § 253 HGB). Während im Fall der Auflösung von Rückstellungen gewissermaßen eine Überbewertung von Verbindlichkeiten erfolgt, liegt hier eine Unterbewertung von Vermögensgegenständen vor. Beide Sachverhalte sind dabei dem im deutschen Bilanzrecht anerkannten Vorsichtsprinzip geschuldet.[427]

Werden bspw. aufgrund voraussichtlich dauernder Wertminderung außerplanmäßige Abschreibungen vorgenommen (§ 253 Abs. 3 S. 3, 4 und Abs. 4 HGB), bedeutet dies, dass zum Zeitpunkt der Abschreibung ein geringerer Gewinn ausgewiesen wird. Für das Insolvenzverfahren bedeutet dies jedoch erneut, dass die hier zugrunde liegenden Gewinne bereits zu diesem Zeitpunkt wirtschaftlich begründet waren. Erfolgt eine Wertaufholung (§ 253 Abs. 5 HGB) nach Eröffnung des Insolvenzverfahrens, sollte es sich bei den aus diesem Gewinn resultierenden Steuerverbindlichkeiten um Insolvenz- und nicht um Masseverbindlichkeiten handeln. Der Argumentation des BFH folgend, wird dennoch eine Masseverbindlichkeit anzunehmen sein.

Die rein zeitliche Verschiebung der Gewinnrealisierung sollte für die Beurteilung des Forderungscharakters im Insolvenzverfahren aber keine Rolle spielen. Wäre die Abschreibung nicht durchgeführt worden, hätten die Gewinne sofort versteuert werden müssen. Bei einer anschließenden Insolvenzeröffnung wären die Forderungen nur als einfache Insolvenzforderungen geltend zu machen. So kann die Einhaltung des Vorsichtsprinzips, die mit der Bildung von stillen Reserven letztlich dem Gläubigerschutz dient, zu einer Bevorrechtigung des Fiskus im Insolvenzverfahren führen.

6. *Kfz-Steuer*

Wer sich mit der Thematik der Kfz-Steuer im Insolvenzverfahren beschäftigt, sieht sich in der Rechtsprechung ständig wechselnden Zuständigkeiten und damit zum Teil stark voneinander abweichenden Beurteilungen gegenüber.[428] Diesen allen ist jedoch gemein, dass sie die unzureichende Abstimmung der Besonderheiten des Insolvenzverfahrens im Hinblick auf die Kfz-Steuer nicht

427 Durch die Einführung des BilMoG wurden die Möglichkeiten der Bildung von stillen Reserven teilweise eingeschränkt. So wurde bspw. § 253 Abs. 5 HGB neu gefasst, so dass nunmehr ein Wertaufholungsgebot besteht, wenn der Grund für außerplanmäßige Abschreibungen wegfällt.

428 Vgl. *Hartman*, Kraftfahrzeugsteuer, NZI 2012, 168, 169 f.

endgültig aufzulösen vermögen. Da sich die Höhe der Verbindlichkeiten im Allgemeinen im überschaubaren Rahmen bewegt, sind die wirtschaftlichen Auswirkungen für das einzelne Insolvenzverfahren als eher gering einzustufen. Trotzdem ist nahezu jedes Verfahren, in dem ein Kraftfahrzeug involviert ist, von der Problematik betroffen.

a) Festsetzung gegenüber der Insolvenzmasse

Für die Kfz-Steuer gilt im Allgemeinen, dass diese jeweils für ein Jahr im Voraus zu entrichten ist (§ 11 Abs. 1 KraftStG). Es handelt sich dabei um eine gesetzlich vorgeschriebene Vorauszahlung auf eine noch nicht entstandene Steuer. Während die Zahlungsschuld mit Beginn des jeweiligen Entrichtungszeitraums entsteht (§ 6 KraftStG), entsteht die Kfz-Steuer selbst tageweise, da der kraftfahrzeugrechtliche Besteuerungstatbestand durch fortlaufendes Halten des Kraftfahrzeugs verwirklicht wird.[429] Bei Eröffnung des Insolvenzverfahrens ist daher davon auszugehen, dass bereits eine Steuervorauszahlung sowohl für einen Zeitraum vor Eröffnung des Insolvenzverfahrens, als auch für einen Zeitraum nach der Eröffnung erfolgt ist. Es ist demnach eine Aufteilung zwischen diesen beiden Zeiträumen vorzunehmen.[430]

In diesem Zusammenhang ist als erstes eine Entscheidung des VII. Senats des BFH aus dem Jahr 2004 von Interesse.[431] Der Senat stellte damals, seiner zu diesem Zeitpunkt üblichen Vorgehensweise folgend, noch ausdrücklich das Insolvenzrecht vor das Steuerrecht[432] und machte die Einteilung der Steuerforderungen einerseits vom Zeitpunkt der Entstehung, andererseits von der Art der Nutzung des Fahrzeugs abhängig. Vor Insolvenzeröffnung entstandene Kfz-Steuer stellte (sofern sie noch nicht bezahlt wurde) unbestritten eine einfache Insolvenzforderung dar. Für die nach Insolvenzeröffnung entstandene Kfz-Steuer galt, dass diese eine Masseverbindlichkeit (§ 55 Abs. 1 Nr. 1 InsO) darstellte, sofern das Fahrzeug im Rahmen der Verwaltung der Insolvenzmasse vom

---

429 Vgl. BFH, Beschluss v. 08.07.1997, VII B 89/97, BFH/NV 1998, 86, 86 f. Aus Sicht des Insolvenzrechts kann diese Argumentation durchaus hinterfragt werden. Es ließe sich argumentieren, dass die Steuer insolvenzrechtlich bereits mit ihrer Bezahlung i. S. d. § 38 InsO als begründet anzusehen ist und damit in voller Höhe eine Insolvenzforderung vorliegt, vgl. *Onusseit,* Aufrechnung, ZInsO 2005, 638, 643.

430 Vgl. *Farr,* Die Besteuerung in der Insolvenz, 2005, Rn. 432 ff.;

431 Vgl. BFH, Urteil v. 16.11.2004, VII R 62/03, ZIP 2005, 264, 264 ff.

432 Die neuere Rechtsprechung des VII. Senats schließt sich verstärkt der Auffassung des V. Senats an, wonach das Steuerrecht dem Insolvenzrecht verstärkt vorgeht. Siehe hierzu bereits Teil III, Kapitel C.III.3.a), S. 80 ff.

Insolvenzverwalter genutzt wurde. Fand eine Nutzung außerhalb der Masse statt (Freigabe des Fahrzeugs, Unpfändbarkeit), war die Steuer vom Insolvenzschuldner aus seinem insolvenzfreien Vermögen zu begleichen.[433] Dieses Ergebnis war m. E. sehr gut vertretbar.

Ab dem Jahr 2007 wurde jedoch der IX. Senat des BFH für die Kfz-Steuer zuständig und gelangte zu einer gänzlich abweichenden Bewertung des Sachverhalts. In einem wahren Rundumschlag wurde in zahlreichen Urteilen vom 29.08.2007 eine weitreichende Einordnung von Kfz-Steuerverbindlichkeiten als Masseverbindlichkeiten erreicht.[434] Die von da an ständige Rechtsprechung des BFH wurde auch in folgenden Entscheidungen konsequent weiterverfolgt.[435] Der vom IX. Senat getroffene Wertung lag erneut eine zu steuerrechtlich geprägte Sichtweise zugrunde, die die tatsächlichen wirtschaftlichen Verhältnisse vernachlässigte. Anknüpfungspunkt der Kfz-Steuer ist gem. § 1 Abs. 1 Nr. 1 KraftStG das Halten inländischer Fahrzeuge zum Verkehr auf öffentlichen Straßen. Schuldner der Kfz-Steuer ist gem. § 7 Nr. 1 KraftStG derjenige, auf den das Fahrzeug zugelassen ist. Die Argumentation des IX. Senats bezog sich vor allem auf die Halterposition.[436] Nach insolvenzrechtlichen Maßstäben geht mit Eröffnung des Insolvenzverfahrens gem. § 80 Abs. 1 InsO die Verwaltungs- und Verfügungsmacht über das Vermögen des Schuldners auf den Insolvenzverwalter über.[437] Nach Auffassung des Senats

---

433 Vgl. BFH, Urteil v. 16.11.2004, VII R 62/03, ZIP 2005, 264, 265.

434 Vgl. Leitentscheidung: BFH, Urteil v. 29.08.2007, IX R 4/07, ZIP 2007, 2081, 2081 ff., auch wenn sich das Fahrzeug nicht mehr im Besitz des Schuldners befindet; BFH, Urteil v. 29.08.2007, IX R 58/06, ZIP 2007, 2083, 2083 f., auch wenn der Verwalter nichts von der Existenz des Fahrzeugs weiß; BFH, Urteil v. 29.08.2007, IX R 20/07, BFH/NV 2008, 111, 111, auch wenn das Fahrzeug auf den Schuldner zugelassen ist, es sich jedoch beim Leasinggeber befindet; BFH, Urteil v. 29.08.2007, IX R 21/07, BFH/NV 2008, 112, 112, auch wenn sich das Fahrzeug nicht im Besitz des Schuldners befindet; BFH, Urteil v. 29.08.2007, IX R 22/07, BFH/NV 2008, 113, 113, auch wenn das Fahrzeug bereits an den Leasinggeber zurückgegeben wurde; BFH, Urteil v. 16.10.2007, IX R 25/07, HFR 2008, 269, 269; BFH, Urteil v. 29.08.2007, IX R 61/06, n. v. und BFH, Urteil v. 29.08.2007, IX R 60/06, n. v., solange das Fahrzeug nicht abgemeldet wurde. Vgl. *Kranenberg*, Kfz-Steuer, NZI 2008, 81, 81 ff.

435 Vgl. BFH, Urteil v. 18.09.2007, IX R 59/06, ZIP 2008, 283, 283 f. bestimmt Zahlungspflicht der Masse, auch wenn der Insolvenzverwalter gem. § 103 Abs. 2 InsO nicht in den Mietvertrag eintritt. BFH, Urteil v. 16.10.2007, IX R 29/07, ZIP 2008, 283, 283, trotz Freigabe aus der Insolvenzmasse.

436 Halter ist immer derjenige, auf den das Fahrzeug zugelassen ist.

437 Der Insolvenzverwalter muss dann gemäß § 34 Abs. 3 i. V. m. Abs. 1 AO die steuerlichen Pflichten des Insolvenzschuldners übernehmen, soweit seine Verwaltung reicht.

schloss dies die Rechtposition als Halter des Fahrzeugs mit ein.[438] Ausgehend von dieser Sichtweise kam es nicht mehr auf den Verbleib des eigentlichen Fahrzeugs an, sondern lediglich auf die Frage, auf wen das Fahrzeug zugelassen war. Damit schuldete der Insolvenzverwalter gem. § 55 Abs. 1 Nr. 1 InsO ab Eröffnung des Insolvenzverfahrens die Kfz-Steuer. Der Senat überging dabei vollständig – und problematisiert dies auch in nachfolgenden Urteilen nicht –, inwieweit die Position als „Halter" eines Fahrzeugs überhaupt Bestandteil der Insolvenzmasse sein kann. Gem. § 36 InsO gehören nur solche Gegenstände zur Insolvenzmasse, die auch der Zwangsvollstreckung unterliegen. Es stellt sich die Frage, wie man sich die Zwangsvollstreckung der Halterposition vorzustellen hat. Es war daher fraglich, ob hier überhaupt ein Vermögensgegenstand i. S. d. § 35 InsO vorliegt, da der Halterposition kaum ein Geldwert beigemessen werden kann.[439] Letztendlich fand durch diese Rechtsprechung eine vollständige Trennung zwischen dem „Halten des Fahrzeugs" und dem „Fahrzeug" selbst statt. Dies konnte zu der Situation führen, dass das Fahrzeug selbst unpfändbar war und damit nicht zur Insolvenzmasse gehörte,[440] die Insolvenzmasse aber dennoch die Kfz-Steuer gem. § 55 Abs. 1 Nr. 1 InsO schuldete, da die Halterposition nach Ansicht des Senats in die Masse fiel.[441]

Als weitere Vereinfachung für den Fiskus erklärte der Senat, dass für den Halter des Fahrzeugs die *unwiderlegbare* Vermutung der Verwendung „im Geschäft" gilt.[442] Das Finanzamt konnte sich dabei rein nach den Angaben der betroffenen Zulassungsstelle richten. Die einzige Möglichkeit für den Insolvenzverwalter, die Entstehung von Masseverbindlichkeiten zu vermeiden, bestand daher darin, das entsprechende Fahrzeug abzumelden. Befand sich das Fahrzeug nicht im unmittelbaren Zugriff des Insolvenzverwalters, gestaltete sich dies entsprechend schwierig. Hier zeigte sich auch besonders deutlich die Problematik im Falle der

---

438 Vgl. BFH, Urteil v. 29.08.2007, IX R 4/07, ZIP 2007, 2081, 2082.

439 So auch *Looff,* Kfz-Steuer, ZInsO 2008, 75, 76; *Klein/Humberg,* Kfz-Steuer, JR 2008, 224, 227; *Menn,* Kfz-Steuer, ZInsO 2009, 1189, 1191; *Kögel,* Masseverbindlichkeit, ZInsO 2010, 1780, 1782 f.; a. A. *Roth,* Masseverbindlichkeit, ZInsO 2008, 304, 304, sich der Meinung des BFH anschließend, jedoch ebenfalls ohne infrage zu stellen, ob die Halterposition überhaupt massezugehörig ist.

440 Z. B. weil das Fahrzeug zur Ausübung der Erwerbstätigkeit benötigt wird; § 36 Abs. 1 InsO i. V. m. § 811 Abs. 1 Nr. 5 ZPO.

441 Vgl. FG Köln, Urteil v. 20.11.2008, 6 K 1746/08, ZInsO 2009, 534, 534 f.; später revidiert durch BFH, Urteil v. 13.04.2011, II R 49/09, ZIP 2011, 1728–1730 und 1882, 1728.

442 BFH, Urteil v. 29.08.2007, IX R 4/07, ZIP 2007, 2081, 2082 f. mit Verweis auf BFH, Urteil v. 18.12.1953, II 190/52 U, BStBl. III 1954, 49; Kritik an der Unwiderlegbarkeit übt *Looff,* Kfz-Steuer, ZInsO 2008, 75, 76.

Unpfändbarkeit eines Fahrzeugs aufgrund § 811 Abs. 1 Nr. 5 ZPO. Da in diesem Fall das Fahrzeug nicht zur Insolvenzmasse gehörte, hatte der Insolvenzverwalter auch keine Möglichkeit, die Abmeldung zu erzwingen.[443]

Über diese problematische Rechtsprechung hinweg wechselte schließlich erneut die Zuständigkeit für die Kfz-Steuer, so dass nun der II. Senat des BFH im Jahr 2009 feststellte, dass es „ernstlich zweifelhaft" sei, ob die vom IX. Senat entwickelten Grundsätze auch bei Unpfändbarkeit des Fahrzeugs gem. § 811 Abs. 1 Nr. 5 ZPO anwendbar seien.[444] Es dauerte jedoch noch bis zu einem Urteil vom 13.04.2011, worin der II. Senat schließlich unter ausdrücklicher Abkehr von der Rechtsprechung des IX. Senats feststellte, dass die Kfz-Halterposition *nicht* zur Insolvenzmasse gehöre, da sie kein Vermögen i. S. d. § 35 InsO darstelle.[445] Das führte insgesamt zu einer Besserung der Situation, löst die bestehenden Probleme aber ebenfalls noch nicht vollständig.[446] Anders als zuvor der VII. Senat, stellt der II. Senat auch nicht auf die tatsächliche Nutzung des Fahrzeugs ab, sondern lediglich auf die Frage, ob dieses zur Masse gehört oder nicht. Eine Freigabe des Fahrzeugs aus der Insolvenzmasse ist damit zur Vermeidung der Kfz-Steuer als Masseverbindlichkeit aber möglich.[447]

Die bisherige Geschichte zeigt, wie schwer sich die Rechtsprechung mit der Kfz-Steuer im Insolvenzverfahren tut. Das letzte Wort ist hier mit Sicherheit noch nicht gesprochen und es bleibt abzuwarten, wie sich die Rechtslage in Zukunft weiterentwickelt.[448]

---

443 Vgl. *Sterzinger,* Kfz-Steuer, DStR 2008, 1672, 1676.

444 Vgl. BFH, Beschluss v. 08.09.2009, II B 63/09, ZIP 2010, 1188, 1188 f.; *Krüger,* Insolvenzsteuerrecht, ZInsO 2011, 593, 601 f.

445 BFH, Urteil v. 13.04.2011, II R 49/09, ZIP 2011, 1728–1730 und 1882, 1728 ff. und 1882, die Entscheidung wurde anfangs versehentlich unter dem Ausfertigungsdatum 08.07.2011 abgedruckt; dazu *Sinz/Hiebert,* Kurzkommentar, EWiR 2011, 573, 573 f.

446 Vgl. *Hartman,* Kraftfahrzeugsteuer, NZI 2012, 168, 170 ff.

447 Vgl. *Farr,* Kfz-Steuer, NZI 2008, 78, 80; *Hartman,* Kraftfahrzeugsteuer, NZI 2012, 168, 170. Die bloße Freigabe einer selbstständigen Tätigkeit, in deren Rahmen das Fahrzeug genutzt wird, ist jedoch nicht ausreichend, vgl. BFH, Urteil v. 08.09.2011, II R 54/10, ZIP 2012, 42, 42 f.

448 Obwohl nun zumindest geklärt ist, dass unpfändbare Fahrzeuge nicht zur Insolvenzmasse gehören, versucht das Finanzamt bspw. bei gepfändeten und sicherungsübereigneten Fahrzeugen Masseforderungen geltend zu machen. Die Steuerpflicht soll erst zum Zeitpunkt der Veräußerung oder Übernahme durch den Gläubiger gem. § 168 InsO enden. Eine höchstrichterliche Entscheidung hierüber ist dem Verfasser bislang nicht bekannt.

b) Neuzulassung eines Kfz vor Erteilung der Restschuldbefreiung

Weitere faktische Probleme ergeben sich bei Insolvenzverfahren über das Vermögen einer natürlichen Person, wenn diese nach Eröffnung des Verfahrens ein neues Fahrzeug anmelden möchte.

Die Zulassungsstellen verweigern die Zulassung eines neuen Fahrzeugs, wenn Rückstände bei der Kfz-Steuer bestehen (§ 13 Abs. 1a KraftStG) oder Gebühren und Auslagen nicht beglichen wurden (z.B. BEG NRW; FzZulVweigG BW).[449] Dies wird immer der Fall sein, wenn das Finanzamt entsprechende Forderungen zur Insolvenztabelle angemeldet hat. Dem Insolvenzschuldner steht es dabei frei, die offenen Verbindlichkeiten dennoch aus seinem pfändungsfreien Vermögen zu begleichen.[450] Das Finanzamt hat keinen rechtlichen Anspruch auf die Begleichung dieser Verbindlichkeiten außerhalb des Insolvenzverfahrens. Jedoch wird der Schuldner faktisch zum Ausgleich der Verbindlichkeiten gezwungen, wenn er erneut ein Fahrzeug auf sich persönlich zulassen möchte. Ist der Schuldner nicht in der Lage, die erforderlichen Summen aufzuwenden, wird eine Fahrzeugzulassung frühestens mit Erteilung der Restschuldbefreiung (aktuell sechs Jahre nach Eröffnung des Insolvenzverfahrens) möglich sein.[451] Als Alternative bleibt noch die Zulassung auf einen Dritten (bspw. Familienangehörige) und entsprechender Nutzungsüberlassung des Fahrzeugs.

7. *Zwischenfazit*

Die in die Kategorie der Masseverbindlichkeiten fallendenden Bevorzugungen des Fiskus haben einen besonders gravierenden Einfluss auf das Insolvenzverfahren. Erfolgt eine Umqualifizierung von Insolvenz- zu Masseforderungen, sei es durch die Rechtsprechung oder den Gesetzgeber, hat dies unmittelbaren Einfluss

---

449 Die Regelung bezüglich der Gebühren und Auslagen ist individuell in einzelnen Landesgesetzen geregelt.

450 Der BGH hat entschieden, dass eine Begleichung von Insolvenzforderungen aus dem pfändungsfreien Vermögen des Insolvenzschuldners zulässig ist, vgl. BGH, Urteil v. 14.01.2010, IX ZR 93/09, ZIP 2010, 380.

451 Auch dies könnte man durchaus infrage stellen. Der Wortlaut des § 13 Abs. 1a KraftStG besagt, dass keine Kraftfahrzeugsteuerrückstände bestehen dürfen. Mit Erteilung der Restschuldbefreiung erlöschen diese Verbindlichkeiten jedoch nicht, sondern werden lediglich zu „unvollkommenen Verbindlichkeiten", die zwar nicht durchgesetzt, aber durchaus freiwillig vom Schuldner erfüllt werden können. Es wäre möglich, dass die Zulassung demnach auch nach Erteilung der Restschuldbefreiung verweigert wird, da die Rückstände weiterhin Bestand haben. Ob die Zulassungsstellen auf diese Art verfahren, ist jedoch soweit nicht ersichtlich.

auf die im Insolvenzverfahren zur Verfügung stehende Liquidität. Finanzielle Mittel, die ansonsten für Sanierungsbemühungen zur Verfügung stünden, fließen stattdessen direkt an den Fiskus. Es wurde aufgezeigt, dass sich gerade in diesem Bereich in der letzten Zeit zahlreiche Änderungen ergeben haben, wobei vor allem die Einführung von § 55 Abs. 4 InsO[452] und die Rechtsprechung des V. Senats des BFH zur Entgeltvereinnahmung vorinsolvenzlich ausgeführter Leistungen[453] hervorzuheben sind. Die finanziellen Auswirkungen dieser neuen Bestimmungen werden in Teil IV dieser Arbeit ausführlich analysiert.

V. Ausblick

Nachfolgend werden noch einzelne Sachverhalte besprochen, die im aktuellen Recht noch keine praktische Relevanz haben, aber möglicherweise in Zukunft zu einer weiteren Bevorzugung des Fiskus im Insolvenzverfahren führen können. Dies betrifft sowohl absehbare gesetzliche Bestrebungen, als auch dogmatische Grundsatzüberlegungen.

1. Umsatzsteuer als Aussonderungsanspruch

Gerade an der USt lässt sich das schwierige Verhältnis von Steuerrecht zum Insolvenzrecht ablesen. In den vorangegangenen Abschnitten wurden zahlreiche Einzelprobleme in diesem Zusammenhang besprochen. Aus dem Bereich der steuerrechtlich geprägten Literatur schwingt dabei immer in gewissem Umfang die Kritik mit, dass die Insolvenzmasse Gelder vereinnahmt, die ihr eigentlich gar nicht zustehen.[454] Es wird argumentiert, dass der Unternehmer lediglich als Steuereintreiber für den Staat tätig wird und somit nur fremde Gelder verwaltet, auf die er selbst gar keinen Anspruch hat. Als großer Verfechter dieser Betrachtungsweise ist *Stadie* zu sehen, der auch die entsprechenden Konsequenzen daraus zieht.[455] Auch die Rechtsprechung entwickelt sich diesbezüglich immer mehr in eine Richtung, die letztlich bezüglich der USt aus Sicht des Insolvenzrechts zu einer Art *Super-Privileg* für den Fiskus führen könnte, nämlich dem Recht auf *Aussonderung*.[456]

452 Siehe Teil III, Kapitel C.IV.1, S. 85 ff.
453 Siehe Teil III, Kapitel C.IV.2, S. 90 ff.
454 Vgl. *Schuster*, Fiskusprivileg, DStR 2013, 1509, 1511.
455 Vgl. *Stadie*, in: Rau/Dürrwächter, UStG, § 18 Anm. 825 ff.
456 So gefordert von *Stadie*, Umsatzsteuer und Insolvenz, UR 2013, 158, 158 ff.

Auf internationaler Ebene bemerkt bereits der EuGH, dass der Unternehmer nur als *„Steuereinnehmer für Rechnung des Staates"* tätig wird.[457] Auch der V. Senat verweist auf diese Rechtsprechung und führt aus: *„Ist die nach Insolvenzeröffnung vereinnahmte Umsatzsteuer von vorneherein nur zur Weiterleitung an das Finanzamt bestimmt, steht sie daher dem Insolvenzschuldner und der Masse zur allgemeinen Befriedigung der Insolvenzgläubiger nicht zu."*[458] Damit kann der Bogen zu einer Art „ungerechtfertigten Bereicherung" der Masse durch die USt geschlagen werden, die nach § 55 Abs. 1 Nr. 3 InsO zu Masseverbindlichkeiten führt, die zu erstatten sind. Es muss dabei allerdings verwundern, dass sich der V. Senat diesbezüglich nur auf die *nach Insolvenzeröffnung* vereinnahmte USt bezieht. Das aufgeführte Argument ist schließlich allgemein anwendbar und nicht auf einen bestimmten Teil der USt beschränkt.[459] In dieses Bild passt auch die neuere Rechtsprechung des V. Senats, wonach Umsatzsteuerforderungen der Anfechtung entzogen sind, da sie keine gläubigerbenachteiligende Wirkung i. S. d. § 129 InsO entfalten können.[460] Bislang zieht der BFH insofern aus seiner eigenen Argumentation noch nicht die ultimative Konsequenz. Wenn die USt nämlich nicht zur allgemeinen Befriedigung der Insolvenzgläubiger dient, stellt sie gar keinen Vermögenswert des Schuldners dar und müsste daher der Aussonderung (§ 47 InsO) unterliegen.[461]

Der Fiskus wäre dann bezüglich der USt gar nicht als Insolvenzgläubiger zu betrachten. Die bislang in der Rechtsprechung schwierig zu beantwortende Frage, ob diesbezüglich Insolvenz- oder Masseforderungen vorliegen, würde sich (weitestgehend) gar nicht stellen.[462] Die bislang geführten Diskussionen über die Frage,

---

457 Vgl. EuGH, Urteil v. 20.10.1993, C-10/92, Balocchi, Slg. 1993, I-5105, I-5105, Rz. 25; EuGH, Urteil v. 21.02.2008, C-271/06, Netto Supermarkt, Slg. 2008, I-771, I-771, Rz. 21.

458 Vgl. BFH, Urteil v. 29.01.2009, V R 64/07, BStBl. II 2009, 682, 682.

459 Vgl. *Stadie,* Umsatzsteuer und Insolvenz, UR 2013, 158, 169.

460 Siehe bereits Teil III, Kapitel C.III.4, S. 83 f.; vgl. BFH, Urteil v. 24.11.2011, V R 13/11, ZIP 2011, 2481, 2481.

461 Vgl. *Stadie,* Umsatzsteuer und Insolvenz, UR 2013, 158, 169 ff.

462 Dies trifft nicht in allen Fällen zu. Die USt stellt im Regelfall für den Unternehmer einen „durchlaufenden Posten" dar und könnte daher für ihn auch als „unechte" Steuer bezeichnet werden, vgl. *Stadie,* Umsatzsteuer und Insolvenz, UR 2013, 158, 159 f. Bspw. für den Fall, dass der Unternehmer als Leistungsempfänger Steuerschuldner ist (§ 13b UStG, siehe Teil III, Kapitel C.II.3, S. 62 ff.) und er gleichzeitig *nicht* zum VSt-Abzug berechtigt ist, trifft ihn jedoch eine „echte" Steuerschuld. Diese unterläge nicht der Aussonderung und es muss weiterhin zwischen Insolvenz- und Masseforderungen unterschieden werden.

wann derartige Steueransprüche als *begründet* anzusehen sind, wären unerheblich. Auch der neu eingeführte § 55 Abs. 4 InsO würde bzgl. der USt bedeutungslos.

Es ist derweil nicht absehbar, ob sich die Rechtsprechung in Zukunft weiter in diese Richtung entwickeln wird. Die insolvenzrechtlich geprägte Literatur sieht die Sachlage naturgemäß auch vollkommen anders.[463] Argumentiert wird bspw., dass der Leistende die USt zwar stets auf den Leistungsempfänger überwälzt, aber dennoch aufgrund eines eigenständigen Vertrags Anspruch auf die Bruttogegenleistung hat.[464] Die Beziehung von Leistendem zu Leistungsempfänger auf der einen Seite und Leistendem zum Fiskus auf der anderen Seite seien unabhängig voneinander zu betrachten.[465] Da zudem auch der Abzug von VSt beim Leistungsempfänger nicht davon abhängig ist, ob die korrespondierende USt vom Leistenden abgeführt wurde, seien die Insolvenzrisiken des Fiskus allein aus dem Verhältnis zum Leistenden zu bestimmen.[466] Diese Auffassung wird bislang sowohl vom BGH[467] als auch vom VII. Senat des BFH[468] gestützt, die der USt – entgegen dem V. Senat des BFH – weiterhin eine potentiell gläubigerbenachteiligende Wirkung zugestehen. Stünde der Insolvenzmasse die USt nicht zu, könnte deren Vorenthaltung der Masse auch keine Gläubiger benachteiligen.

2. *Schutz vor Anfechtung und erleichterte Aufrechnung*

Das Anfechtungsrecht stellt für den Insolvenzverwalter ein wirksames Mittel dar, um Rechtshandlungen rückgängig zu machen, die einen einzelnen Gläubiger bevorzugen und somit die übrige Gläubigergemeinschaft benachteiligen. Dies betrifft bspw. auch Sachverhalte, in denen der Fiskus die Aufrechnung mit Erstattungsansprüchen erklärt. Um hier eine Anfechtung zu vermeiden, gab es Bestrebungen, einen § 226 Abs. 5 AO zu schaffen, der wie folgt lauten sollte:[469]

„Die von einem anderen Unternehmer für das Unternehmen des Insolvenzschuldners und die vom Insolvenzschuldner ausgeführten Lieferungen und sonstige

463 Vgl. *Onusseit,* Vorrechte, ZInsO 2006, 516, 516 ff.; *Kahlert,* Umsatzsteuer, DStR 2011, 1973, 1973 ff.; aber auch die steuerrechtliche Literatur geht nicht automatisch so weit, einen Aussonderungsanspruch zu fordern, vgl. bspw. die ehemalige Vorsitzende des V. Senats des BFH *Schuster,* Fiskusprivileg, DStR 2013, 1509, 1511.

464 Vgl. *Kahlert,* Umsatzsteuer, DStR 2011, 1973, 1978.

465 Vgl. *Kahlert,* Umsatzsteuer, DStR 2011, 1973, 1978.

466 Vgl. *Kahlert,* Umsatzsteuer, DStR 2011, 1973, 1978.

467 Vgl. BGH, Urteil v. 22.10.2009, IX ZR 147/06, ZIP 2010, 90, 90 ff.

468 Vgl. BFH, Urteil v. 02.11.2010, VII R 6/10, ZIP 2011, 181, 181 ff.

469 Vgl. BT-Drucks. 17/6263, 83 (im Original nicht kursiv).

Leistungen gelten für die Aufrechnung durch die Finanzbehörden nicht als Rechtshandlungen im Sinne der §§ 129 ff. der Insolvenzordnung."

Dieser Vorschlag ist im Zusammenhang mit der zuletzt vom VII. Senat vollzogenen Änderung der Rechtsprechung zu sehen, die die Aufrechnung des Fiskus erschwert.[470] Die Regelung wurde letztlich nicht umgesetzt, da sie eine eindeutige Privilegierung des Fiskus durch eine generelle Umgehung der Aufrechnungsverbote der InsO (§ 96 Abs. 1 Nr. 3 InsO, untersagt Aufrechnung bei anfechtbaren Rechtshandlungen) bedeutet hätte. Das Beispiel zeigt jedoch, dass immer wieder versucht wird, Anfechtungsmöglichkeiten zulasten öffentlicher Gläubiger zu unterbinden.[471] Es ist zu erwarten, dass ähnliche Versuche auch in Zukunft unternommen werden.

Entsprechendes gilt für die Aufrechnung durch den Fiskus. So war ursprünglich im HBeglG 2011 vorgesehen, einen § 96 Abs. 3 InsO mit folgendem Inhalt einzufügen:[472]

„*Absatz 1 sowie § 95 Absatz 1 Satz 3 stehen der Aufrechnung von Ansprüchen aus dem Steuerschuldverhältnis durch Finanzbehörden des Bundes, der Länder oder der Gemeinden nicht entgegen.*"

Auch diese Regelung wurde letztlich nicht umgesetzt, da der Fiskus hierdurch generell bevorzugt worden wäre.[473] Es zeigt jedoch, dass die in der InsO zum Schutz der Gläubigergemeinschaft eingeführten Aufrechnungsverbote als Benachteiligung für den Fiskus empfunden werden, die es abzuschaffen gilt.

---

470 Siehe Teil III, Kapitel C.III.3, S. 79 ff.; BFH, Urteil v. 02.11.2010, VII R 6/10, ZIP 2011, 181, 181 ff.

471 Die Sozialversicherungsträger versuchten ähnliches durch die Änderung von § 28e Abs. 1 SGB IV mit Wirkung zum 01.01.2008 zu erreichen. Es wurde ein Satz 2 eingefügt, der lautet: „*Die Zahlung des vom Beschäftigten zu tragenden Teils des Gesamtsozialversicherungsbeitrags gilt als aus dem Vermögen des Beschäftigten erbracht.*" (im Original nicht kursiv), vgl. SGBIVuaÄndG v. 19.12.2007, BGBl. I 2007, 3024, 3027. Hierdurch sollte erreicht werden, dass eine Anfechtung gegenüber den Sozialversicherungsträgern nicht mehr möglich ist. Der BGH erklärte die Anfechtung trotz der Neuregelung für zulässig, vgl. BGH, Urteil v. 05.11.2009, IX ZR 233/08, BGHZ 183, 86, 86; *Kahlert,* Fiskusvorrechte, ZIP 2010, 1274, 1282; *Bauer,* Insolvenzvorrechte, ZInsO 2008, 119, 121 f.; *Blank,* Anfechtung, ZInsO 2008, 1, 1 ff.

472 Vgl. BT-Drucks. 17/3030, 17 und 43 (im Original nicht kursiv).

473 Vgl. *Haarmeyer/Ries,* Haushaltsbegleitgesetz 2011, ZInsO 2010, III, III f.; *Kahlert,* HBeglG 2011, ZIP 2010, 1887, 1888 f.; *Marotzke,* Privilegierung, ZInsO 2010, 2163, 2176 ff; *Ries,* Haushaltsbegleitgesetz 2011, NZI 2010, V, V f.; *Stapper,* Fiskusprivileg, ZInsO 2010, 1880, 1880 f.

D. Zusammenfassung

I. Zunehmende Besserstellung des Fiskus

Die in diesem Abschnitt der Arbeit dargestellten Einzelprobleme zeigen deutlich auf, in welch vielfältiger Form die Position des Fiskus im Falle der Insolvenz seiner Steuerschuldner von der Einführung der InsO bis zum heutigen Zeitpunkt eine Besserstellung erfahren hat. Dies ist eine im ersten Schritt wertungsneutrale Tatsachenfeststellung. Hieraus ergibt sich jedoch zwangsläufig die Fragestellung, ob sich eine derartige Besserstellung, gemessen an den Maßstäben der InsO, auch rechtfertigen lässt. Die besondere Position des Fiskus im Insolvenzverfahren als öffentlicher „Zwangsgläubiger“ wird hier als Begründung für die Notwendigkeit einer erweiterten Absicherung fiskalischer Forderungen herangezogen. Die im Kapitel *Grundlegende Maßnahmen* dargestellten Regelungen können dabei noch am ehesten damit begründet werden, dass diese der besonderen Stellung des Fiskus Rechnung tragen.[474] Bei den weiteren Sachverhalten, die verschiedene Formen der *Quellenbesteuerung*[475], die *Aufrechnung*[476] und Entstehung von *Masseverbindlichkeiten*[477] betreffen, ist i. d. R. eine unzulässige Durchbrechung der Gläubigergleichbehandlung festzustellen.

Bei den gesetzlich festgeschriebenen Bestimmungen dürften vor allem finanzpolitische Interessen im Vordergrund stehen. Den Gerichten kann diesbezüglich vorgehalten werden, dass sie durch ihre den Fiskus begünstigende Rechtsauslegung ihre Kompetenzen überschreiten und sich zum Ersatzgesetzgeber aufschwingen.[478] Die geänderte Rechtsprechung zur Behandlung der USt hat einen derart gewichtigen Einfluss auf das Insolvenzverfahren, dass man sich in der Tat fragen muss, ob dies noch dem gesetzgeberischen Willen entspricht. Wollte man dies bejahen, muss auch die Frage beantwortet werden, warum die hierdurch gezogenen rechtlichen Konsequenzen dann nicht bereits früher vom Gesetzgeber klargestellt wurden. Die Einführung von § 55 Abs. 4 InsO geht unmissverständlich in die gleiche Richtung wie die Rechtsprechung des V. Senats des BFH und bewirkt in der Tat eine Bevorrechtigung von USt-Forderungen. Bis diese Bestimmung umgesetzt wurde, bedurfte es jedoch zahlreicher Gesetzgebungsversuche, so dass der diesbezüglich propagierte gesetzgeberische Wille zumindest nicht unumstritten scheint.[479] Der

474 Siehe Teil III, Kapitel C.I, S. 47 ff.
475 Siehe Teil III, Kapitel C.II, S. 55 ff.
476 Siehe Teil III, Kapitel C.III, S. 77 ff.
477 Siehe Teil III, Kapitel C.IV, S. 84 ff.
478 Vgl. *Krüger*, Korrektur, ZInsO 2013, 2200, 2200.
479 Siehe Teil III, Kapitel C.IV.1.b), S. 86 f.

V. Senat bewirkt mit seiner Rechtsauslegung nunmehr eine Privilegierung von USt-Forderungen, die sogar noch über die Wirkung von § 55 Abs. 4 InsO hinaus geht. Das BMF nahm dies selbstverständlich dankend auf und erließ entsprechende Anwendungsschreiben.[480]

Die nachfolgende Tabelle stellt am Beispiel der Soll-Besteuerung eindrucksvoll gegenüber, wie somit schrittweise eine Ausweitung der Masseverbindlichkeiten zugunsten des Fiskus erfolgte.

Tabelle 3: Ausweitung der USt-Masseverbindlichkeiten nach Einführung des § 55 Abs. 4 InsO und Umsetzung i. V. m. der Rechtsprechung des V. Senats durch die BMF-Schreiben vom 09.12.2011 und 17.01.2012 bei der Soll-Besteuerung[481]

Vor Geltung von § 55 Abs. 4 InsO

	Schwacher vorläufiger Insolvenzverwalter	Starker vorläufiger Insolvenzverwalter
Leistung		
ausgeführt vor Bestellung vorläufiger Verwalter		
– Einzug im vorläufigen Verfahren	keine MV	keine MV
– Einzug nach Eröffnung	keine MV	keine MV
Leistung		
ausgeführt im vorläufigen Verfahren		
– Einzug im vorläufigen Verfahren	keine MV	MV (55 Abs. 2 InsO)
– Einzug nach Eröffnung	keine MV	MV (55 Abs. 2 InsO)
Leistung		
ausgeführt nach Eröffnung des Verfahrens	MV (55 Abs. 1 InsO)	MV (55 Abs. 1 InsO)

480 Vgl. BMF-Schreiben v. 09.12.2011, IV D 2 – S 7330/09/10001 : 001, BStBl. I 2011, 1273, 988 ff.; BMF-Schreiben v. 17.01.2012, IV A 3 – S 0550/10/10020-05, BStBl. I 2012, 120, 120 ff.

481 Eigene Darstellung in Anlehnung an *Dobler*, BMF-Schreiben, ZInsO 2012, 208, 210; vgl. BMF-Schreiben v. 09.12.2011, IV D 2 – S 7330/09/10001 : 001, BStBl. I 2011, 1273, 988 ff.; BMF-Schreiben v. 17.01.2012, IV A 3 – S 0550/10/10020-05, BStBl. I 2012, 120, 120 ff.

Seit Gültigkeit von § 55 Abs. 4 InsO

	Schwacher vorläufiger Insolvenzverwalter	Starker vorläufiger Insolvenzverwalter
Leistung		
ausgeführt vor Bestellung vorläufiger Verwalter		
– Einzug im vorläufigen Verfahren	keine MV	keine MV
– Einzug nach Eröffnung	keine MV	keine MV
Leistung		
ausgeführt im vorläufigen Verfahren		
– Einzug im vorläufigen Verfahren	MV (55 Abs. 4 InsO)	MV (55 Abs. 2 InsO)
– Einzug nach Eröffnung	MV (55 Abs. 4 InsO)	MV (55 Abs. 2 InsO)
Leistung		
ausgeführt nach Eröffnung des Verfahrens	MV (55 Abs. 1 InsO)	MV (55 Abs. 1 InsO)

Seit Gültigkeit von § 55 Abs. 4 InsO und BMF Schreiben

	Schwacher vorläufiger Insolvenzverwalter		Starker vorläufiger Insolvenzverwalter	
Leistung				
ausgeführt vor Bestellung vorläufiger Verwalter				
– Einzug im vorläufigen Verfahren	keine MV *		MV (55 Abs. 2 InsO)	Korrektur bei Bestellung
– Einzug nach Eröffnung	MV (55 Abs. 1 InsO)	Korrektur bei Eröffnung	MV (55 Abs. 1 InsO)	Korrektur bei Eröffnung
Leistung				
ausgeführt im vorläufigen Verfahren				
– Einzug im vorläufigen Verfahren	MV (55 Abs. 4 InsO)	keine Korrektur	MV (55 Abs. 2 InsO)	keine Korrektur
– Einzug nach Eröffnung	MV (55 Abs. 4 InsO)	keine Korrektur	MV (55 Abs. 2 InsO)	keine Korrektur
Leistung				
ausgeführt nach Eröffnung des Verfahrens	MV (55 Abs. 1 InsO)	keine Korrektur	MV (55 Abs. 1 InsO)	keine Korrektur

** Im Fall der Ist-Besteuerung liegt auch hier eine MV gem. § 55 Abs. 4 InsO vor.*

Es ist dargestellt, wann USt als Masseverbindlichkeit (MV) anfällt und auf Grundlage welcher Norm dies erfolgt. Für die Umsetzung der Rechtsprechung des V. Senats durch die BMF-Schreiben ist zusätzlich angegeben, zu welchem Zeitpunkt die Korrektur der BMG gem. § 17 Abs. 2 Nr. 1 S. 1 UStG aufgrund Uneinbringlichkeit aus Rechtsgründen zu erfolgen hat. Die Ergebnisse gelten grundsätzlich auch für die Ist-Besteuerung, allerdings ist hierbei keine Korrektur gem. § 17 UStG notwendig. Als einziger (dafür aber sehr gravierender) Unterschied ergibt sich, dass bei Bestellung eines schwachen vorläufigen Verwalters auch bei Einzug im vorläufigen Verfahren Masseverbindlichkeiten gem. § 55 Abs. 4 InsO entstehen.[482] Dies ergibt sich daraus, dass nach Rechtsprechung des V. Senats bei der Ist-Besteuerung die *Vereinnahmung* des Entgelts für die Begründetheit entscheidend ist. Das BMF schlussfolgert demnach, dass der schwache vorläufige Verwalter die USt mit Vereinnahmung begründet und daher nach Insolvenzeröffnung gem. § 55 Abs. 4 InsO als Masseverbindlichkeit schuldet. Für die Soll-Besteuerung gilt dies nicht, da hier auf den Zeitpunkt der *Ausführung* der Leistung abzustellen ist. Hieraus ergeben sich bezüglich der Auswirkungen auf das Verfahren eklatante Abweichungen zwischen Soll- und Ist-Besteuerung, wie im weiteren Verlauf gezeigt werden wird.[483]

Zusammenfassend lässt sich festhalten, dass die Position des Fiskus im Laufe der Zeit immer weiter gestärkt wurde. Dies ist vor allem in Hinsicht auf den in Teil II dieser Arbeit durchgeführten historischen Rückblick bedenklich. Aus diesem ergab sich die Erkenntnis, dass die Bevorzugung einzelner Gläubiger eine Gefahr für die Funktionsfähigkeit des gesamten Insolvenzrechts darstellt. Diese Einsicht führte damals zur Reform der KO hin zur InsO, die bewusst eine Stärkung der Gläubigergleichbehandlung forcierte. Diese Errungenschaft wird durch die in diesem Teil der Arbeit dargestellten Bevorzugungen des Fiskus erneut durchlöchert, so dass letztlich wieder ein Rückschritt zu den bereits gelöst geglaubten Problemen der KO erfolgt. Sollte diese Tendenz anhalten, gefährdet dies letztlich auch die Funktionsfähigkeit der InsO.

Bezüglich der Rechtsprechung bleibt festzuhalten, dass zunehmend ein stark juristisch geprägter Blickwinkel für die Rechtsauslegung eingenommen wird, der sich für Steuerforderungen vor allem an den Gesetzeswortlaut der *Steuer*gesetze klammert. Wie bereits dargelegt, hat das Insolvenzrecht jedoch eher eine wirtschaftliche Betrachtungsweise im Sinn.[484] Der Vorrang des Insolvenz- vor

482 Vgl. BMF-Schreiben v. 17.01.2012, IV A 3 – S 0550/10/10020-05, BStBl. I 2012, 120, 121.

483 Siehe Teil IV, Kapitel C.I.2.b), S. 145 ff.

484 Siehe Teil I, Kapitel B, S. 5 ff.

dem Steuerrecht wird dabei ebenfalls missachtet. Auch dies gefährdet letztlich die Gleichbehandlung der Gläubiger und damit die Funktionsfähigkeit der InsO.

II. Übersicht

In der nachfolgenden Tabelle wird zum Abschluss dieses Teils der Arbeit eine Übersicht aller behandelten Problembereiche gegeben. Darüber hinaus enthält sie eine Wertung sowohl über die Relevanz als auch die Wirkung des jeweiligen Sachverhalts. Unter *Relevanz* ist eine Einschätzung darüber zu verstehen, in welchem Umfang Insolvenzverfahren überhaupt von der einzelnen Regelung betroffen sind. Manche Bestimmungen entfalten nur in bestimmten Verfahren überhaupt eine Wirkung, während andere nahezu jedes Verfahren betreffen. Sollte das Insolvenzverfahren von der entsprechenden Regelung betroffen sein, so ist unter *Wirkung* eine Einschätzung darüber zu verstehen, wie stark sich die Bevorzugung des Fiskus auf das Verfahren insgesamt auswirkt. Dies bezieht sich vor allem auf die Frage, wie stark sich die im Verfahren verfügbare Liquidität dadurch verringert, dass entweder ein Zufluss zur Masse verhindert oder ein Abfluss zugunsten des Fiskus erzwungen wird. Die jeweiligen Wertungen spiegeln die rein subjektive Auffassung des Verfassers wider und sollen vor allem einen Vergleich zwischen den einzelnen Vorschriften ermöglichen.

Tabelle 4: Übersicht und Bewertung der behandelten Bevorzugungen des Fiskus[485]

	Relevanz				**Wirkung**			
I. Grundlegende Maßnahmen								
Vollstreckungsrecht	X							
Haftungsrecht	X	X						
Liquiditätsprüfung	X							
II. Quellenbesteuerung								
Lohnsteuerabzug	X	X			X	X		
Bauabzugsteuer §§ 48 ff. EStG	X				X			
Wechsel der Schuldnerschaft § 13b UStG	X				X	X		
Haftung des Sicherungsnehmers § 13c UStG	X				X	X		

485 Eigene Darstellung.

	Relevanz				Wirkung			
Inanspruchnahme des Organträgers	X				X	X		
Freihändige Veräußerung v. Grundstücken	X				X	X		
Transparenzprinzip	X				X			
III. Aufrechnung								
Verwaltungszuständigkeit	X	X			X			
Fälligkeit der Gegenforderung	X	X			X	X		
Zeitpunkt der Begründetheit	X	X	X		X	X		
Steuerberechnung §§ 16 ff. UStG	X	X	X		X	X		
IV. Masseverbindlichkeiten								
* Vorläufige Insolvenzverwaltung § 55 Abs. 4 InsO	X	X	X	X	X	X	X	X
* Entgeltvereinnahmung vorinsolvenzlicher Leistungen	X	X	X	X	X	X	X	
Unabhängige Korrekturvorschriften	X	X	X		X	X	X	
Nicht vollendete Bauleistungen	X	X			X	X	X	
Realisierung vorinsolvenzlicher Gewinne	X	X	X		X	X	X	
Kfz-Steuer	X	X			X			
V. Ausblick								
Aussonderungsrecht	X	X	X	X	X	X	X	X
Anfechtung und Aufrechnung	X	X	X	X	X	X	X	

Die beiden mit einem * markierten Sachverhalte bilden den Schwerpunkt der in Teil IV dieser Arbeit durchgeführten betriebswirtschaftlichen Analyse.

Teil IV – Betriebswirtschaftliche Analyse der Folgewirkungen von fiskalischen Vorrechten im Insolvenzverfahren

A. Insolvenzverfahren als Krisenbewältigung

Bevor diskutiert werden kann, wie sich Vorrechte des Fiskus auf das Ergebnis eines Insolvenzverfahrens auswirken können, muss kurz dargestellt werden, wie die Krise eines Unternehmens typischerweise abläuft und wie dieser im Rahmen des Insolvenzverfahren begegnet werden kann.

I. Ablauf der Unternehmenskrise

Die Wissenschaft beschäftigt sich schon seit geraumer Zeit mit der Erforschung von Krisensituationen. Bis es zur Liquiditätskrise und damit zur Insolvenz eines Unternehmens kommt, sind i. d. R. bereits weitere Phasen durchschritten worden. Es werden grob drei Phasen einer Unternehmenskrise unterschieden: Strategische Krise, Ergebniskrise und Liquiditätskrise.

Abbildung 5: Krisenarten und Krisenverlauf[486]

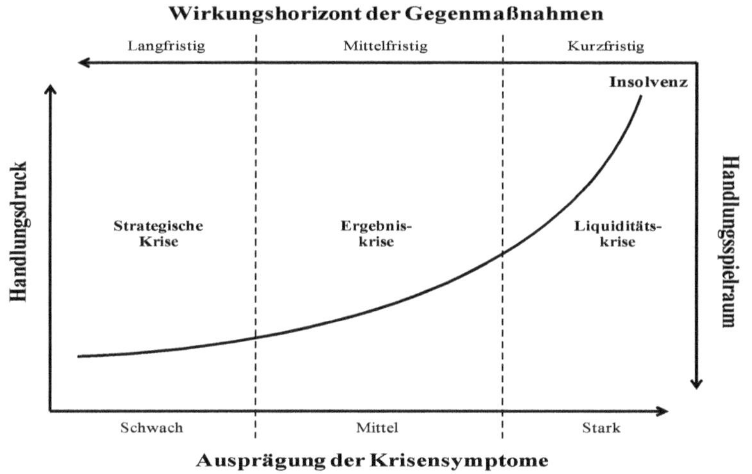

486 Vgl. *Müller*, Krisenmanagement in der Unternehmung, 1986, 55 ff.; *Gless*, Unternehmenssanierung, 1996, 129.

Die Abbildung macht deutlich, dass die Insolvenz den finalen Höhepunkt eines längeren Prozesses der Krisenentwicklung darstellt. Allgemein besteht das Problem, dass eine beginnende Krise vom Unternehmen erst einmal als eine solche wahrgenommen werden muss. Es ist dabei zu beobachten, dass dies in der frühen Phase einer Krise meist nicht der Fall ist.[487] Dabei ist das Erkennen die Grundvoraussetzung, um überhaupt mit Gegenmaßnahmen reagieren zu können. Mit voranschreitender Krise werden die Symptome immer ausgeprägter, so dass sich das Unternehmen früher oder später dazu gezwungen sehen wird, entsprechende Gegenmaßnahmen zu ergreifen. Obwohl das Insolvenzverfahren insbesondere nach der Insolvenzrechtsreform 1999 durchaus probate Mittel zur erfolgreichen Restrukturierung und damit Sanierung eines Unternehmens bereit hält,[488] ist nach wie vor zu beobachten, dass der Weg der Stellung eines Insolvenzantrags erst beschritten wird, nachdem andere Rettungsversuche bereits gescheitert sind. Die Liquiditätskrise hat sich bis zu diesem Zeitpunkt bereits verfestigt, was vor allem zur Folge hat, dass der Handlungsspielraum stark eingeschränkt ist. Die unterschiedlichen Handlungsalternativen im Rahmen des Insolvenzverfahrens, die einen Erhalt des Unternehmens ermöglichen, sollen daher kurz dargestellt werden.

II. Handlungsalternativen einer Sanierung im Rahmen des Insolvenzverfahrens

Solange für ein Unternehmen kein antragspflichtiger Insolvenzgrund vorliegt (Zahlungsunfähigkeit und/oder Überschuldung), kann immer noch entschieden werden, ob eine außergerichtliche (freie) Sanierung versucht werden soll oder aber der Weg des gerichtlichen Insolvenzverfahrens gewählt wird.[489]

---

487 Vgl. *Krystek/Moldenhauer,* Handbuch Krisen- und Restrukturierungsmanagement, 2007, 142 m. w. N.

488 Vgl. *Uhlenbruck*, in: *Krystek/Moldenhauer,* Handbuch Krisen- und Restrukturierungsmanagement, 2007, 259 ff.

489 Beide Wege haben unterschiedliche Vor- und Nachteile, die es sorgsam gegeneinander abzuwägen gilt, vgl. Uhlenbruck in *Krystek/Moldenhauer,* Handbuch Krisen- und Restrukturierungsmanagement, 2007, 261 ff. Vorteil einer freien Sanierung ist bspw. die geringere Publizität, der jedoch der Nachteil gegenüber steht, dass alle Gläubiger dem Sanierungskonzept zustimmen müssen. Akkordstörer können das Verfahren behindern. Vorteil der gerichtlichen Sanierung ist bspw. der höhere Schutz, den dieses Verfahren bietet, was jedoch auch mit einem stärkeren Eingriff in das Unternehmen durch den Insolvenzverwalter bzw. die Gläubigerversammlung einhergeht.

Entscheidet man sich für den gerichtlichen Weg oder ist die finanzielle Lage bereits so schlecht, dass man zu diesem Schritt gezwungen ist, kommen mehrere Alternativen infrage, die den (zumindest teilweisen) Erhalt eines Unternehmens ermöglichen.

1. Übertragende Sanierung

Das nach wie vor typischste Instrument zur Fortführung des Geschäftsbetriebs ist die sog. „übertragende Sanierung".[490] Hierbei werden die betriebsnotwendigen Aktiva des insolventen Unternehmens ganz oder teilweise auf einen neuen Rechtsträger, die sog. Übernahmegesellschaft, im Wege des Unternehmenskaufs (asset-deal) übertragen. Hierdurch erfolgt eine Trennung von Aktiva und Passiva, wovon letztere beim insolventen Unternehmen verbleiben. Sie werden durch den gezahlten Kaufpreis zumindest teilweise ausgeglichen. Zumeist werden nicht sämtliche Aktiva übertragen. Die Übernahmegesellschaft wird die Gelegenheit nutzen, um nur die rentablen Unternehmensteile fortzuführen und den Betrieb „gesund zu schrumpfen".[491] Dieses Vorgehen ist daher durchaus Kritik ausgesetzt, die in dieser Art der Sanierung eine „Mogelpackung" sieht, da rein technisch gesehen lediglich eine Verwertung durch den Insolvenzverwalter vorliege.[492] Dies hat auch zur Konsequenz, dass eine übertragende Sanierung nur erfolgen wird, wenn sie sich für die Insolvenzmasse mindestens so günstig darstellt, wie die Zerschlagung des Unternehmens.[493]

Die Entscheidung darüber, ob eine übertragende Sanierung erfolgen soll oder nicht, treffen die Gläubiger des insolventen Unternehmens (§ 160 Abs. 1, Abs. 2 Nr. 1 InsO).[494] Damit das Vorhaben jedoch überhaupt Aussicht auf Erfolg haben kann, ist es erforderlich, dass der Betrieb bis zum Verkauf fortgeführt wird. Ein einmal stillgelegter Geschäftsbetrieb wird kaum noch zu veräußern sein.[495] Im

---

490 Vgl. Uhlenbruck in *Krystek/Moldenhauer*, Handbuch Krisen- und Restrukturierungsmanagement, 2007, 268; *Krumm/Wolf*, Unternehmenserwerb, NWB 2010, 3465, 3465 f.; *Dr. Wieselhuber & Partner GmbH*, Insolvenzen in Deutschland, 2003.

491 Als Hindernis ist hier jedoch bspw. § 613a BGB bezüglich der Kündigung von Mitarbeitern zu beachten.

492 Vgl. *Kluth*, Übertragende Sanierung, NZI 2002, 1, 1 f.; Uhlenbruck in *Krystek/Moldenhauer*, Handbuch Krisen- und Restrukturierungsmanagement, 2007, 269.

493 Vgl. Uhlenbruck in *Krystek/Moldenhauer*, Handbuch Krisen- und Restrukturierungsmanagement, 2007, 269.

494 Zu beachten ist auch die erforderliche Zustimmung bei Betriebsveräußerung an besonders Interessierte (§ 162 InsO) oder bei Veräußerung unter Wert (§ 163 InsO).

495 Vgl. *Stapper*, Fiskusprivileg, ZInsO 2010, 1880, 1880.

Rahmen der vorläufigen Insolvenzverwaltung ist es grundsätzlich die Pflicht des (starken) Verwalters den Betrieb fortzuführen (§ 22 Abs. 1 S. 2 Nr. 2 InsO).[496] Im eröffneten Verfahren ist dann die Frage, wie schnell ein Käufer gefunden werden kann. Der zur Verfügung stehende finanzielle Spielraum ist entscheidend für die dem Verwalter zur Verfügung stehende Zeit.

2. *Insolvenzplanverfahren*

Das Insolvenzplanverfahren ist ein durch die Insolvenzrechtsreform von 1999 in die InsO integriertes Verfahren, das ein wirksames Mittel zur Sanierung des Unternehmens darstellen kann (§§ 217 ff. InsO). Der materielle Inhalt eines Insolvenzplans ist nicht vorgegeben. So können die Beteiligten sowohl die Fortführung als auch die Liquidation beschließen. Die InsO bietet lediglich den rechtlichen Rahmen, damit sich die Beteiligten auf die günstigste Art der Insolvenzabwicklung einigen können.[497] Um eine Sanierung zu ermöglichen, werden die Gläubiger jedoch auf einen Teil ihrer Forderungen verzichten müssen. Zur Abstimmung über den Plan werden die Gläubiger in mehrere Gruppen eingeteilt.[498] Die Annahme des Plans macht eine Kopf- und Summenmehrheit in jeder Gruppe erforderlich (§ 244 InsO).[499] Es darf jedoch kein Beteiligter durch den Insolvenzplan schlechter gestellt werden, als er ohne den Plan stünde (§ 251 InsO). Damit Minderheiten den Plan nicht vorsätzlich behindern können, gilt unter bestimmten Umständen ein Obstruktionsverbot (§ 245 InsO).[500]

Idealfall im Sinne einer größtmöglichen Wahrscheinlichkeit auf eine erfolgreiche Sanierung durch einen Insolvenzplan ist sicherlich der Fall eines Eigenantrags des Insolvenzschuldners in Verbindung mit einem sog. „Prepackaged Plan".[501] In diesem Fall wird der Antrag auf Eröffnung des Insolvenzverfahrens

---

496 Droht jedoch durch die Fortführung eine erhebliche Verminderung des Vermögens, kann das Insolvenzgericht einer Stilllegung zustimmen.

497 Vgl. Uhlenbruck in *Krystek/Moldenhauer,* Handbuch Krisen- und Restrukturierungsmanagement, 2007, 269 ff.

498 Vgl. *Köchling,* Insolvenzplan, CorpFin law, 2011, 13, 14.

499 Kopfmehrheit bedeutet, dass die Mehrheit der in der Gruppe vertretenen Gläubiger zustimmen muss. Summenmehrheit bedeutet, dass die Summe der Forderungen der zustimmenden Gläubiger mehr als die Hälfte der gesamten in der Gruppe vertretenen Forderungssumme ausmachen muss.

500 In diesen Fällen gilt die Zustimmung trotz fehlender Mehrheit als erteilt.

501 Vgl. *Kußmaul/Steffan,* Prepackaged Plan, DB 2000, 1849, 1849 ff.; *Köchling,* Insolvenzplan, CorpFin law, 2011, 13, 17.

bereits mit einem fertig ausgearbeiteten Insolvenzplan verbunden. Dies ermöglicht eine schnelle Umsetzung und erhöht damit die Erfolgswahrscheinlichkeit.

Je nach beschlossener Abwicklungsalternative werden die Gläubiger auf unterschiedliche Weise befriedigt. Wird die Liquidation beschlossen, erfolgt diese aus dem Verwertungserlös.[502] Auch im Rahmen eines Insolvenzplans kann eine übertragende Sanierung beschlossen werden. Die Befriedigung erfolgt dann aus dem Verwertungserlös oder den laufenden Überschüssen.[503] Schließlich kann auch die Reorganisation und nachhaltige Sanierung des ursprünglichen Unternehmens beschlossen werden.[504] Die Befriedigung erfolgt dann ausschließlich aus den laufenden Überschüssen.[505]

Wird der Insolvenzplan angenommen, vom Gericht bestätigt und der Beschluss rechtskräftig, kann das Insolvenzverfahren gem. § 258 InsO aufgehoben werden. Es kann vorgesehen werden, dass die Erfüllung des Plans überwacht wird (§ 260 InsO). Diese Aufgabe kommt dann dem Insolvenzverwalter zu (§ 261 InsO). Die Überwachung erfolgt längstens über einen Zeitraum von drei Jahren seit Aufhebung des Insolvenzverfahrens (§ 268 Abs. 1 Nr. 2 InsO). Sollten die im Plan festgelegten Ziele nicht erreicht werden, ist ein neues Insolvenzverfahren zu eröffnen.[506]

Die Durchführung eines Insolvenzplans stellt nach wie vor eher die Ausnahme dar (ca. 1–2 % der eröffneten Unternehmensinsolvenzen).[507]

---

502 Vgl. Uhlenbruck in *Krystek/Moldenhauer,* Handbuch Krisen- und Restrukturierungsmanagement, 2007, 270.

503 Vgl. Uhlenbruck in *Krystek/Moldenhauer,* Handbuch Krisen- und Restrukturierungsmanagement, 2007, 270.

504 Zu beachten ist jedoch, dass Kapitalgesellschaften mit Eröffnung des Insolvenzverfahrens kraft Gesetz aufgelöst werden (§§ 60 Abs. 1 Nr. 4 GmbHG, 262 Abs. 1 Nr. 3 AktG, 131 Abs. 1 Nr. 3 HGB). Soll das Unternehmen dennoch fortgeführt werden, ist ein Fortsetzungsbeschluss der Gesellschafter bzw. Aktionäre notwendig, vgl. Uhlenbruck in *Krystek/Moldenhauer,* Handbuch Krisen- und Restrukturierungsmanagement, 2007, 265

505 Vgl. Uhlenbruck in *Krystek/Moldenhauer,* Handbuch Krisen- und Restrukturierungsmanagement, 2007, 270.

506 Scheitert der Insolvenzplan, dürfte eine Sanierung in einem zweiten Anlauf geradezu ausgeschlossen sein. Erfahrungen aus der Praxis zeigen bspw., dass die Bundesagentur für Arbeit in diesem Fall kein zweites Mal die Löhne der Mitarbeiter durch die Zahlung von Insolvenzgeld finanziert. Damit wird eine weitere Fortführung des Betriebs deutlich erschwert.

507 Vgl. *Kußmaul/Steffan,* Prepackaged Plan, DB 2000, 1849, 1849; *Ehlers,* Insolvenzplanverfahren, DStR 2010, 2523, 2523 ff.

3. *Eigenverwaltung*

Schließlich bietet sich noch die Möglichkeit einer Unternehmenssanierung im Wege der Eigenverwaltung (§§ 270 ff. InsO).[508] In diesem Fall wird kein externer Insolvenzverwalter bestellt, sondern das Schuldnerunternehmen verwaltet sich selbst. Hierdurch entfällt die Einarbeitungszeit eines Fremdverwalters und die Kenntnisse und Erfahrungen der bisherigen Geschäftsleitung können genutzt werden. Eine Überwachung erfolgt lediglich durch die Bestellung eines Sachwalters.[509]

Da die Gläubigerversammlung mehrheitlich die Aufhebung der Eigenverwaltung beantragen kann (§ 272 Abs. 1 Nr. 1 InsO), wird das Vorhaben nur gelingen, wenn ein entsprechend ausgereiftes Sanierungskonzept vorgelegt werden kann. Es wird daher vielfach nötig sein, bereits im Vorfeld professionelle Hilfe hinzuzuziehen.[510] Die Möglichkeiten der Eigenverwaltung sind durch das ESUG weiter gestärkt worden.[511] Dem Konzept der Eigenverwaltung schlägt dabei von Seiten der Insolvenzverwalter nicht zu Unrecht Kritik entgegen, die dem Gesetzgeber vorhalten, auf diesem Wege „den Bock zum Gärtner zu machen".[512] Auf der anderen Seite kann man den Insolvenzverwaltern den Vorwurf machen, dass sie selber oftmals zu sehr darauf bedacht sind, ihr eigenes Haftungsrisiko so gering wie möglich zu halten.[513] Die Eigenverwaltung eröffnet möglicherweise Handlungsalternativen, deren Risiken ein Insolvenzverwalter nicht mittragen würde.[514]

---

508 Vgl. Uhlenbruck in *Krystek/Moldenhauer*, Handbuch Krisen- und Restrukturierungsmanagement, 2007, 272.

509 Nur in bestimmten Fällen ist die Zustimmung des Sachwalters erforderlich (§ 275 InsO). Die Gläubigerversammlung kann jedoch bestimmen, dass bestimmte Rechtsgeschäfte nur mit Zustimmung des Sachwalters vorgenommen werden dürfen (§ 277 InsO).

510 Vgl. *Krystek/Moldenhauer*, Handbuch Krisen- und Restrukturierungsmanagement, 2007, 172 f.

511 So wurde bspw. § 270 Abs. 2 InsO neu gefasst. Während vorher die Anordnung der Eigenverwaltung nur erfolgen durfte, wenn sie zu keiner Verzögerung des Verfahrens oder zu sonstigen Nachteilen für die Gläubiger führten (was der Schuldner zu beweisen hatte), ist es nach neuem Recht nur noch erforderlich, dass keine Nachteile für die Gläubiger zu erwarten sind (was bei einer ablehnenden Entscheidung vom Gericht schriftlich zu begründen ist); vgl. *Fuhst*, ESUG, DStR 2012, 418, 420 f.

512 Vgl. *Schelo*, Sanierung, DB 2010, 2209, 2211.

513 Vgl. *Krystek/Moldenhauer*, Handbuch Krisen- und Restrukturierungsmanagement, 2007, 171.

514 Vgl. *Hirte/Knof/Mack*, ESUG, DB 2011, 632–643 und 693–698, 694 ff.

Auch die Eigenverwaltung spielt in der Praxis bislang nur eine untergeordnete Rolle (ca. 0,4–0,5 % der eröffneten Unternehmensinsolvenzen).[515]

III. Zwischenfazit

Es bleibt festzuhalten, dass die Insolvenz als Höhepunkt der unternehmerischen Krise zu betrachten ist. Der Handlungsspielraum wird immer kleiner, während der Handlungsdruck weiter steigt. Das Insolvenzverfahren kann in dieser Situation die Möglichkeit eröffnen, doch noch einen Fortbestand des Unternehmens zu realisieren.

Die übertragende Sanierung stellt dabei weiterhin das am häufigsten verwendete Mittel dar, dieses Ziel zu erreichen. Hierfür ist es erforderlich, einen neuen Rechtsträger zu finden, der nach Möglichkeit neue finanzielle Spielräume eröffnet und Impulse für eine grundlegende Umstrukturierung liefert. Die Suche nach einem Käufer steht daher im Mittelpunkt der Betrachtung und soll auch im weiteren Verlauf der Untersuchung in den Fokus gerückt werden. Das Insolvenzplanverfahren und die Eigenverwaltung spielen in der Praxis noch nicht die Rolle, die sich der Gesetzgeber vorgestellt hat. Als nächstes stellt sich die Frage, welche Faktoren einen Einfluss auf den Erfolg der Sanierungsbemühungen haben.

B. Erfolgsfaktoren der Unternehmenssanierung im Insolvenzverfahren

Wie im vorangegangenen Abschnitt gezeigt werden konnte, ist bei der Sanierung im Rahmen eines Insolvenzverfahrens in den meisten Fällen davon auszugehen, dass vorangegangene Sanierungsbemühungen bereits gescheitert sind. Der Insolvenzverwalter sieht sich einem wesentlich eingeschränkten Handlungsspielraum gegenüber. Seine Bemühungen werden soweit möglich darauf ausgerichtet sein, den Geschäftsbetrieb des Unternehmens am Laufen zu halten, da der einmal zum Erliegen gekommene Betrieb kaum noch sanierungsfähig ist.

Gerade in der frühen Phase des Insolvenzverfahrens spielt die zur Verfügung stehende Liquidität eine gewichtige Rolle. Da die weiteren Untersuchungen dieser Arbeit maßgeblich auf diesen Aspekt abzielen, soll vorab eine genaue Untersuchung der Wichtigkeit von Liquidität für den Sanierungserfolg vorgenommen werden. Darüber hinaus ist jedoch zu beachten, dass es zahlreiche

515 Im Zeitraum 2005 bis 2007 bewegte sich die Anzahl der jährlichen Eigenverwaltungen bspw. zwischen 147 und 159, vgl. *Angele,* Insolvenzen, in: Statistisches Bundesamt, Wirtschaft und Statistik, 2008, 302, 306.

weitere Faktoren gibt, die einen Einfluss auf die Erfolgsaussichten haben. Damit die im Folgenden erzielten Ergebnisse in ihrer Aussagekraft richtig einsortiert werden können, ist es unerlässlich, auch auf die weiteren Faktoren zu sprechen zu kommen. Es geht darum, die Erfolgsfaktoren der Unternehmenssanierung *im Rahmen des Insolvenzverfahrens* zu bestimmen.

I. Erfolgsfaktorenforschung im wissenschaftlichen Diskurs

Die sog. Erfolgsfaktorenforschung stellt einen Bereich der Betriebswirtschaftslehre dar, der in seiner Aussagekraft nicht unumstritten ist.[516] Typischerweise versucht dieser Forschungszweig einzelne Variablen zu bestimmen, die einen Einfluss auf den Erfolg (z.B. Gewinn, Rentabilität, Umsatz) eines Unternehmens haben.[517] Dieses Vorgehen gestaltet sich als entsprechend schwierig, da eine Vielzahl von Faktoren einen Einfluss auf das wirtschaftliche Ergebnis haben. Erfolg wird sich demnach niemals auf eine einzelne Variable zurückführen lassen, was die isolierte Betrachtung entsprechender Einflüsse auf den Unternehmenserfolg erschwert.[518] Daraus folgt, dass sich ebenfalls nicht ohne weiteres kausale Zusammenhänge bilden lassen, die eine Aussage darüber ermöglichen, inwieweit ein entsprechender Faktor X verändert werden müsste, um eine entsprechende Veränderung Y im Unternehmenserfolg zu erzielen.[519]

Die grundsätzliche Vorgehensweise der Erfolgsfaktorenforschung ist dennoch nicht ohne Nutzen für die vorliegende Arbeit, da durch die nachfolgende Besprechung wichtige Zusammenhänge aufgezeigt werden können.

II. Erfolgsindikator

Bevor die Frage gestellt werden kann, welche Faktoren den Erfolg einer Unternehmenssanierung im Rahmen des Insolvenzverfahrens bestimmen, ist vorab

---

516 Vgl. als Kritiker bspw. *Nicolai/Kieser,* Erfolgsfaktorenforschung, DBW 2002, 579, 579 ff.; als Befürworter dagegen *Bauer/Sauer,* Erfolgsforschung, DBW 2004, 621, 621 ff.; *Fritz,* Erfolgsfaktorenforschung, DBW 2004, 623, 623 ff.; *Homburg/Krohmer,* Erfolgsfaktorenforschung, DBW 2004, 626, 626 ff.; darauf wiederum entgegnend vgl. *Nicolai/Kieser,* Erfolgsfaktorenforschung, DBW 2004, 631, 631 ff.

517 Vgl. allgemein *Gälweiler/Schwaninger,* Strategische Unternehmensführung, 2005.

518 Vgl. *Wöber/Siebenlist,* Erfolgsfaktoren, KSI 2009, 201, 201.

519 Vgl. *Nicolai/Kieser,* Erfolgsfaktorenforschung, DBW 2002, 579, 581 ff.

zu klären, was überhaupt als „Erfolg" definiert wird.[520] Verschiedene Möglichkeiten stehen dabei zur Auswahl.

Aus Sicht des Unternehmens erscheint es bspw. sinnvoll, den Unternehmensgewinn als Erfolgsindikator zu wählen. Schafft es das Unternehmen, ein zumindest neutrales Jahresergebnis zu erwirtschaften, könnte die Sanierung für erfolgreich erklärt werden. Allerdings zeigen sich hier bereits Schwierigkeiten im Rahmen der Erfolgsfaktorenforschung. So kann zusätzlich in Betracht gezogen werden, über welchen Zeithorizont hinweg der Unternehmensgewinn ein entsprechendes Ergebnis liefern muss, damit die Sanierung für erfolgreich erklärt werden kann. Dies macht eine mehrperiodische Betrachtung erforderlich.[521] Die Wahl des Zeithorizonts ist dabei auch bestimmend dafür, wie der Einfluss einzelner Faktoren auf den gewählten Erfolgsindikator gewichtet wird. Je nachdem werden Faktoren bevorzugt, die eine eher kurz- bzw. langfristige Gewinnsteigerung versprechen. Bereits hier wird deutlich, dass die Untersuchung entsprechend komplex würde.

Mit Blick auf das Insolvenzverfahren lässt sich aber ein leichter zu handhabender Indikator definieren. Es wurde bereits zuvor erläutert, dass die Insolvenz i. d. R. das Ergebnis einer länger andauernden Krise ist, in deren Verlauf zumeist schon verschiedene Versuche unternommen wurden, sich aus dieser Krise zu befreien.[522] Das Insolvenzverfahren stellt in diesen Fällen oftmals die letzte verbliebene Möglichkeit dar. In diesem Stadium geht es nicht mehr um die Frage, um wie viel der Unternehmensgewinn gesteigert werden kann, sondern ob der Betrieb überhaupt aufrecht erhalten wird oder aber die Liquidierung eine höhere Wertrealisierung verspricht. Mit Blick auf die „übertragende Sanierung" als gängiges Mittel, um auch in der Insolvenz den Geschäftsbetrieb zu erhalten, kann schlicht die Suche nach einem neuen Rechtsträger als Indikator für den Sanierungserfolg gewertet werden. Gelingt es demnach dem Insolvenzverwalter, einen neuen Investor zu finden, kann die Sanierung aus Sicht des Insolvenzverfahrens als erfolgreich gewertet werden.

Es ist klar, dass diese Definition nicht über jegliche Kritik erhaben ist. Kritiker der übertragenden Sanierung merken schließlich nicht zu Unrecht an, dass es sich bei dieser Form der Sanierung rein technisch auch nur um eine Art der Verwertung handelt.[523] Das Abstellen auf den Erfolg einer Investorensuche bietet

---

520 Vgl. *Haenecke,* Erfolgsfaktorenforschung, ZfB 2002, 165, 166; *Wöber/Siebenlist,* Erfolgsfaktoren, KSI 2009, 201, 201.

521 Vgl. *Schmidt,* Ökonomische Analyse des Insolvenzrechts, 1980, 96.

522 Siehe Teil IV, Kapitel A.I, S. 119 f.

523 Siehe Teil IV, Kapitel A.II.1, S. 121 f.

jedoch den Vorteil, einen klar definierten Erfolgsindikator vorzufinden. Entweder der Geschäftsbetrieb wird mit neuen finanziellen Möglichkeiten fortgesetzt oder aber der Betrieb wird geschlossen. Darüber hinaus bedeutet die Übertragung auf einen neuen Rechtsträger für das Unternehmen, dass die größte Krise zumindest vorerst verhindert werden konnte. Das Herausführen des Unternehmens aus der Krise bleibt weiterhin möglich.

III. Erfolgsfaktoren

Mit Blick auf den gewählten Indikator, ist nun die Frage zu beantworten, welche Faktoren den gewichtigsten Einfluss auf diesen haben. Der Erfolgsfaktorenforschung kann dabei als Kritik entgegen gebracht werden, dass es mindestens so viele Faktoren wie Studien zu diesem Thema gibt.[524] Jeder Autor definiert seine ganz eigenen Einflussgrößen auf den Unternehmenserfolg. Der Verfasser der vorliegenden Arbeit sieht seine Aufgabe nicht vornehmlich darin, diesem Katalog einen weiteren – spezifisch für den Erfolg einer Sanierung im Insolvenzverfahren – hinzuzufügen. Die folgende Betrachtung wird daher bewusst abstrakt gehalten.

1. Interne Faktoren

Als erste Kategorie von Erfolgsfaktoren sind solche zu betrachten, die das insolvente Unternehmen selbst betreffen und von diesem in gewissem Umfang direkt oder indirekt beeinflusst werden können. Hierunter fallen normalerweise Sachverhalte wie die Betriebsgröße, die Qualität der Mitarbeiter oder auch die Innovationsbereitschaft des Unternehmens. Derartige Faktoren bestimmen die Position des Unternehmens am Markt und haben einen Einfluss auf den Unternehmenserfolg. Für die Frage, ob das Insolvenzverfahren erfolgreich verlaufen kann, sind jedoch andere Faktoren von größerer Bedeutung. So ist gerade in der Frühphase des Verfahrens ein Faktor als kritische Größe zu betrachten: die zur Verfügung stehende *Zeit*.

Die Zeit, die dem Insolvenzverwalter für die Suche nach neuen Investoren oder aber auch allgemein zur Ausarbeitung eines Sanierungskonzepts zur Verfügung steht, ist entscheidend für die Erfolgsaussichten. Die sprichwörtlich so gerne zitierte Metapher „Zeit ist Geld“ gilt in diesem Fall in umgekehrter Richtung. Die verfügbare Zeit wird nämlich maßgeblich durch die zur Verfügung

---

524 Vgl. bspw. für eine Übersicht verschiedener Studien, den darin gewählten Indikatoren und identifizieren Faktoren *Wöber/Siebenlist*, Erfolgsfaktoren, KSI 2009, 201, 203.

stehende Liquidität bestimmt. Der Faktor Liquidität ist in seiner Wichtigkeit nicht zu unterschätzen, da seine Beeinflussung erhebliche Auswirkungen auf die Erfolgsaussichten des Insolvenzverfahrens hat. Dem Unternehmer selbst ist es in der Insolvenz kaum noch möglich, entscheidenden Einfluss auf seine Liquiditätslage auszuüben. Die Entscheidungen, die der *Gesetzgeber* und die *Rechtsprechung* treffen, haben hingegen eine sehr große Auswirkung auf diesen Faktor. So ist als Beispiel zur positiven Beeinflussung der Liquidität das Instrument des Insolvenzgeldes zu nennen, über das die Löhne der Mitarbeiter für drei Monate von der Bundesagentur für Arbeit übernommen werden (§ 165 Abs. 1 SGB III). Als negative Beeinflussung dieser Größe sind demgegenüber die im Rahmen dieser Arbeit betrachteten Vorrechte des Fiskus zu sehen.

Die Liquidität ist im Insolvenzverfahren ein knappes Gut und dementsprechend entscheidungskritisch. Nicht selten beginnt der Insolvenzverwalter ein Verfahren mit nahezu nicht vorhandenen liquiden Mitteln. Gelingt es in dieser Phase nicht, entsprechende Mittel zu akquirieren, ist das Schicksal des Unternehmens schnell besiegelt. Erst mit ausreichendem finanziellem Polster tritt die Wichtigkeit dieses Faktors in den Hintergrund.

2. *Externe Faktoren*

Demgegenüber gibt es zahlreiche, in diesem Zusammenhang als externe Faktoren bezeichnete Größen, die ebenfalls Auswirkung auf die Erfolgswahrscheinlichkeit des Insolvenzverfahrens haben, die aber weder vom Unternehmen selbst, noch vom Gesetzgeber oder der Rechtsprechung stark beeinflusst werden können. Diese Faktoren können im Einzelfall sehr unterschiedlich ausgeprägt sein.

So ist bspw. die Branche zu nennen, in der das insolvente Unternehmen tätig ist bzw. – allgemeiner gesprochen – das Unternehmensumfeld. Begibt man sich auf die Suche nach einem neuen Investor, ist die Frage, ob es überhaupt einen „Markt" für entsprechende Unternehmen gibt, also entsprechend starke Marktteilnehmer existieren, die ein Interesse am Kauf des Konkurrenten haben könnten. Dies ist im Zweifelsfall bei größeren Unternehmen eher der Fall als bei kleinen Handwerksbetrieben. Zusätzlich ist aber auch die allgemeine Wirtschaftslage zu nennen, die einen Einfluss darauf hat, ob Interessenten sich überhaupt in der Position sehen, zu investieren. Spezifisch für das Insolvenzverfahren kann aber bspw. auch die vorzufindende Gläubigerstruktur einen Erfolgsfaktor darstellen. Die Entscheidungsgewalt über den Verbleib des Unternehmens obliegt immerhin der Gläubigerversammlung, weshalb entscheidend ist, ob diese sich vom Verkauf oder von der Zerschlagung des

Unternehmens einen höheren Wert versprechen. Rein wirtschaftliche Überlegungen spielen dabei nicht immer eine Rolle. Nicht zuletzt aufgrund persönlicher Ressentiments zwischen den Beteiligten scheitert so manches Sanierungsbestreben.[525]

IV. Schlussfolgerung

Ziel dieses Abschnitts der Arbeit war es, die Wichtigkeit des Faktors Liquidität für die Erfolgsaussichten des Insolvenzverfahrens herauszustellen, wobei als Erfolgsindikator die erfolgreiche Durchführung einer übertragenden Sanierung gewählt wurde. Gleichzeitig diente das Kapitel jedoch auch dazu, die Einschränkungen diesbezüglich zu verdeutlichen. Zu beachten ist stets, dass die Erfolgswahrscheinlichkeit von Sanierungsbemühungen im Rahmen des Insolvenzverfahrens das Ergebnis multikausaler Zusammenhänge darstellt.[526] Das Aufstellen einer allgemeingültigen mathematischen Formel zur Berechnung dieser Wahrscheinlichkeit ist kaum möglich. Es ist somit auch nicht möglich, allgemein zu berechnen, in welcher Höhe sich die Erfolgsaussichten von Sanierungsbemühungen im Insolvenzverfahren verändern, wenn die Liquidität durch Vorrechte des Fiskus negativ beeinflusst wird.

Die Liquidität ist damit zwar ein sehr wichtiger, aber nicht alleiniger Faktor für den Erfolg von Sanierungsbemühungen im Insolvenzverfahren. So kann die Suche nach einem neuen Rechtsträger scheitern, selbst wenn ausreichend Liquidität (und damit Zeit) zur Verfügung steht, weil bspw. negative externe Faktoren einen zu großen Einfluss haben. Genauso kann es passieren, dass quasi keine Liquidität zur Verfügung steht, aber aufgrund günstiger äußerer Umstände sofort ein Käufer für das Unternehmen gefunden wird. Das Ergebnis ist stark abhängig vom Einzelfall und nicht zu verallgemeinern.

Aus der Betrachtung der Liquidität lassen sich dennoch wichtige Erkenntnisse gewinnen. So ist von besonderem Vorteil, dass diese Größe sehr gut messbar ist. Es können somit für den spezifischen Einzelfall sehr konkrete Ergebnisse erzielt werden. Lediglich bei der Übertragung der Erkenntnisse auf die Allgemeinheit der Insolvenzverfahren sind die zuvor dargelegten Einschränkungen zu beachten.

---

525 Diese Aussage bestätigt die Befragung einer über viele Jahre tätigen Insolvenzverwalterin.

526 Vgl. *Wöber/Siebenlist*, Erfolgsfaktoren, KSI 2009, 201, 201.

C. Finanzielle Auswirkungen der Vorrechte des Fiskus

Die neuere Gesetzgebung und Rechtsprechung, wie sie im vorangegangenen Teil dieser Arbeit besprochen wurde, haben erhebliche Auswirkungen auf die im Insolvenzverfahren zur Verfügung stehende Liquidität. Um diese Auswirkungen zu analysieren, bietet es sich an, ältere Insolvenzverfahren darauf zu untersuchen, wie sich die vorhandene Liquidität verändert, wenn die derzeitige Gesetzgebung und Rechtsprechung auch damals schon Anwendung gefunden hätten. Es soll demnach ein Vergleich gezogen werden zwischen der damals tatsächlich vorhandenen Liquidität und einer hypothetischen Situation, in der die derzeit gültigen Bevorrechtigungen des Fiskus berücksichtigt werden. Aus der Differenz dieser beiden Situationen lassen sich Schlussfolgerungen ziehen, inwieweit die Privilegien des Fiskus tatsächlich einen Einfluss auf die Praxis der Insolvenzverwaltung haben.

In den folgenden Untersuchungen werden dabei vor allem die Auswirkungen des neuen § 55 Abs. 4 InsO[527] und der neueren Rechtsprechung des V. Senats des BFH[528] betrachtet, so wie sie das BMF angewendet wissen will.[529] Diese zeigen am eindrucksvollsten, welche finanziellen Auswirkungen im Rahmen des Insolvenzverfahrens zu erwarten sind. Die Untersuchung unterteilt sich in zwei Unterkapitel. Als erstes werden die konkreten Auswirkungen am Beispiel eines realen Insolvenzverfahrens dargestellt und analysiert. Zu diesem Zweck konnte direkter Zugriff auf die Buchhaltung eines Insolvenzverwaltungsbüros genommen werden. Aufbauend auf den gewonnenen Ergebnissen wird als zweites untersucht, welche finanziellen Vor- aber auch Nachteile dem Fiskus durch die eingeräumten Privilegien entstehen. Es soll geklärt werden, ob die Bestrebung nach immer weiterführender Privilegierung des Fiskus tatsächlich die erhofften Mehreinnahmen bewirken kann.

527 Siehe Teil III, Kapitel C.IV.1, S. 85 ff.

528 Siehe Teil III, Kapitel C.IV.2, S. 90 ff.

529 Siehe für eine tabellarische Darstellung der einzelnen Fallkonstellationen Tabelle 3, S. 114.

I. Praxisanalyse

1. Darstellung des untersuchten Insolvenzverfahrens[530]

Bei dem untersuchten Unternehmen handelt es sich um eine GmbH & Co. KG, die seit über 30 Jahren im industriellen Maschinenbau tätig gewesen ist. Die Kunden kamen aus der Hütten-, Walzwerks-, Maschinenbau-, Kraftwerks-, Chemie-, Kalk-, Zement- und Nahrungsmittelindustrie. Zum Zeitpunkt der Insolvenzeröffnung im Jahr 2004 waren noch rund 185 Mitarbeiter im Unternehmen beschäftigt. Die jährlichen Umsatzerlöse beliefen sich in den Vorjahren stets auf ca. 20 Millionen Euro. Das Jahresergebnis ergab einen jährlichen Verlust zwischen rund 0,6 und 1,1 Millionen Euro. Probleme bereitete ein größerer Forderungsausfall über etwa 1,2 Millionen Euro im Jahr 2002 und die in dieser Zeit allgemein herrschende Rezession, die sich insbesondere auf die großen Anlagenbauer sowie die eisen- und stahlerzeugende und -verarbeitende Industrie auswirkte. Es wurden insgesamt sechs unterschiedliche Geschäftsbereiche unterhalten, von denen nur zwei ein positives Jahresergebnis lieferten.

Vor Stellung des Insolvenzantrags wurde bereits ein Sanierungskonzept entwickelt, das die Schließung der vier defizitären Geschäftsbereiche vorsah und eine Übertragung der zwei profitablen Geschäftsbereiche auf einen neuen Rechtsträger anstrebte. In diesem Zusammenhang wurde das Arbeitsverhältnis zu 50 Mitarbeitern gekündigt. Man rechnete mit einer erfolgreichen Veräußerung der Unternehmensteile in der zweiten Hälfte des Jahres 2004 und somit mit einem positiven Ergebnis zum Ende des Jahres. Des Weiteren erklärten die Gesellschafter einen Rangrücktritt hinsichtlich ihrer Gesellschafterdarlehen über rund 444.000 Euro. Eine Überschuldung des Unternehmens sollte somit verhindert werden. Die von der Hausbank eingeräumte Kreditlinie von insgesamt 1,6 Millionen Euro drohte jedoch im weiteren Verlauf mit einer Inanspruchnahme von über 2,4 Millionen Euro deutlich überschritten zu werden, so dass die Zahlungsunfähigkeit befürchtet werden musste. Daraufhin stellte die Geschäftsleitung den Insolvenzantrag. Das Gericht ordnete noch am selben Tag eine **schwache vorläufige Insolvenzverwaltung** an (Zustimmungsvorbehalt).

530 Die Darstellung beruht auf dem vom (vorläufigen) Insolvenzverwalter erstellten Gutachten und Schlussbericht zum Insolvenzverfahren.

Der Geschäftsbetrieb ist zunächst unverändert fortgeführt worden und es wurden Verhandlungen mit verschiedenen Kaufinteressenten geführt. Der auf Grundlage eines Bewertungsgutachtens ermittelte Unternehmenswert belief sich auf 5,1 Mio. Euro. Zumindest ein Interessent zeigte grundsätzlich Bereitschaft diese Summe aufzubringen. Die Vertragsverhandlungen scheiterten jedoch letztlich, so dass kein Kaufvertrag zustande kam.

Die Durchführung eines Insolvenzplans wurde ebenfalls in Erwägung gezogen. Für das erste Jahr konnte jedoch selbst im günstigsten Fall höchstens mit einem ausgeglichenen Ergebnis gerechnet werden. Da in diesem Fall der überwiegende Teil des Betriebsvermögens nicht hätte verwertet werden können, hätten sich die Gläubiger hierdurch schlechter gestellt als bei einer Liquidation. Da die bereits ausgesprochenen Kündigungen eine Vielzahl an Kündigungsschutzklagen nach sich zogen, entstanden hier weitere Risiken, die nur schwer abwägbar waren. Letztlich wurden die Überlegungen, einen Insolvenzplan durchzuführen, daher aufgegeben.

Da sich weder ein passender Käufer finden ließ, noch eine Fortführung im Rahmen eines Insolvenzplans realisierbar schien, beschloss die Gläubigerversammlung letztlich die Schließung des Geschäftsbetriebs. Insgesamt wurde der Betrieb für *neun Monate* im Rahmen der Insolvenzverwaltung fortgeführt.

Das für diese Untersuchung ausgewählte Unternehmen spiegelt damit in vielerlei Punkten genau den Ablauf eines Insolvenzverfahrens wider, der im vorangegangenen Kapitel bereits skizziert wurde. Bevor es zur Eröffnung des Insolvenzverfahrens kam, wurden bereits vergeblich Versuche unternommen, durch Restrukturierungsmaßnahmen eine Sanierung des Geschäftsbetriebs einzuleiten. Durch die finanzielle Lage des Unternehmens war es dem Insolvenzverwalter möglich, den Geschäftsbetrieb für einen vergleichsweise langen Zeitraum aufrechtzuerhalten. Dennoch war es letztlich nicht möglich, einen Käufer für das Unternehmen zu finden. Dies unterstreicht wiederum, dass selbst eine unter Liquiditätsgesichtspunkten günstige Ausgangslage des Unternehmens keine Garantie für eine erfolgreiche Sanierung im Rahmen des Insolvenzverfahrens darstellen kann. Wie sich die Liquidität entwickelt hat, soll nachfolgend erläutert werden, bevor der Vergleich zur Liquiditätsentwicklung unter den neuen rechtlichen Rahmenbedingungen gezogen wird.

a) Liquidität während der vorläufigen Insolvenzverwaltung

Abbildung 6: Liquiditätskurve während der vorläufigen Verwaltung[531]

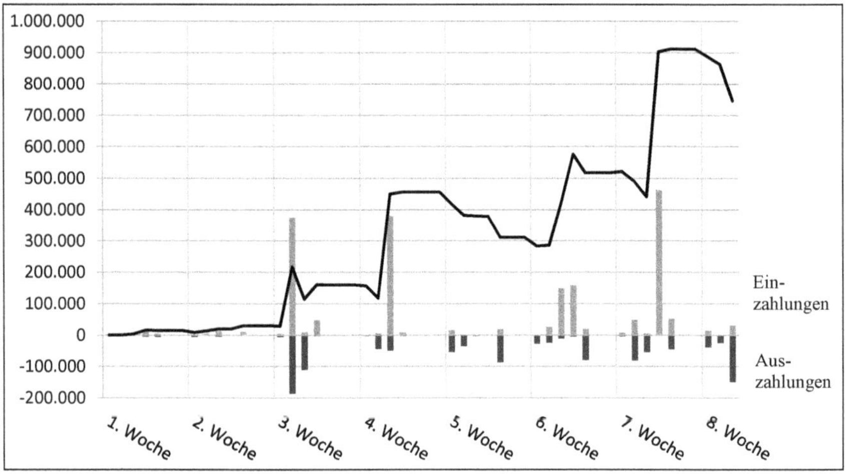

Die Abbildung zeigt den Verlauf der verfügbaren liquiden Mittel im Zeitraum der vorläufigen Insolvenzverwaltung (vom Tag des Eingangs des Insolvenzantrags bei Gericht bis zum Beschluss über die Eröffnung des Insolvenzverfahrens). Zusätzlich ist die Höhe der täglichen Ein- und Auszahlungen abgebildet. Sämtliche Bankkonten und Kassen der einzelnen Betriebsstätten wurden zusammengefasst.

Es ist auf den ersten Blick erkennbar, dass das Unternehmen zum Zeitpunkt des Insolvenzantrags zahlungsunfähig war. In den ersten zwei Wochen der vorläufigen Insolvenzverwaltung konnten kaum liquide Mittel beschafft werden. Dies zeigt zudem sehr deutlich, wie wichtig die Finanzierung der Löhne der Mitarbeiter durch das Insolvenzgeld ist. Zum Zeitpunkt des Insolvenzantrags war bereits ein volles Monatsgehalt offen geblieben. Die Tatsache, dass insgesamt nur drei Monate über das Insolvenzgeld finanziert werden können, erklärt, warum nach zwei Monaten der vorläufigen Insolvenzverwaltung das Verfahren eröffnet wurde. Die Löhne waren nur bis zu diesem Zeitpunkt abgesichert.[532] Ohne

531 Eigene Darstellung; Beträge in Euro.

532 Das Insolvenzgeld wird erst nach Eröffnung des Insolvenzverfahrens ausgezahlt, so dass eine entsprechende Vorfinanzierung notwendig war.

die vorübergehende Übernahme der Löhne durch die Bundesagentur für Arbeit wäre die Betriebsfortführung von vorneherein unmöglich gewesen.

Zum Zeitpunkt der Insolvenzeröffnung betrug die verfügbare Insolvenzmasse rund 750.000 Euro. Erreicht wurde dies durch die Fertigstellung noch offener Projekte und den Einzug der hieraus resultierenden Forderungen. Der Forderungseinzug ist an den Sprüngen in der Liquiditätskurve sehr gut zu erkennen. Die in den Rechnungen enthaltene Umsatzsteuer wurde nicht an das Finanzamt abgeführt, sondern brutto vereinnahmt. Die in dieser Zeit getätigten Ausgaben sind zum größten Teil auf Zahlungen an Lieferanten zurückzuführen. Vielfach musste Vorauskasse geleistet werden, da ansonsten keine Belieferung erfolgt wäre.

In der Darstellung korrigiert wurde die Entnahme von 300.000 Euro aus der Insolvenzmasse kurz vor Eröffnung des Insolvenzverfahrens. Der auf ein separates Treuhandkonto transferierte Betrag wurde verwendet, um Zahlungszusagen erfüllen zu können, die z. B. gegenüber Lieferanten gemacht wurden.[533] Der nach Begleichung derartiger Forderungen verbliebene Betrag von rund 100.000 Euro wurde gut fünf Monate nach Insolvenzeröffnung zurück auf das Insolvenzanderkonto überwiesen. Der tatsächliche Kontostand auf dem Insolvenzanderkonto betrug daher zur Insolvenzeröffnung nur etwa 450.000 Euro. Obwohl das gesondert geführte Treuhandkonto zwar rein formal nicht zur Insolvenzmasse gehörte, wurde es zur Untersuchung der verfügbaren Liquidität mit einbezogen. Die über das separate Treuhandkonto getätigten Auszahlungen sind daher in den nachfolgenden Abbildungen stets mit berücksichtigt.

---

533 Die Bildung einer derartige Sondermasse ist aufgrund der Bestellung einer nur *schwachen* vorläufigen Insolvenzverwaltung notwendig, da die Forderungen der Lieferanten in diesem Fall nach Eröffnung des Verfahrens nicht als Masseforderungen zu bedienen sind. Es handelt sich dabei, um eine rein pragmatische Lösung, Zahlungszusagen auch nach Insolvenzeröffnung einhalten zu können, die jedoch gerade mit Hinblick auf die Gläubigergleichbehandlung nicht unumstritten ist, vgl. *Pape/Uhlenbruck*, Reform, ZIP 2005, 417, 419; *Bauer*, Ungleichbehandlung der Gläubiger im geltenden Insolvenzrecht, 2007, 37.

b) Liquidität im eröffneten Insolvenzverfahren

Abbildung 7: Liquiditätskurve während der Betriebsfortführung[534]

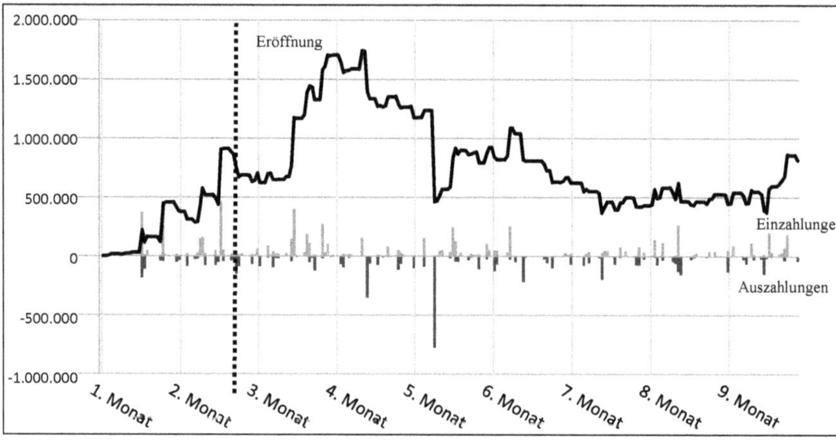

Nach Eröffnung des Insolvenzverfahrens blieb die Liquiditätslage zuerst weitgehend unverändert. Zu beachten ist jedoch insbesondere, dass ab diesem Zeitpunkt die Löhne der Mitarbeiter nicht mehr von der Bundesagentur für Arbeit getragen wurden, sondern selbstständig finanziert werden mussten. Wie anhand der Abbildung 7 zu erkennen ist, stieg das Kontoguthaben schließlich bis zum Beginn des vierten Monats seit Fortführung des Betriebs im Rahmen der Insolvenzverwaltung auf annähernd 1,7 Mio. Euro. Dies ist darauf zurückzuführen, dass in größerem Umfang Aufträge fertiggestellt werden konnten und die daraus resultierenden Forderungen eingezogen wurden.

Die auf den ersten Blick ausgesprochen gut erscheinende Liquiditätslage des Unternehmens in dieser Phase des Insolvenzverfahrens ist jedoch in gewisser Weise verzerrt, da die eingezogenen Forderungen zu einem großen Teil der *Globalzession* einer großen Bank unterfielen. Die eingezogenen Forderungen standen damit dem Insolvenzverfahren eigentlich gar nicht zur Verfügung. Da die genaue Berechnung der dieser Forderungsabtretung unterfallenden Beträge jedoch Zeit in Anspruch nahm, wurden die Erlöse nicht sofort an den Sicherungsgläubiger abgeführt. Eine vorläufige Bereinigung dieser Situation erfolgte dann im fünften Monat seit Fortführung des Betriebs. Der in Abbildung 7 erkennbare Abfall der Liquiditätskurve resultiert zum größten Teil aus einer pauschalen

534 Eigene Darstellung; Beträge in Euro.

Zahlung von 500.000 Euro an den Sicherungsgläubiger. Eine genaue Abrechnung sollte dann zu einem späteren Zeitpunkt erfolgen. Stattdessen stellte sich jedoch heraus, dass umfangreiche Dokumentationen darüber vorlagen, dass die Bank zuvor intensiv in den vor Stellung des Insolvenzantrags ausgearbeiteten Sanierungsplan eingebunden war. Damit konnte der Bank nachgewiesen werden, dass sie über die Zahlungsunfähigkeit des Insolvenzschuldners Bescheid wusste und demnach auch die gläubigerbenachteiligende Wirkung der Zahlungen aus der Globalzession kannte. Der Insolvenzverwalter erklärte daher die Anfechtung gem. § 133 InsO. Es benötigte einen Gerichtsprozess, der über zwei Jahre andauerte, bis der pauschal gezahlte Betrag zurückerstattet wurde. Für eine mögliche Sanierung des Betriebs konnte das Geld daher nicht genutzt werden.

Hierin zeigt sich jedoch grundsätzlich, dass das Anfechtungsrecht für den Insolvenzverwalter eine wichtige Möglichkeit zur Generierung von Liquidität darstellt. Nach den §§ 129 ff. InsO sind Zahlungen, die der Insolvenzschuldner geleistet hat unter bestimmten Voraussetzungen zurückzuerstatten. Grundgedanke ist eine Stärkung der Gläubigergleichbehandlung, indem eine Bevorzugung einzelner Gläubiger durch Zahlungen kurz vor oder sogar nach Stellung des Insolvenzantrags rückgängig gemacht wird. Nicht jeder Gläubiger sieht das auf Anhieb ein, so dass oftmals langwierige Prozesse geführt werden müssen, bis die Erstattung erfolgt. Im vorliegenden Fall gingen die ersten Zahlungen, die auf Anfechtungen des Insolvenzverwalters beruhten, im siebten Monat seit Fortführung des Betriebs auf dem Insolvenzanderkonto ein. Neben den 500.000 Euro aus der Anfechtung gegenüber der Bank, konnten insgesamt rund weitere 136.000 Euro von drei Gläubigern zurückgefordert werden. Da die größeren Zahlungen jedoch erst kurz vor Schließung des Geschäftsbetriebs oder danach eingingen, ist ersichtlich, dass ein Erhalt des Geschäftsbetriebs rein aus Rückflüssen durch erfolgreiche Anfechtungen nicht möglich gewesen wäre.

Die Löhne der Mitarbeiter wurden jeweils in zwei Teilbeträgen zum Ende des Monats und Mitte des nächsten Monats überwiesen. Insgesamt waren monatliche Lohnkosten von etwa 170.000 Euro zu decken.

2. *Liquiditätsentwicklung nach neuer Rechtslage*

Die dargestellte Liquiditätslage des insolventen Unternehmens spiegelt eine Situation wider, in der die vor kurzem neu eingeführten Bevorrechtigungen des Fiskus noch keine Gültigkeit hatten. Es soll daher im Folgenden der Liquiditätsverlauf des Unternehmens dargestellt werden, wenn das Verfahren unter den derzeit gültigen rechtlichen Rahmenbedingungen eröffnet worden wäre. Der Fokus in der Betrachtung liegt dabei auf dem neu eingeführten § 55 Abs. 4

InsO[535] und der neueren Rechtsprechung des V. Senats des BFH[536]. Die Vorgehensweise entspricht den im BMF-Schreiben vom 09.12.2011 und 17.01.2012 dargelegten Anwendungsvorschriften.[537] Die neuen Vorschriften führen vor allem bei der USt zur Begründung von vollständig zu befriedigenden Masseforderungen, wo bislang nur quotal zu befriedigende Insolvenzforderungen entstanden sind. Einen übersichtlichen Vergleich über die Auswirkungen der neuen rechtlichen Rahmenbedingungen bietet Tabelle 3 auf S. 114 dieser Arbeit.

a) Soll-Besteuerung

Die Umsatzsteuer berechnet sich im Regelfall nach den vereinbarten Entgelten (Soll-Besteuerung).[538] Im Fall der Unternehmensinsolvenz ist deshalb davon auszugehen, dass diese Art der Besteuerung Anwendung findet.[539] Durch die Besteuerung noch nicht vereinnahmter Entgelte verschärft sich gerade in Insolvenzverfahren die Liquiditätslage des Unternehmens. Hinzu kommt, dass die Buchhaltung des insolventen Unternehmens vor der Einsetzung eines (vorläufigen) Insolvenzverwalters oftmals nur noch unzureichend fortgeführt worden ist. Der Verwalter steht daher vor dem Problem, sich erst einmal einen ausreichenden Überblick über die Situation des Unternehmens verschaffen zu müssen. In dieser Phase hat der Insolvenzverwalter i. d. R. andere Sorgen, als sich um die vor allem rechtzeitige Erfüllung steuerrechtlicher Vorschriften zu bemühen.[540]

(1) Auswirkungen des § 55 Abs. 4 InsO

Durch die Einführung des § 55 Abs. 4 InsO werden bei Anordnung einer vorläufigen Insolvenzverwaltung Steuerverbindlichkeiten als Masseverbindlichkeiten begründet, unabhängig davon, ob eine starke oder schwache vorläufige

---

535 Siehe Teil III, Kapitel C.IV.1, S. 85 ff.

536 Siehe Teil III, Kapitel C.IV.2, S. 90 ff.

537 Vgl. BMF-Schreiben v. 09.12.2011, IV D 2 – S 7330/09/10001 : 001, BStBl. I 2011, 1273; BMF-Schreiben v. 17.01.2012, IV A 3 – S 0550/10/10020-05, BStBl. I 2012, 120.

538 § 16 Abs. 1 S. 1 UStG.

539 Eine Ausnahme hiervon ist bspw. möglich, wenn das Unternehmen weniger als 500.000 Euro Umsatz im Kalenderjahr erwirtschaftet und zur Ist-Besteuerung optiert (§ 20 S. 1 Nr. 1 UStG).

540 Es ist zu beobachten, dass Verwalter trotz gesetzlicher Verpflichtung zur Soll-Besteuerung die Ist-Besteuerung anwenden, um die Zahlungsfähigkeit aufrecht zu erhalten. Die ggfs. zu einem späteren Zeitpunkt anfallenden Verspätungszuschläge werden in Kauf genommen. Siehe zu daraus abgeleiteten Handlungsempfehlungen an den Gesetzgeber Teil IV, Kapitel D.II.2, S. 190 ff.

Insolvenzverwaltung angeordnet wurde.[541] Diese Aufwertung von Insolvenzforderungen zu Masseforderungen erfolgt nach dem Gesetzeswortlaut „nach Eröffnung des Insolvenzverfahrens". Der Insolvenzverwalter wird daher – wie bisher auch – während der Dauer der vorläufigen Insolvenzverwaltung *keine* Zahlungen an das Finanzamt leisten.[542] Die verfügbare Liquidität wird damit vorübergehend geschont, jedoch muss der Verwalter bei seiner Liquiditätsplanung stets berücksichtigen, dass die entsprechenden Steuerforderungen nach Verfahrenseröffnung bedient werden müssen.[543] Die tatsächliche Umsatzsteuerzahllast hängt dabei auch von der Höhe bereits gezahlter Vorsteuer ab. Es macht insofern im Vergleich zur alten Rechtslage einen gewichtigen Unterschied, ob es sich bei dem insolventen Unternehmen um einen Dienstleistungsbetrieb (mit geringeren Vorsteuerbeträgen) oder ein produzierendes Gewerbe (mit höheren Vorsteuerbeträgen) handelt. Entspricht sich die Höhe der Vor- und Umsatzsteuerbeträge, so ergibt sich im Vergleich von alter zu neuer Rechtslage kein Unterschied. Nach altem Recht musste die Umsatzsteuer aus dem Zeitraum der vorläufigen Insolvenzverwaltung zwar nicht abgeführt werden, jedoch wurde dementsprechend auch keine Vorsteuer geltend gemacht. Nach neuem Recht wäre die Umsatzsteuer abzuführen, jedoch wird diese durch gegenzurechnende Vorsteuer nivelliert. In beiden Konstellationen erfolgt keine Zahlung an das Finanzamt.[544] Übersteigt die Vorsteuer die Umsatzsteuer, kann sogar ein Erstattungsanspruch entstehen,

---

541 Siehe Teil III, Kapitel C.IV.1, S. 85 ff.

542 Vgl. BMF-Schreiben v. 17.01.2012, IV A 3 – S 0550/10/10020-05, BStBl. I 2012, 120, Rn. 28.

543 Es kann daher sinnvoll sein, sich vom Finanzamt bereits bei Anordnung der vorläufigen Verwaltung eine neue Steuernummer geben zu lassen. Nach altem Recht passierte dies erst mit Eröffnung des Insolvenzverfahrens. Die Vergabe einer neuen Steuernummer erleichtert später die korrekte Abgrenzung von Insolvenz- und Masseforderungen. Hierfür sollte die Eröffnung des Verfahrens jedoch hinreichend wahrscheinlich sein. Würde das Verfahren bspw. mangels Masse abgewiesen, führte die zusätzliche Steuernummer eher zu Mehraufwand.

544 Die vorgenannten Ergebnisse sind durchaus nicht zwingend. So stellt sich die Frage, ob man die Zeit der vorläufigen Insolvenzverwaltung (i. d. R. max. drei Monate) als einheitlichen Zeitraum betrachtet oder separat auf die einzelnen Voranmeldungszeiträume abstellt, vgl. hierzu *Debus/Schartl,* Handhabung, ZIP 2013, 350, 351. So könnte während der vorläufigen Verwaltung in einem Voranmeldungszeitraum ein Steuerguthaben entstehen, während in einem anderen Voranmeldungszeitraum eine Steuerverbindlichkeit vorliegt. Erfolgt keine Saldierung für den gesamten Zeitraum der vorläufigen Verwaltung, könnte die Steuerverbindlichkeit eingefordert werden, während das Steuerguthaben mit älteren Forderungen verrechnet wird.

der jedoch i. d. R. nicht an die Insolvenzmasse ausgezahlt werden wird, da das Finanzamt im Rahmen der Jahressteuerberechnung eine Verrechnung mit älteren Umsatzsteuerforderungen vornehmen wird.[545]

Im vorliegenden Beispielfall übersteigt die während der vorläufigen Verwaltung begründete Umsatzsteuer von 398.750,84 Euro die im gleichen Zeitraum angefallene Vorsteuer von 106.275,14 Euro. Mit Eröffnung des Insolvenzverfahrens entsteht damit eine Zahllast von 292.475,70 Euro. Unter der Annahme, dass diese Verbindlichkeit nach Eröffnung beglichen wird, ergibt sich im Vergleich zur alten Rechtslage folgende Liquiditätskurve für den Zeitraum der Fortführung des Insolvenzbetriebs.

Abbildung 8: Liquiditätskurve (Soll-Besteuerung) unter Berücksichtigung von § 55 Abs. 4 InsO[546]

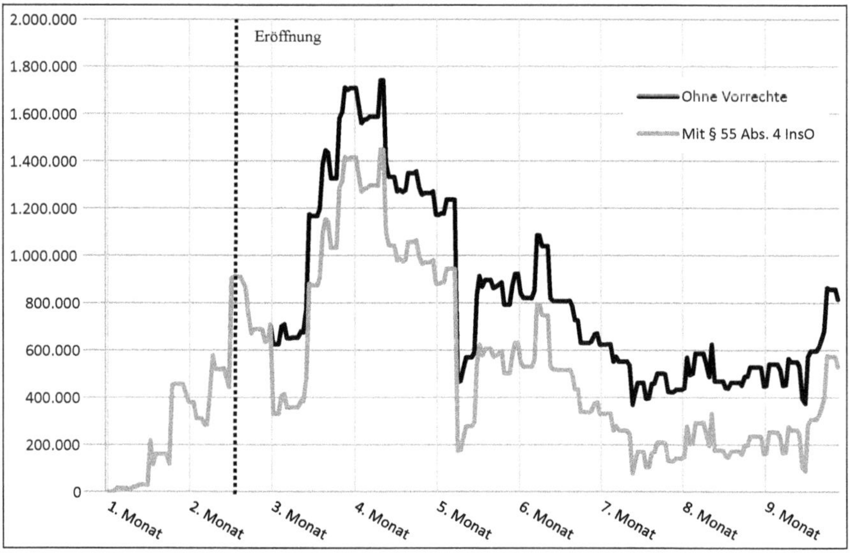

545 Siehe Teil III, Kapitel C.III.4, S. 83 ff. Sofern die Beträge in denselben Besteuerungszeitraum fallen, liegt insofern nach Rechtsprechung des BFH keine möglicherweise unzulässige Aufrechnung vor, die der Insolvenzanfechtung unterläge, BFH, Urteil v. 24.11.2011, V R 13/11, ZIP 2011, 2481, 2481 f.; BFH, Urteil v. 24.11.2011, V R 20/10, BFH/NV 2012, 711, 711 f. Vgl. *Debus/Schartl*, Handhabung, ZIP 2013, 350, 352 f.

546 Eigene Darstellung; Beträge in Euro.

Es ist zu erkennen, dass bis zum Zeitpunkt der Eröffnung des Insolvenzverfahrens die Liquiditätslage sowohl nach altem als auch nach neuem Recht unverändert ist. Nachdem die Zahlung der Umsatzsteuerverbindlichkeit erfolgt ist, verläuft die Kurve um den entsprechenden Betrag verringert, jedoch ansonsten unverändert. Es wird deutlich, dass die neue Rechtsprechung zu einer erheblich angespannteren Liquiditätslage führt. Im betrachteten Zeitraum steht an seiner niedrigsten Stelle (siebter Monat) zwischenzeitlich nur noch ein Betrag von 77.659,14 Euro zur Verfügung.

Der nach Eröffnung aufgrund § 55 Abs. 4 InsO an das Finanzamt zu zahlende Betrag von 292.475,70 Euro wird sich durch Korrekturen wegen Uneinbringlichkeit einzelner Forderungen im weiteren Verlauf des Verfahrens auf **279.367,90 Euro** reduzieren. Dieser Betrag entspricht dem insgesamt durch § 55 Abs. 4 InsO erreichten finanziellen Vorteil für den Fiskus.

(2) Auswirkungen der BFH-Rechtsprechung (BMF-Schreiben)

Sofern – wie im vorliegenden Fallbeispiel – ein schwacher vorläufiger Insolvenzverwalter bestellt wurde, ist nach der Rechtsprechung des V. Senats des BFH[547] und deren Umsetzung durch entsprechende BMF-Schreiben[548] mit der Eröffnung des Insolvenzverfahrens eine Korrektur der Umsatzsteuerbemessungsgrundlage vorzunehmen.[549] Zu korrigieren sind alle Forderungen, die vor der Bestellung des vorläufigen Verwalters ausgeführt, aber deren Entgelte bislang noch nicht vereinnahmt wurden. Die Korrektur ist gem. § 17 Abs. 2 Nr. 1 i. V. m. Abs. 1 S. 1 UStG vorzunehmen, da die Forderungen aus Rechtsgründen uneinbringlich geworden sind. Grundsätzlich entsteht hier ein Erstattungsanspruch zugunsten der Insolvenzmasse, wenn davon ausgegangen wird, dass die gemeldeten Umsatzsteuerbeträge bereits an das Finanzamt abgeführt wurden.[550] Ob dieser tatsächlich ausbezahlt werden würde, ist

547 Vgl. BFH, Urteil v. 09.12.2010, V R 22/10, BStBl. II 2011, 996, 996 ff.

548 Vgl. BMF-Schreiben v. 09.12.2011, IV D 2 – S 7330/09/10001 : 001, BStBl. I 2011, 1273, 1273 ff.; BMF-Schreiben v. 17.01.2012, IV A 3 – S 0550/10/10020-05, BStBl. I 2012, 120, 120 ff.

549 Siehe Teil III, Kapitel C.IV.2, S. 90 ff. Wenn ein starker Verwalter bestellt worden wäre, hätte diese Korrektur bereits zum Zeitpunkt der Bestellung vorgenommen werden müssen, vgl. Tabelle 3, S. 114.

550 Die Feststellung, in welcher Höhe entsprechende Zahlungen vor Stellung des Insolvenzantrags tatsächlich geleistet wurden, wird für den eingesetzten (vorläufigen) Insolvenzverwalter nicht immer leicht zu treffen sein, da oftmals nur eine unzureichend geführte Buchhaltung vorzufinden ist.

fraglich. Grundsätzlich ist das Finanzamt dazu berechtigt, den Erstattungsbetrag mit Insolvenzforderungen aufzurechnen, da der Anspruch nach Ansicht des BFH *vor* Insolvenzeröffnung entsteht (§ 96 Abs. 1 Nr. 1 InsO greift dann nicht).[551] Akzeptiert man dies, könnte allerdings argumentiert werden, dass die Aufrechnungslage eine inkongruente Deckung darstellt, weil das Finanzamt diese Art der Befriedigung nicht zu beanspruchen hat. Dann würde das Aufrechnungsverbot des § 96 Abs. 1 Nr. 3 InsO eingreifen, da eine anfechtbare Rechtshandlung vorliegt und der Erstattungsbetrag müsste ausgezahlt werden.[552] Demgegenüber ist der V. Senat des BFH allerdings der Meinung, die USt könne keine gläubigerbenachteiligende Wirkung entfalten.[553] Diese ist jedoch gem. § 129 InsO Grundvoraussetzung für die Anfechtbarkeit einer Rechtshandlung. Die tatsächliche Vorgehensweise ist damit bislang unklar. Für die nachfolgenden Betrachtungen wird davon ausgegangen, dass keine Auszahlung an die Insolvenzmasse erfolgt, demnach also entweder zuvor keine USt abgeführt wurde (und folglich kein Erstattungsanspruch entsteht) oder aber die Aufrechnung für zulässig erklärt wird. Dies auch vor dem Hintergrund, dass auch in Zukunft Bestrebungen zu erwarten sind, die Aufrechnung des Fiskus zu erleichtern.[554]

Im vorliegenden Fallbeispiel ist nach neuem Recht mit Eröffnung des Insolvenzverfahrens eine Korrektur der Umsatzsteuerbemessungsgrundlage in Höhe von 778.637,27 Euro vorzunehmen. Daraus resultiert (beim zum betrachteten Zeitraum gültigen USt-Satz von 16 %) ein Erstattungsanspruch von maximal **124.581,96 Euro**.[555] Dem stehen vom Finanzamt zur Insolvenztabelle angemeldete und vom Insolvenzverwalter anerkannte Umsatzsteuer- und Vorsteuerberichtigungsforderungen aus demselben Jahr in Höhe von 681.998,99 Euro gegenüber. Hält man die Aufrechnung für zulässig, wird demnach in keinem Fall eine Ausschüttung an die Insolvenzmasse erfolgen. Im weiteren Verlauf ist nun jeweils bei Vereinnahmung des Entgelts eine erneute Korrektur der Bemessungsgrundlage vorzunehmen. In Bezug auf diese Entgelte erfolgt damit im Ergebnis ein Wechsel von der Soll- zur Ist-Besteuerung. Daraus resultiert im Vergleich zur alten Rechtslage folgende Liquiditätskurve.

551 Vgl. BFH, Urteil v. 24.11.2011, V R 13/11, ZIP 2011, 2481, 2486.

552 So bspw. *Roth,* Umsatzsteuer, ZInsO 2014, 309, 325.

553 Vgl. BFH, Urteil v. 24.11.2011, V R 13/11, ZIP 2011, 2481, 2485; *Wäger,* Umsatzsteuer, DStR 2011, 1925, 1933 f.

554 Siehe Teil IV, Kapitel C.V.2, S. 111 f.

555 Die tatsächliche Höhe des Erstattungsanspruchs ist davon abhängig, in welcher Höhe die Umsatzsteuer zuvor auch wirklich abgeführt wurde.

Abbildung 9: Liquiditätskurve (Soll-Besteuerung) unter Berücksichtigung der neuen BFH-Rechtsprechung[556]

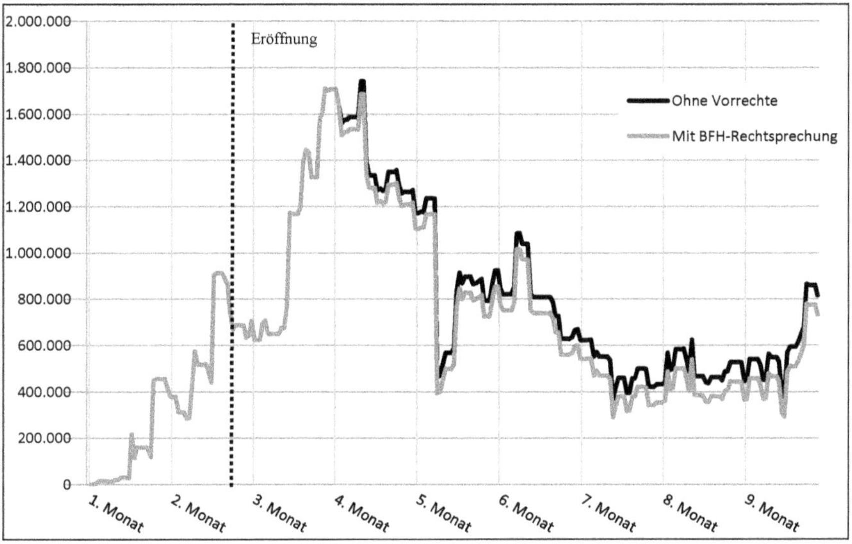

Die Abbildung zeigt die Liquiditätskurve bei isolierter Betrachtung der Auswirkungen durch die BFH-Rechtsprechung (also ohne die Auswirkungen durch den bereits zuvor betrachteten § 55 Abs. 4 InsO). Es ist zu erkennen, dass in der Anfangsphase keine Unterschiede zwischen altem und neuem Recht festzustellen sind. Auch mit Eröffnung des Insolvenzverfahrens tritt keine Änderung ein, da wie erläutert, keine Auszahlung des in diesem Zeitpunkt entstehenden Erstattungsanspruchs erfolgt. Erst im weiteren Verlauf vergrößert sich der Abstand der beiden Liquiditätskurven durch die nach neuem Recht nach und nach abzuführende Umsatzsteuer, sobald eine Vereinnahmung der zuvor korrigierten Entgelte erfolgt. Die Auswirkungen sind dabei nicht so gravierend wie jene durch § 55 Abs. 4 InsO.[557] Zum Ende des in der Abbildung betrachteten Zeitraums (Insolvenzantrag bis Schließung des Geschäftsbetriebs) beträgt die maximale Differenz zur alten Rechtslage 83.345,47 Euro. Auch in den Monaten danach wurden noch weitere Entgelte vereinnahmt, so dass die Differenz bis zum Abschluss des Insolvenzverfahrens noch auf einen Maximalbetrag von **90.332,38** Euro anstei-

556 Eigene Darstellung; Beträge in Euro.

557 Siehe Abbildung 8, S. 140.

gen wird.[558] Dieser Betrag entspricht dem insgesamt durch die Rechtsprechung des V. Senats des BFH erreichten finanziellen Vorteil für den Fiskus.

Insgesamt kann der Fiskus durch das Zusammenspiel von Korrektur der Umsatzsteuerbemessungsgrundlage und Ermöglichung der Verrechnung eine in mehrfacher Hinsicht vorteilhafte Position erreichen. Auf der einen Seite werden nach alter Rechtslage als Insolvenzforderungen zu behandelnde Steueransprüche zu Masseforderungen aufgewertet (insg. 90.332,38 Euro), auf der anderen Seite werden durch die Verrechnung des Erstattungsanspruchs weitgehend wertlose Insolvenzforderungen doch noch werthaltig gemacht (maximal 124.581,96 Euro).[559]

(3) Gesamtübersicht Soll-Besteuerung

Betrachtet man das Zusammenspiel der Auswirkungen des § 55 Abs. 4 InsO und der Rechtsprechung des V. Senats des BFH, so zeigt sich folgende Liquiditätskurve, die ein mögliches Szenario eines Insolvenzverfahrens nach derzeit gültigem Recht im Vergleich zur alten Rechtslage darstellt.

Aus der Abbildung wird ersichtlich, dass eine Abwicklung des Verfahrens, so wie sie unter Geltung der alten Rechtslage erfolgt ist, nach neuem Recht nicht mehr möglich wäre. Im siebten Monat der Betriebsfortführung im Rahmen des Insolvenzverfahrens würde die zur Verfügung stehende Liquidität sogar bis in den negativen Bereich abrutschen. Der Kontostand beläuft sich zu diesem Zeitpunkt auf ein Minus von 2.658,80 Euro.[560] Dieser Fall würde unter realen Umständen jedoch niemals eintreten, da der Insolvenzverwalter unter den geänderten Gegebenheiten frühzeitig die Schließung des Geschäftsbetriebs veranlassen und notfalls die Masseunzulänglichkeit des Verfahrens anzeigen würde. Dies bedeutet automatisch, dass dem Insolvenzverwalter weniger Zeit für Sanierungsbemühungen zur Verfügung steht.

558 Die Differenz zum ursprünglich aus der Korrektur der Bemessungsgrundlage resultierenden Betrag von 124.581,96 Euro ergibt sich aus tatsächlich ausgefallenen Forderungen. Es konnten demnach nicht alle noch offenen Forderungen vereinnahmt werden.

559 Die tatsächliche Höhe des Betrags hängt davon ab, in welchem Umfang die der Steuerkorrektur zugrunde liegenden Umsatzsteuerforderungen zuvor vom insolventen Unternehmen tatsächlich abgeführt wurden.

560 Beachte hierzu nachfolgend Teil IV, Kapitel C.I.3.b), S. 155 f.

Abbildung 10: Liquiditätskurve (Soll-Besteuerung) unter Berücksichtigung der neuen BFH-Rechtsprechung und § 55 Abs. 4 InsO[561]

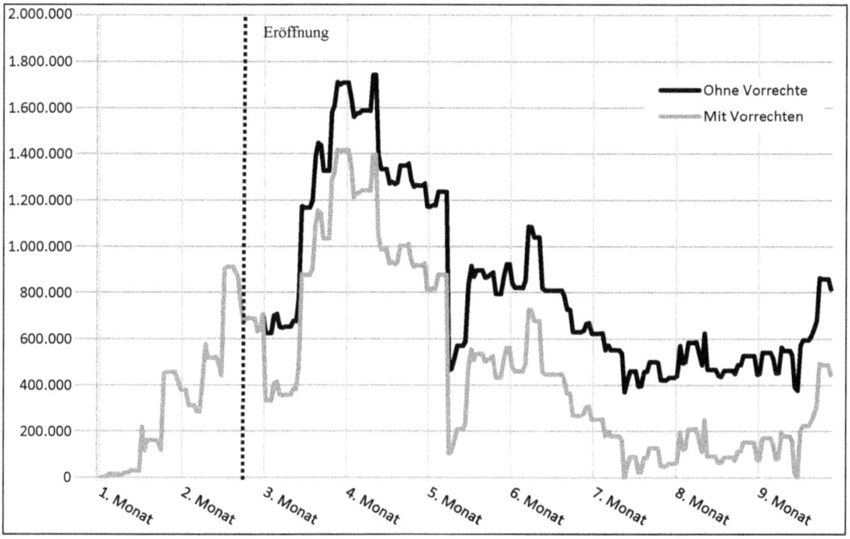

b) Ist-Besteuerung

Die Soll-Besteuerung stellt nach der Intention des Gesetzgebers den Regelfall dar. Sie bedeutet in jedem Fall einen Liquiditätsnachteil für das Unternehmen, da Steuer auch auf noch nicht vereinnahmte Entgelte abgeführt werden muss. Wie zuvor gezeigt werden konnte, wird dieser Zustand durch die neue Rechtslage noch verschärft. Im Vergleich hierzu soll im Folgenden der identische Sachverhalt für den Fall untersucht werden, dass das betroffene Unternehmen die Ist-Besteuerung anwenden darf. Der V. Senat des BFH sieht nach neuerer Rechtsprechung auch in diesem Fall die Entstehung von Masseforderungen zugunsten des Fiskus vor, wo nach alter Rechtslage nur quotal zu befriedigende Insolvenzforderungen entstanden sind.[562] Im Zusammenspiel mit § 55 Abs. 4 InsO ergeben sich nicht nur temporale, sondern auch quantitative Unterschiede zum Fall der Soll-Besteuerung.

(1) Vergleich zur Soll-Besteuerung

Die nachfolgende Abbildung zeigt vorab den unterschiedlichen Liquiditätsverlauf unter Anwendung der Ist- bzw. der Soll-Besteuerung auf, ohne die geänderte

561 Eigene Darstellung; Beträge in Euro.

562 Siehe hierzu Teil III, Kapitel C.IV.2.a), S. 90 ff.

Rechtslage zu berücksichtigen. Sie stellt damit den hypothetischen Fall dar, dass im Rahmen des Insolvenzverfahrens trotz gesetzlicher Verpflichtung zur Soll-Besteuerung, die Ist-Besteuerung Anwendung gefunden hätte.[563]

Abbildung 11: Liquiditätskurve der Ist- und Soll-Besteuerung (Ohne Vorrechte)[564]

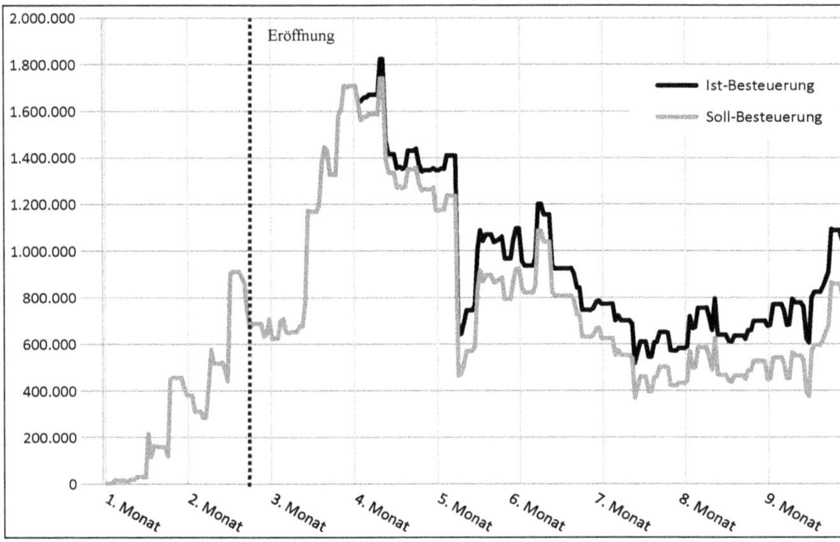

Es ist zu erkennen, dass sich die beiden Kurven erst ab dem vierten Monat unterscheiden, da nach alter Rechtslage aus der Zeit der vorläufigen Insolvenzverwaltung keine Steuern abgeführt wurden. Die ab Eröffnung des Verfahrens (dritter Monat) anfallenden Steuerforderungen werden dann Anfang des vierten Monats beglichen. Wie zu erwarten, verläuft die Liquiditätskurve der Ist-Besteuerung ab diesem Zeitpunkt oberhalb der Kurve der Soll-Besteuerung. Zum Ende des betrachteten Zeitraums steht im Ist-Besteuerungsfall schließlich 229.347,99 Euro mehr Liquidität zur Verfügung als es zum gleichen Zeitpunkt bei der Soll-Besteuerung der Fall ist. Da es sich hierbei naturgemäß nur um eine temporäre Differenz handelt, werden sich die Kurven, nachdem der Geschäftsbetrieb

563 Dies ist insofern auch von praktischer Relevanz, da es durchaus Insolvenzverwalter gibt, die aufgrund der masseschonenden Wirkung erst einmal die Ist-Besteuerung anwenden und sich zu einem späteren Zeitpunkt mit dem Finanzamt über die korrekte Besteuerung auseinandersetzen.

564 Eigene Darstellung; Beträge in Euro.

geschlossen wurde, wieder einander annähern. Für die nachfolgenden Betrachtungen ist nun die schwarze Kurve aus Abbildung 11 als Vergleichsmaßstab relevant.

(2) Auswirkungen des § 55 Abs. 4 InsO

Abbildung 12: Liquiditätskurve (Ist-Besteuerung) unter Berücksichtigung von § 55 Abs. 4 InsO[565]

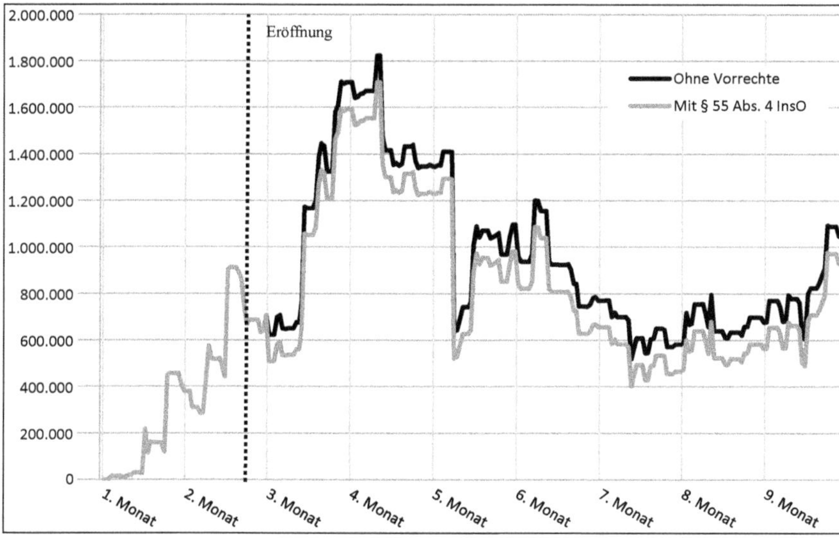

Die Abbildung 12 zeigt, dass ähnlich zum Fall der Soll-Besteuerung nach Eröffnung des Insolvenzverfahrens die während der vorläufigen Verwaltung begründeten Umsatzsteuerforderungen beglichen werden müssen.[566] Die Kurve sinkt im Vergleich zur Rechtslage ohne das Vorrecht von § 55 Abs. 4 InsO ab und verläuft anschließend parallel zu dieser. Der Liquiditätsabfall ist mit insgesamt 116.147,31 Euro, im Vergleich zu 292.475,70 Euro bei der Soll-Besteuerung geringer. Dieses Ergebnis ist einerseits zu erwarten, da bei der Soll-Besteuerung alle Leistungen besteuert werden, die bereits *ausgeführt* wurden, wohingegen bei der Ist-Besteuerung nur diejenigen besteuert werden, deren Entgelt auch bereits *vereinnahmt* wurde. Dies führt im Normalfall nur zu temporären Unterschieden,

565 Eigene Darstellung; Beträge in Euro.
566 Vgl. Abbildung 8, S. 140.

die sich jedoch im Zeitverlauf ausgleichen. Im vorliegenden Fall sind temporäre Unterschiede jedoch *nicht* der alleinige Grund.

Die sich für den Soll-Besteuerungsfall ergebende Zahllast von 292.475,70 Euro (385.643,04 Euro USt abzgl. 106.275,14 Euro VSt) gibt die maximale USt-Zahllast für die vom vorläufigen Insolvenzverwalter ausgeführten Leistungen an. Da nicht alle Forderungen auch durchgesetzt werden können, wird sich dieser Betrag im weiteren Verlauf noch auf 279.367,90 Euro reduzieren. Im Fall der Ist-Besteuerung sind von denselben Leistungen erst in dem Umfang Entgelte vereinnahmt worden, dass sich eine USt von 127.491,66 Euro ergibt. Abzüglich der VSt von 106.275,14 Euro ergibt sich eine Zahllast von nur **21.216,52 Euro**. Dieser Betrag wird sich im weiteren Verlauf des Verfahrens durch stetige Vereinnahmung der Entgelte den o. g. 279.367,90 Euro annähern, so dass am Ende bei Soll- und Ist-Besteuerung das gleiche Ergebnis zu erwarten wäre.[567]

Darüber hinaus werden jedoch auch solche USt-Forderungen zu Masseverbindlichkeiten aufgewertet, deren zugrunde liegenden Leistungen bereits *vor* Bestellung des vorläufigen Verwalters ausgeführt wurden, deren Entgelt aber von diesem *vereinnahmt* wird. Dies ergibt sich aus dem Zusammenspiel von § 55 Abs. 4 InsO und der Rechtsprechung des V. Senats des BFH. § 55 Abs. 4 InsO bestimmt, dass alle vom vorläufigen Verwalter *begründeten* Steuerverbindlichkeiten als Masseverbindlichkeiten gelten und die Rechtsprechung des V. Senats definiert, dass der Steueranspruch bei der Ist-Besteuerung als *begründet* anzusehen ist, sobald er *vereinnahmt* wurde.[568] Hieraus resultiert im vorliegenden Beispielfall eine Zahllast von weiteren 94.930,79 Euro, die zusammen mit den o. g. 21.216,52 Euro den zu beobachtenden Liquiditätsabfall von 116.147,31 Euro ergeben. Um diese **94.930,79 Euro** fällt der Vorteil des Fiskus bei der Ist-Besteuerung im Vergleich zur Soll-Besteuerung höher aus.

(3) Auswirkungen der BFH-Rechtsprechung (BMF-Schreiben)

Bei der Ist-Besteuerung werden nach § 55 Abs. 4 InsO nur die USt-Verbindlichkeiten zu Masseverbindlichkeiten aufgewertet, deren zugrunde liegendes Entgelt während der vorläufigen Verwaltung begründet und auch vereinnahmt

567 Die in diesem Fall als Masseverbindlichkeiten entstehenden USt-Beträge fallen jedoch nicht unter § 55 Abs. 4 InsO und sind darum in Abbildung 12 nicht abgebildet. Es entstehen vielmehr Masseverbindlichkeiten gem. § 55 Abs. 1 InsO, wie sich aus der Argumentation des BFH ergibt. Die Auswirkungen sind daher im nachfolgenden Abschnitt aufgeführt.

568 Siehe BMF-Schreiben v. 17.01.2012, IV A 3 – S 0550/10/10020-05, BStBl. I 2012, 120.

wurde. Die USt aus den nach diesem Zeitpunkt vereinnahmten Entgelten wird nach neuer Rechtslage ebenfalls zu Masseverbindlichkeiten, unterfällt aber nicht § 55 Abs. 4 InsO, sondern unterliegt nach der Rechtsprechung des BFH § 55 Abs. 1 InsO. Im Vergleich zur Soll-Besteuerung fallen die Effekte bei isolierter Betrachtung der Auswirkungen der BFH-Rechtsprechung daher entsprechend höher aus[569] (und bei isolierter Betrachtung von § 55 Abs. 4 InsO entsprechend geringer)[570].

Abbildung 13: Liquiditätskurve (Ist-Besteuerung) unter Berücksichtigung der neuen BFH-Rechtsprechung[571]

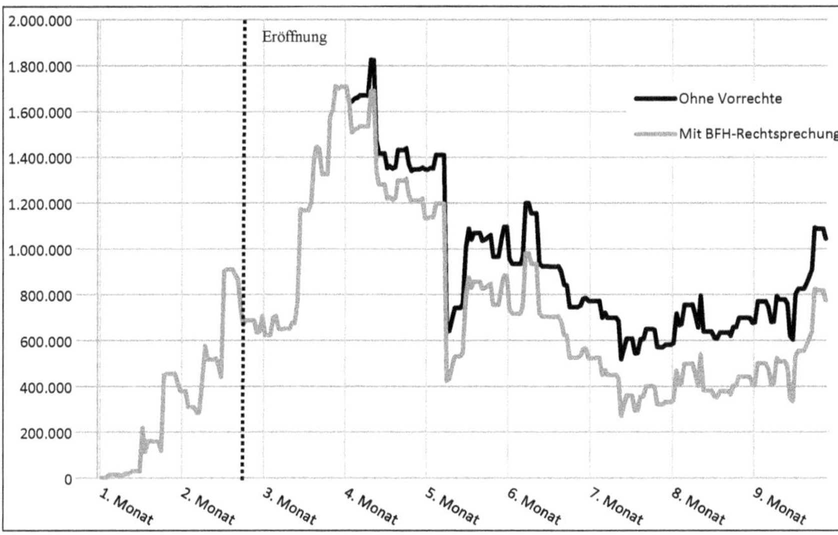

Die maximale Differenz zur Rechtslage ohne die aus der Rechtsprechung des BFH resultierenden Vorrechte beträgt am Ende insgesamt **348.483,76 Euro**.[572]

569 Vgl. Abbildung 13, S. 149 und Abbildung 9, S. 143.

570 Vgl. Abbildung 12, S. 147 und Abbildung 8, S. 140.

571 Eigene Darstellung; Beträge in Euro.

572 In Abbildung 13 ist diese maximale Differenz noch nicht zu erkennen, da sie nur den Zeitraum bis zur Schließung des Geschäftsbetriebs umfasst. Der maximale in der Abbildung dargestellte Abstand beträgt 269.420,17 Euro und wird demnach im weiteren Verlauf noch auf 348.483,76 Euro ansteigen.

Dieser Betrag setzt sich einerseits aus 90.332,38 Euro zusammen, die (identisch zur Sachlage bei der Soll-Besteuerung)[573] aus der Vereinnahmung von vor der Bestellung des vorläufigen Insolvenzverwalters ausgeführten Leistungen stammen. Darüber hinaus ergeben sich jedoch weitere 258.151,38 Euro aus der Vereinnahmung der im Zeitraum der vorläufigen Insolvenzverwaltung ausgeführten Leistungen (die bei der Soll-Besteuerung unter § 55 Abs. 4 InsO fallen).

(4) Gesamtübersicht Ist-Besteuerung

Betrachtet man das Zusammenspiel der Auswirkungen von § 55 Abs. 4 InsO und der Rechtsprechung des BFH, so zeigt sich, dass im Insolvenzverfahren genau wie bei der Soll-Besteuerung nach neuer Rechtslage erheblich weniger Liquidität zur Verfügung stehen würde. Die nachfolgende Abbildung stellt diesen Fall dar.

Abbildung 14: Liquiditätskurve (Ist-Besteuerung) unter Berücksichtigung der neuen BFH-Rechtsprechung und § 55 Abs. 4 InsO[574]

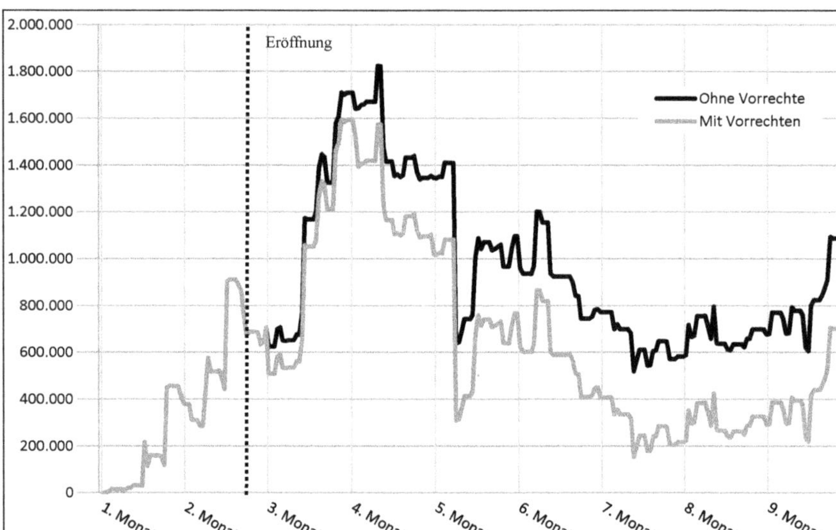

Der Liquiditätsabfall ist im betrachteten Zeitraum insgesamt geringer als bei der Soll-Besteuerung. So beträgt der minimale Kontostand nach Eröffnung des

573 Siehe Teil IV, Kapitel C.I.2.a)(2), S. 141 ff.

574 Eigene Darstellung; Beträge in Euro.

Verfahrens (siebter Monat) insgesamt noch 152.943,66 Euro, während er bei der Soll-Besteuerung zu diesem Zeitpunkt bereits negativ war.[575]

3. *Zusammenfassung und Analyse der Ergebnisse*

Der vorangegangene Abschnitt hat detailliert die Auswirkungen der neuen BFH-Rechtsprechung und § 55 Abs. 4 InsO sowohl für den Fall der Soll- als auch der Ist-Besteuerung dargelegt. Hierauf aufbauend sollen die Ergebnisse nun zusammengefasst und weiterführend analysiert werden.

a) Wirkung der Vorrechte auf die Liquidität

Durch die neuen rechtlichen Rahmenbedingungen werden Forderungen des Fiskus, die nach alter Rechtslage als Insolvenzforderungen einzustufen waren, nunmehr als Masseforderungen behandelt. Anstatt einer quotalen Zahlung zum Ende des Insolvenzverfahrens sind die Forderungen damit in voller Höhe und bereits zu Beginn des Verfahrens zu begleichen. Dies führt zu einem erheblichen Abfluss von Liquidität, die dem Insolvenzverwalter fortan nicht mehr zur Aufrechterhaltung des Geschäftsbetriebs zur Verfügung steht. Die Ergebnisse sind für den Fall der Soll-Besteuerung (schwarz) und der Ist-Besteuerung (grau) in nachfolgender Abbildung zusammengefasst.

Die gestrichelte Kurve stellt jeweils die neuen rechtlichen Rahmenbedingungen dar. Es zeigt sich deutlich, dass sich die Liquiditätslage des Unternehmens aufgrund der Vorrechte des Fiskus erheblich verschlechtert hat. Die Konsequenzen sind dabei im Fall der Soll-Besteuerung temporär gravierender als bei der Ist-Besteuerung. Dies resultiert daraus, dass die Steuer in diesem Fall bereits abgeführt werden muss, obwohl die zugehörigen Entgelte noch gar nicht vereinnahmt wurden. Dennoch wird dem Insolvenzverfahren im Fall der Ist-Besteuerung im Gesamtverlauf *mehr* Liquidität entzogen, wie nachfolgend noch deutlicher dargelegt werden wird.

575 Vgl. Abbildung 10, S. 145.

Abbildung 15: Liquiditätskurven (Soll- und Ist-Besteuerung) mit und ohne Vorrechten im Vergleich[576]

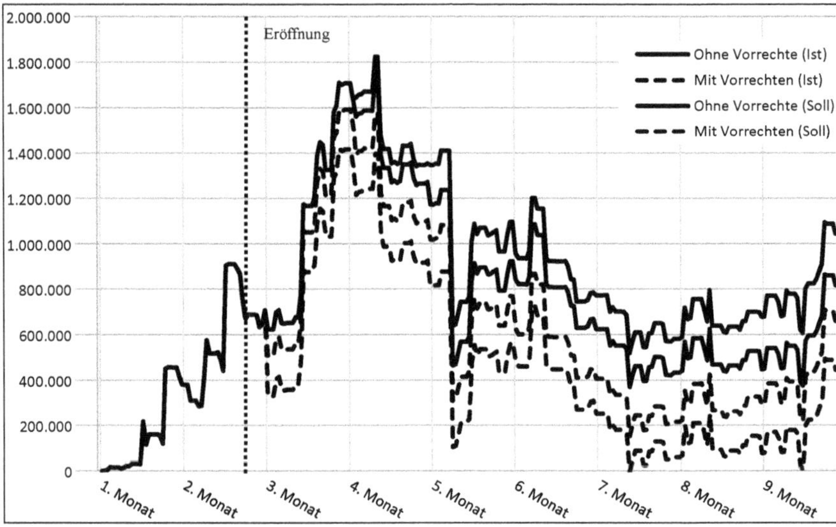

(1) Temporale Aspekte des Liquiditätsentzugs

Um die in der vorangegangenen Abbildung 15 dargelegte Liquiditätskurve noch besser verstehen zu können, wird nachfolgend eine andere Darstellungsform gewählt, die die zeitlichen Unterschiede in der Liquidität zwischen der Rechtslage mit und ohne Vorrechte besser verdeutlichen soll. Betrachtet wird hier ein Zeitraum von ca. drei Jahren des Insolvenzverfahrens.

In der Abbildung wird aufgezeigt, wann sich die Liquiditätskurve unter Berücksichtigung der Vorrechte in Abbildung 15 im Vergleich zur Liquiditätskurve ohne Vorrechte verschiebt. Da die Zahlung der USt-Schuld monatlich erfolgt, ergibt sich das dargestellte Treppenmuster.

Die schwarze Kurve gibt den Fall der Soll-Besteuerung wider. Es ist erkennbar, dass zu Beginn ein starker Liquiditätsabfluss zu verzeichnen ist, der auf der Begleichung der sich aus § 55 Abs. 4 InsO ergebenden Zahlungsverpflichtung beruht. Im weiteren Verlauf fließt zusätzlich Liquidität ab, wenn Entgelte vereinnahmt wurden und die diesbezügliche USt aufgrund der BFH-Rechtsprechung beglichen werden muss. Die Liquidität bessert sich leicht, wenn USt wegen tatsächlicher Uneinbringlichkeit von Forderungen erstattet wird. Demgegenüber

576 Eigene Darstellung; Beträge in Euro.

ist zum besseren Verständnis eine fiktive Kurve zur Ist-Besteuerung aufgezeichnet (gestrichelte graue Linie), die sich auf dieselben Leistungen bezieht und die im Grundsatz nur die zeitlichen Differenzen zwischen Soll- und Ist-Besteuerung aufzeigen soll. Es ist erkennbar, dass sich die beiden Kurven einander immer weiter annähern, bis sie schließlich zum gleichen Ergebnis führen. Etwa im dreiunddreißigsten Monat nach Antrag auf Insolvenzeröffnung sind sämtliche Entgelte vereinnahmt und nicht durchsetzbare Forderungen ausgebucht worden. Die Differenz zur Rechtslage ohne Vorrechte beträgt dann **369.700,28 Euro**.

Abbildung 16: Zeitlicher Verlauf des Liquiditätsnachteils durch die Vorrechte des Fiskus (Soll- und Ist-Besteuerung)[577]

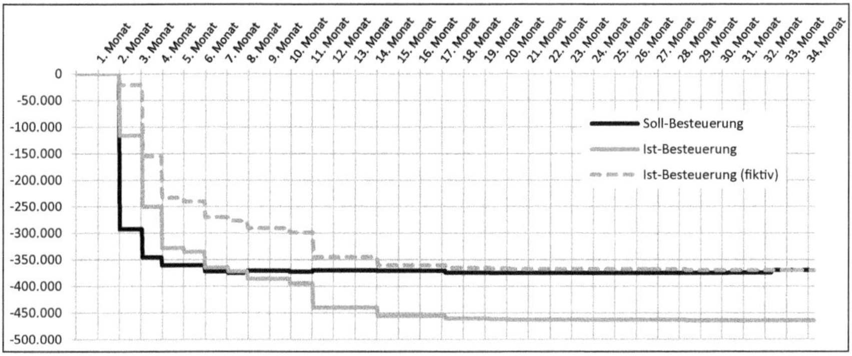

Tatsächlich ist die Differenz im Fall der Ist-Besteuerung jedoch größer. Zum Zeitpunkt der Insolvenzeröffnung sind hier nämlich weitere 94.930,79 Euro gem. § 55 Abs. 4 InsO abzuführen, die im Fall der Soll-Besteuerung nicht als Masseverbindlichkeiten anfallen. Betroffen hiervon sind Leistungen, die bereits vor der Bestellung des vorläufigen Verwalters ausgeführt, deren Zahlung aber erst während der vorläufigen Verwaltung vereinnahmt wurde. Die Kurve verläuft daher um den vorgenannten Betrag verschoben und es ergibt sich insgesamt eine höhere Differenz im Vergleich zur Rechtslage ohne Vorrechte des Fiskus von **464.631,07 Euro**.

577 Eigene Darstellung; Beträge in Euro.

(2) Gesamtergebnis der Mehreinnahmen

Insgesamt lässt sich festhalten, dass Soll- und Ist-Besteuerung nach neuem Recht nicht nur zu rein temporären Differenzen in der Liquiditätslage des Insolvenzverfahrens führen. Die nachfolgende Abbildung stellt das Gesamtergebnis noch einmal gegenüber und schlüsselt zudem auf, aus welcher Vorschrift die Aufwertung zur Masseverbindlichkeit resultiert.

Abbildung 17: Ergebnis der Mehreinnahmen des Fiskus durch § 55 Abs. 4 InsO und die Rechtsprechung des BFH (Soll- und Ist-Besteuerung)[578]

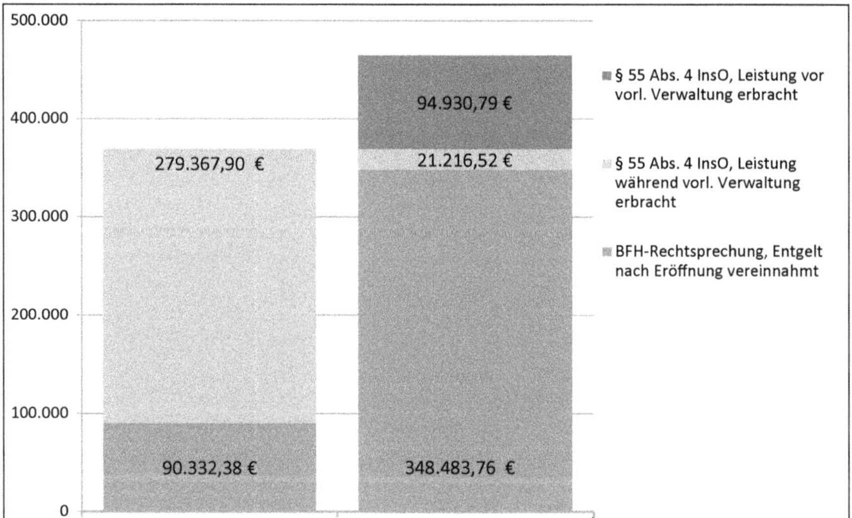

	Soll-Besteuerug	Ist-Besteuerug
		94.930,79 €
	279.367,90 €	21.216,52 €
	90.332,38 €	348.483,76 €
	369.700,28 €	**464.631,07 €**

Es zeigt sich, dass § 55 Abs. 4 InsO bei der Soll-Besteuerung einen stärkeren Einfluss hat, als bei der Ist-Besteuerung. Bei den Rechtsfolgen aus der Rechtsprechung des BFH verhält es sich genau umgekehrt. Das Zusammenspiel der beiden Sachverhalte würde im Prinzip zu einheitlichen Mehreinnahmen des Fiskus von insgesamt **369.700,28 Euro** führen. Die Rechtsprechung des BFH, die die (auch für den § 55 Abs. 4 InsO maßgebliche) Auslegung der *Begründetheit* eines

578 Eigene Darstellung.

Steueranspruchs bei der Ist-Besteuerung von der *Vereinnahmung* abhängig macht, führt jedoch dazu, dass weitere 94.930,79 Euro auf der Vereinnahmung von Entgelten aus der Zeit vor Bestellung des vorläufigen Insolvenzverwalters ebenfalls zu Masseverbindlichkeiten werden.[579] Die Summe beträgt somit in diesem Fall **464.631,07 Euro**.

Diese Beträge sind jedoch nicht mit dem tatsächlichen finanziellen Vorteil zu verwechseln, den der Fiskus durch die neuen Vorrechte erhält. Dieser fällt tatsächlich wesentlich geringer aus, da den Mehreinnahmen auch Mindereinnahmen gegenüber stehen. Dies wird im weiteren Verlauf noch detailliert dargelegt.[580]

b) Aussagekraft der Liquiditätskurven

Allen vorgenannten Abbildungen von Liquiditätskurven des Beispielunternehmens liegt implizit die Annahme zugrunde, dass die neue Rechtslage keinen Einfluss auf die Entscheidungen des Insolvenzverwalters hat. Diese vereinfachende Annahme ermöglicht zwar einen guten Vergleich der alten und neuen Rechtslage, wird jedoch so in der Praxis nicht anzutreffen sein.

Es liegt in der Aufgabe des (vorläufigen) Insolvenzverwalters, zu prüfen, ob die Betriebsfortführung mit Blick auf die Gläubigerbefriedigung der Stilllegung des Betriebs vorzuziehen ist.[581] Ihm muss gerade in der Anfangsphase eine verlässliche Liquiditätsplanung möglich sein, da er sicherstellen muss, anfallende Masseverbindlichkeiten auch begleichen zu können.[582] Kann der Verwalter begründete Masseverbindlichkeiten entgegen vorheriger Planung nicht begleichen, so macht er sich nur für den Fall nicht schadensersatzpflichtig, dass er bei Begründung der Masseverbindlichkeit nicht erkennen konnte, dass die Masse nicht ausreichen würde (§ 61 S. 2 InsO). Dieser Entlastungsbeweis ist vom Insolvenzverwalter zu führen. Durch höhere Masseverbindlichkeiten steigt somit auch das Risiko der persönlichen Haftung für den Insolvenzverwalter.[583] Darüber hinaus droht dem Insolvenzverwalter die persönliche Haftung für alle

---

579 Vgl. BMF-Schreiben v. 17.01.2012, IV A 3 – S 0550/10/10020-05, BStBl. I 2012, 120, 120 ff.

580 Siehe Teil IV, Kapitel C.II, S. 158 ff.

581 *Lixfeld,* Planung und Beschaffung von Liquidität in Insolvenzverfahren, 2010, 36 ff.

582 *Lixfeld,* Planung und Beschaffung von Liquidität in Insolvenzverfahren, 2010, 33 ff. Eine vorübergehende Verlustsituation, die zu einer Schmälerung der verfügbaren Insolvenzmasse führt, ist jedoch hinzunehmen, vgl. *Lixfeld,* Planung und Beschaffung von Liquidität in Insolvenzverfahren, 2010, 37; *Schröder,* in: HHK, InsO, § 22 Rn. 61; *Böhm,* in: Braun, InsO, 2012, § 22 Rn. 16.

583 Vgl. *Gravenbrucher Kreis,* Insolvenzanfechtung, ZInsO 2005, 800, 801.

Steuerforderungen gem. §§ 34, 35 AO. Die Erhöhung von Masseverbindlichkeiten durch die neue Rechtslage ist demnach nicht geeignet, dem Verwalter verstärkte Anreize zu einer Betriebsfortführung zu setzen.[584]

Es ist insofern davon auszugehen, dass der Insolvenzverwalter Entscheidungen, die er bei Geltung der alten Rechtslage getroffen hat, unter Berücksichtigung des neuen Rechts ganz anders treffen würde. Dies hat selbstverständlich auch Einfluss auf den Verlauf der in den Abbildungen 8 bis 15 dargestellten Liquiditätskurven. Besonders hervorzuheben ist bspw. die im fünften Monat erfolgte pauschale Zahlung über 500.000 Euro an den Sicherungsgläubiger der der Globalzession unterliegenden Forderungen. Unter neuer Rechtslage wäre diese Zahlung vermutlich wesentlich geringer ausgefallen oder vorerst gar nicht geleistet worden. Die Zahlung wäre dann zu einem späteren Zeitpunkt erfolgt, an dem auch die tatsächliche Höhe des abzuführenden Betrags geklärt gewesen wäre. Ebenso ist zu beachten, dass eine Schließung des Geschäftsbetriebs nicht von heute auf morgen erfolgen kann. Bei Mitarbeitern sind Kündigungsfristen von längstens drei Monaten zum jeweiligen Monatsende zu beachten (§ 113 InsO), das heißt, der Insolvenzverwalter muss weit genug im Voraus antizipieren, ob er in der Lage sein wird, die Lohnansprüche der Mitarbeiter weiterhin zu bedienen. Sollte absehbar sein, dass die verfügbare Masse nicht ausreicht, um laufende Verbindlichkeiten zu decken, wird der Verwalter rechtzeitig die Masseunzulänglichkeit anzeigen (§ 208 InsO). Er wird somit dafür Sorge tragen, dass zumindest ausreichend Masse vorhanden ist, um die Verfahrenskosten zu decken.

Der tatsächlich zu erwartende Verlauf der Liquiditätskurven nach Rechtslage mit den untersuchten Vorrechten des Fiskus hängt damit von so vielen Einzelfallentscheidungen ab, dass realistische Annahmen hierüber nicht zu treffen sind. Das Ergebnis wird auch je nach Risikobereitschaft des eingesetzten Verwalters sehr unterschiedlich ausfallen.

Es bleibt damit festzuhalten, dass die aufgezeigten Liquiditätskurven unter realitätsnahen Bedingungen in der dargestellten Form nicht vorzufinden sein werden. Insbesondere wird es zu keiner Situation kommen, in der das verfügbare Kontoguthaben vollständig aufgebraucht wird.[585] Hieraus lässt sich jedoch eindeutig ablesen, dass die neue Rechtslage Gegenmaßnahmen des Insolvenzverwalters erfordert. Entscheidungen zur Sicherung der Masse müssen tendenziell früher getroffen werden.

---

584 Vgl. *Gravenbrucher Kreis,* Insolvenzanfechtung, ZInsO 2005, 800, 801.

585 Vgl. Abbildung 10, S. 145 und Abbildung 15, S. 152.

c) Dauer der Betriebsfortführung

Die zuvor gemachten Beobachtungen legen nahe, dass eine Betriebsfortführung unter den neuen rechtlichen Rahmenbedingungen nicht mehr so lange durchgeführt werden kann, wie es nach altem Recht der Fall war. Die Höhe der zu begleichenden Masseverbindlichkeiten nimmt in dem Maße zu, dass der Insolvenzverwalter frühzeitig Maßnahmen ergreifen muss, um die Zahlungsfähigkeit aufrecht zu erhalten. Dabei spielen die Kosten der Mitarbeiter ebenso eine Rolle wie die für den weiteren Betrieb notwendigen Wareneinkäufe, Miete, Leasing oder auch Energiekosten. Ist für den Insolvenzverwalter nicht absehbar, dass er die Zeit zwischen der Annahme eines Auftrags und der Vereinnahmung der daraus resultierenden Entgelte finanziell überbrücken kann, wird er den Auftrag im Zweifelsfall nicht annehmen. Damit wäre die Schließung des Geschäftsbetriebs bereits vorprogrammiert.

Im vorliegenden Beispielfall ist dabei von besonderer Bedeutung, dass Altforderungen einer Globalzession unterliegen. Unter die Globalzession fallen alle vor Bestellung des vorläufigen Insolvenzverwalters entstandenen Forderungen. Abzustellen ist auf den Zeitpunkt, zu dem die rechtliche Wirkung der Abtretung eintritt (§ 140 InsO).[586] Das kann bei einem Kaufvertrag die Übergabe der Kaufsache sein, bei einer Werklieferung aber die Ausführung der Leistung. Für die Frage, ob die hiermit verbundene USt-Schuld als Masseverbindlichkeit zu begleichen ist, wird jedoch wie zuvor dargelegt auf die Vereinnahmung des Entgelts abgestellt. Dies führt dazu, dass die Insolvenzmasse USt als Masseverbindlichkeit schuldet, jedoch die hiermit verbundenen Entgelte gar nicht für die Masse vereinnahmen kann.[587] Die USt muss aus anderen Mitteln finanziert werden, was zu einer zusätzlichen Belastung der Insolvenzmasse führt.[588] Im vorliegenden Beispielfall umfasst dies sowohl bei der Soll- als auch bei der Ist-Besteuerung den Betrag von 90.332,38 Euro (die nach Insolvenzeröffnung vereinnahmt wurden), für die Ist-Besteuerung darüber hinaus aber noch weitere 94.930,79 Euro (die während der vorläufigen Verwaltung vereinnahmt wurden), also insgesamt

---

586 Vgl. BGH, Urteil v. 29.11.2007, IX ZR 30/07, BGHZ 174, 297, 297 ff.

587 Eine Anfechtung ist im Rahmen der kongruenten Deckung gem. § 130 InsO möglich, wenn nachgewiesen werden kann, dass der Zessionar bereits Kenntnis von der Zahlungsunfähigkeit des Zedenten hatte, vgl. BGH, Urteil v. 29.11.2007, IX ZR 30/07, BGHZ 174, 297, 297 ff.

588 Evtl. ist aber eine analoge Anwendung des § 171 Abs. 2 InsO möglich, der es dem Insolvenzverwalter erlauben würde, den Umsatzsteueranteil der globalzedierten Forderungen einzubehalten, um eine Belastung der Masse mit USt zu vermeiden. Es ist noch ungeklärt, ob dies zulässig ist.

185.263,17 Euro, die der Verwalter abführen muss, ohne die hierfür nötigen Mittel vereinnahmen zu können.[589]

All diese Überlegungen zeigen, dass eine Fortführung des Geschäftsbetriebs aufgrund des Liquiditätsentzugs durch § 55 Abs. 4 InsO und die Rechtsprechung des V. Senats des BFH erschwert wird. Eine generelle Aussage hierüber zu treffen, fällt wie üblich schwer. Es hängt weiterhin vom Einzelfall ab, wie stark der Einfluss auf die Liquidität tatsächlich ist. Die Höhe der Vorsteuerbeträge, die je nachdem, ob sich das insolvente Unternehmen im Dienstleistungssektor oder im produzierenden Gewerbe bewegt, sehr unterschiedlich ausfallen kann, spielt für die Höhe der Steuerzahlungsverpflichtungen bspw. eine gewichtige Rolle. Es wäre eine umfassendere Studie über eine Vielzahl von Insolvenzverfahren notwendig, um hier zu einem repräsentativen Ergebnis zu kommen. Möglicherweise bietet das am 01.01.2013 in Kraft getretene Insolvenzstatistikgesetz (InsStatG) hier in Zukunft die Möglichkeit einer genaueren Untersuchung.[590] Derzeit liegen noch keine verwertbaren Ergebnisse der hiernach erhobenen Daten vor.

II. Vorteilhaftigkeitsüberlegung aus Sicht des Fiskus

Den voranschreitenden Bestrebungen, dem Fiskus finanzielle Vorteile im Rahmen des Insolvenzverfahrens zu verschaffen, liegt der Gedanke zugrunde, dass der deutsche Bundeshaushalt durch insolvente Unternehmen jährlich erhebliche Steuerausfälle zu beklagen hat.[591] Dabei stoßen verschiedene Interessengruppen aufeinander. Während die einen die voranschreitende Privilegierung des Fiskus gegenüber der übrigen Gläubigergemeinschaft kritisieren, liegt nach Ansicht der anderen gerade das Gegenteil vor, denn es handele sich gar nicht um Privilegien, sondern gerade um eine Stärkung der Gläubigergleichbehandlung, da dem Fiskus im Insolvenzverfahren Nachteile im Vergleich zu anderen Gläubigern entstünden.[592]

In der Diskussion werden dabei immer wieder Zahlen in den Raum gestellt, die für den Außenstehenden nur schwer kontrollierbar sind. So wird bei der Einführung u. a. von § 55 Abs. 4 InsO mit Mehreinnahmen von 390 Mio. Euro

---

589 Vgl. Abbildung 17, S. 154.

590 Die bislang vom Statistischen Bundesamt erhobenen Daten geben bspw. keinen Aufschluss darüber, für wie lange der Geschäftsbetrieb aufrecht erhalten wurde. Es wurde auch nicht abgefragt, ob die (übertragende) Sanierung des Unternehmens erfolgreich verlaufen ist.

591 Vgl. bspw. BT-Drucks. 15/1495.

592 Siehe Teil III, Kapitel B, S. 38 ff.

kalkuliert.[593] Ob die angestellten Berechnungen tatsächlich korrekt sind oder mehr zum Zweck der Untermauerung eigener Argumente besonders drastisch dargestellt werden, ist oftmals nicht auf den ersten Blick erkennbar. Ein Beispiel im Rahmen des Streits der Sozialversicherungsträger mit dem Insolvenzrecht – der in vielerlei Hinsicht mit dem des Fiskus vergleichbar ist – zeigt jedoch, dass das Hinterfragen von offiziell genannten Zahlen immer notwendig ist. Im erwähnten Fall traten die Sozialversicherungsträger dafür ein, das Anfechtungsrecht im Rahmen des Insolvenzverfahrens zu ihren Gunsten zu beeinflussen. Es wurde „befürchtet", dass bei den Sozialversicherungsträgern ein jährlicher Beitragsausfall durch Insolvenzanfechtungen in Höhe von 800 Mio. Euro entstünden.[594] Dabei sollte es sich sogar noch um „vorsichtige Schätzungen" handeln.[595] Auch hier wurde das ebenfalls vom Fiskus verwendete Argument angeführt, dass Sozialversicherungsträger als öffentlich-rechtliche Gläubiger keine Möglichkeit hätten, sich ihre Schuldner auszusuchen.[596] Die Bestrebungen wurden in der Literatur sehr kritisch aufgenommen und letztendlich nicht umgesetzt.[597] Kurze Zeit später wurde jedoch ein neuer Versuch unternommen, dessen Bemühungen zwar schließlich von Erfolg gekrönt waren, in den rechtlichen Auswirkungen aber nicht zu den gewünschten Ergebnissen führten, da der BGH in seiner Rechtsprechung gegensteuerte.[598] Bemerkenswert ist jedoch in diesem

593 Vgl. BT-Drucks. 17/3030, 26. In dem Betrag ist jedoch auch die später nicht umgesetzte Änderung in § 96 InsO enthalten.

594 Vgl. BT-Drucks. 16/886, 1.

595 Vgl. *Blank*, Anfechtung, ZInsO 2008, 1, 3; *Knospe/Gellrich*, Sicht der Sozialversicherungen, NZS 2006, 303, 303 ff.

596 Vgl. BT-Drucks. 16/886, 8; siehe zu gleichartiger Argumentation des Fiskus bereits Teil III, Kapitel B, S. 38 ff.

597 Vgl. *Deutscher Anwaltverein*, Insolvenzanfechtung, ZInsO 2005, 798, 798 ff.; *Förster*, Anpassung der Insolvenzanfechtung, ZInsO 2005, 785, 785; *Frind*, Insolvenzanfechtung, ZInsO 2005, 790, 793 f.; *Gravenbrucher Kreis*, Insolvenzanfechtung, ZInsO 2005, 800, 801 f.; *Huber*, Insolvenzanfechtung, ZInsO 2005, 786, 786 ff.; *Leithaus*, Anfechtung, NZI 2005, 436, 436 ff.; *Uhlenbruck*, Wiedereinführung, ZInsO 2005, 505, 509; *Vallender*, Insolvenzanfechtung, NZI 2005, 599, 600. Die Umsetzung wurde am 14.12.2006 mit breiter Mehrheit vom Bundestag auf Empfehlung des Rechtsausschusses gestoppt, vgl. BT-Plenarprotokoll 16/73, 7343 B.

598 Vgl. *Bauer*, Insolvenzvorrechte, ZInsO 2008, 119, 121 f.; *Blank*, Anfechtung, ZInsO 2008, 1, 1 ff. Geändert wurde § 28e Abs. 1 SGB IV mit Wirkung zum 01.01.2008 dahingehend, dass ein Satz 2 eingefügt wurde, der lautet: „*Die Zahlung des vom Beschäftigten zu tragenden Teils des Gesamtsozialversicherungsbeitrags gilt als aus dem Vermögen des Beschäftigten erbracht.*", vgl. SGBIVuaÄndG v. 19.12.2007, BGBl. I 2007, 3024, 3027. Durch diese im SGB IV versteckte Formulierung sollte

Zusammenhang, dass das Institut für Freie Berufe (IFB) zu einer gänzlich abweichenden Beurteilung der Anfechtungsschäden für die Sozialversicherungsträger kommt. Durchgeführt wurde eine Befragung der Mitglieder des Verbandes der Insolvenzverwalter Deutschlands e.V. (VID), die die im ersten Gesetzgebungsanlauf aufgerufene Zahl von 800 Mio. Euro Beitragsausfall bei den Sozialversicherungsträgern verifizieren sollte.[599] Das IFB bezifferte die Ausfälle auf gerade einmal 5–8 % der genannten Summe. Berücksichtigt man zusätzlich, dass Insolvenzverfahren zum Teil erst aufgrund von Anfechtungstatbeständen gegenüber Sozialversicherungsträgern eröffnet werden und der Betrieb fortgeführt werden konnte, ergab sich für einzelne Jahre sogar das Bild, dass während der Fortführung mehr Beiträge zurückgeflossen sind, als zuvor durch die Anfechtung an „Schaden" entstanden ist. Das Akzeptieren des Anfechtungsrechts des Insolvenzverwalters bringt den Sozialversicherungsträgern dann sogar mehr Vor- als Nachteile.

Selbst wenn die Wahrheit irgendwo zwischen den Ergebnissen der beiden Parteien liegt, zeigt dieses Beispiel doch, dass offizielle Zahlen immer auch einer Überprüfung unterzogen werden sollten. In Bezug auf den Fiskus lässt sich, ganz unabhängig von der Frage, ob es sich bei den im Rahmen dieser Arbeit besprochenen Vorschriften um Privilegien handelt oder nicht, feststellen, dass dem Fiskus im Laufe der letzten Jahre zahlreiche Möglichkeiten geschaffen wurden, sich im Vergleich zu der zur Einführung der InsO geltenden Rechtslage finanziell besser zu stellen. Die vorangegangenen Kapitel haben die unterschiedlichen, sowohl aus der Gesetzgebung als auch aus der Rechtsprechung resultierenden Regelungen näher beleuchtet.[600] Darüber hinaus wurde anhand eines Praxisbeispiels insbesondere im Hinblick auf § 55 Abs. 4 InsO und die Rechtsprechung des V. Senats des BFH herausgearbeitet, in welchem Umfang eine Umqualifizierung von Insolvenz- zu Masseforderungen erfolgt.[601] Auf den ersten Blick

---

erreicht werden, dass eine Anfechtung gegenüber den Sozialversicherungsträgern nicht mehr möglich ist. Der BGH erklärte die Anfechtung trotz dieses Zusatzes für zulässig, vgl. BGH, Urteil v. 05.11.2009, IX ZR 233/08, BGHZ 183, 86, 86.

599 Vgl. *Institut für Freie Berufe Nürnberg,* Studie, 2007, http://www.vid.de/images/stories/pdf_stellungnahmen-vid/12_vid-bericht_2007.pdf, zuletzt geprüft am 28.02.2014. Online abrufbar unter www.vid.de im Bereich „Gesetzgebung" unter „Stellungnahmen des VID".

600 Siehe Teil III, Kapitel C, S. 45 ff.

601 Siehe Teil IV, Kapitel C.I.2, S. 137 Abbildung 17: Ergebnis der Mehreinnahmen des Fiskus durch § 55 Abs. 4 InsO und die Rechtsprechung des BFH (Soll- und Ist-Besteuerung) ff.; zusammenfassend: Abbildung 17, S. 154.

führt dies scheinbar zwangsläufig zu höheren Einnahmen auf Seiten des Fiskus, wohingegen der Insolvenzmasse Liquidität entzogen wird.

Bei näherer Betrachtung und mit Fokus auf den gesamten Bundeshaushalt muss dieses scheinbare Ergebnis jedoch infrage gestellt werden. Als Schlussfolgerung des vorangegangenen Abschnitts wurde dargelegt, dass die Vorrechte des Fiskus zu einer verkürzten Betriebsfortführung führen können.[602] Dies hat wiederum negative Wirkung auf die Zahlungsströme, die den Fiskus nicht nur direkt, sondern u. U. auch indirekt über die Bundesagentur für Arbeit betreffen. In Bezug auf den Bundeshaushalt sind insofern den Mehreinnahmen auf der einen Seite, mögliche Mindereinnahmen bzw. Mehrausgaben auf der anderen Seite gegenzurechnen. Da die Zusammenhänge oftmals komplex sind und ihr Einfluss auf zu erwartende Zahlungsströme nur schwer vorhersagbar ist, kann eine genaue Berechnung dieser Faktoren nur schwer vorgenommen werden. Im Nachfolgenden sollen hierzu dennoch einige Überlegungen angestellt werden, die die scheinbar positive Bilanz einer Besserstellung des Fiskus im Insolvenzverfahren zumindest relativieren. Dies führt schließlich zur Frage, was aus Sicht des Fiskus bzw. des Bundeshaushalts als vorteilhafter anzusehen ist: Privilegien und Behinderung von Sanierungsbemühungen oder im Gegenteil der bewusste Verzicht auf eine Privilegierung und damit einhergehend die Förderung von Sanierungen. Die nachfolgenden Berechnungen werden für die *Soll-Besteuerung* durchgeführt, gelten mit leicht abweichenden Zahlenwerten aber auch für die Ist-Besteuerung.

1. Auswirkungen auf die Insolvenzquote

Die aus den Privilegierungen des § 55 Abs. 4 InsO und der Rechtsprechung des V. Senats des BFH resultierenden Mehreinnahmen für den Fiskus haben automatisch Auswirkung auf die zu erwartende Insolvenzquote *aller* am Verfahren beteiligten Insolvenzgläubiger. Die Quote des Finanzamts steigt, wohingegen die zu erwartende Quote der übrigen Gläubiger sinkt.

a) Mit Verrechnungsbetrag

Einen Vergleich für das vorliegende Fallbeispiel zwischen der alten Rechtslage ohne Vorrechte und der neuen Rechtslage mit Vorrechten zeigt die nachfolgende Tabelle.

602 Siehe Teil IV, Kapitel C.I.3.c), S. 157 f.

Tabelle 5: Insolvenzquoten nach altem und neuem Recht mit Verrechnungsbetrag (Soll-Besteuerung)[603]

	Ohne Vorrechte	**Mit Vorrechten**	Differenz
Forderungen Finanzamt	681.998,99 €	681.998,99 €	
- davon Insolvenzforderungen	681.998,99 €	187.716,75 €	
- davon § 55 Abs. 4 InsO		279.367,90 €	
- davon BFH-Rechtsprechung		90.332,38 €	
- davon Verrechnung der Erstattung*		124.581,96 €	
Insolvenzmasse	2.067.381,30 €	1.697.681,02 €	
Insolvenzforderungen Gesamt	7.910.887,37 €	7.416.605,13 €	
Insolvenzquote	**26,13%**	**22,89%**	- 3,24%p
Zahlung an das Finanzamt			
- Quotenausschüttung	178.229,31 €	42.968,87 €	**- 135.260,44 €**
- § 55 Abs. 4 InsO		279.367,90 €	
- BFH-Rechtsprechung		90.332,38 €	
Gesamt	178.229,31 €	412.669,15 €	234.439,84 €
Quote Finanzamt	**26,13%**	**60,51%**	**+ 34,38%p**

(%p = Prozentpunkte); * Annahme, dass zuvor 100 % der USt abgeführt wurde

Im Insolvenzverfahren wurden Forderungen des Finanzamts i. H. v. insgesamt 681.998,99 Euro vom Insolvenzverwalter anerkannt. Die zum Abschluss des Insolvenzverfahrens nach Ausgleich von Masseforderungen und Abzug der Verfahrenskosten verfügbare Insolvenzmasse belief sich auf 2.067.381,30 Euro. Dem standen insgesamt vom Insolvenzverwalter anerkannte Insolvenzforderungen von 7.910.887,37 Euro gegenüber (inkl. der Forderungen des Finanzamts). Daraus ergab sich eine für alle Gläubiger gleiche Quote von 26,13 %. Das Finanzamt erhielt demnach eine Quotenzahlung von 178.229,31 Euro.

Durch die Privilegierungen nach neuer Rechtslage kommt es auf Seiten des Finanzamts zu einer Umqualifizierung von Insolvenzforderungen zu Masseforderungen. Von den insgesamt im Rahmen des Insolvenzverfahrens geltend gemachten Forderungen des Finanzamts über 681.998,99 Euro sind nach neuem Recht nur noch 187.716,75 Euro als Insolvenzforderungen zu

603 Eigene Berechnung.

qualifizieren. 279.367,90 Euro erfahren durch § 55 Abs. 4 InsO eine Aufwertung zu Masseforderungen und weitere 90.332,38 Euro werden durch die Rechtsprechung des BFH aufgewertet. Im Fall der Soll-Besteuerung können zudem maximal weitere 124.581,96 Euro durch den mit Eröffnung entstehenden Erstattungsanspruch mit bestehenden Insolvenzforderungen verrechnet werden.[604] Es ist strittig, ob diese Aufrechnung tatsächlich erfolgen darf oder der Erstattungsbetrag nicht ausgezahlt werden müsste.[605] Im vorliegenden Beispiel wird der Fall betrachtet, dass die Aufrechnung für zulässig erachtet wird. Dies erfolgt auch auf dem Hintergrund, dass immer wieder Bestrebungen zu beobachten sind, Aufrechnungshindernisse zugunsten des Fiskus zu umgehen.[606]

Durch die Vorrechte des Fiskus verringert sich die zur Verteilung stehende Insolvenzmasse von 2.067.381,30 Euro auf 1.697.681,02 Euro. Gleichzeitig verringern sich die anerkannten Insolvenzforderungen von 7.910.887,37 Euro auf 7.416.605,13 Euro. Insgesamt ergibt sich daraus eine **Verschlechterung der Insolvenzquote um 3,24 Prozentpunkte** von 26,13 % auf 22,89 %. Für das Finanzamt bedeutet das Zusammenspiel aus nun geringeren Insolvenzforderungen (187.716,75 Euro vs. 681.998,99 Euro) und der schlechteren Insolvenzquote **Mindereinnahmen bei der Quotenausschüttung von 135.260,44 Euro** gegenüber der alten Rechtslage.

Rechnet man dies den sich aus den Privilegien ergebenden Mehreinnahmen von 369.700,28 Euro entgegen, ergeben sich in der Summe immer noch Mehreinnahmen von 234.439,84 Euro. Es lässt sich somit sagen, dass das Finanzamt seine Quote im Insolvenzverfahren von vormals 26,13 % **um 34,38 Prozentpunkte** auf 60,51 % verbessert hat, während sich die Quote der übrigen Gläubiger um 3,24 Prozentpunkte auf 22,89 % verschlechtert.

b) Ohne Verrechnungsbetrag

Die Höhe des im vorherigen Abschnitt berücksichtigten Verrechnungsbetrags von 124.581,96 Euro hängt davon ab, in welcher Höhe das (später) insolvente Unternehmen zuvor die USt überhaupt abgeführt hat. Es ist wahrscheinlich, dass

604 In der Praxis wird der Betrag von 124.581,96 Euro in der Regel geringer ausfallen, da das insolvente Unternehmen die dem Erstattungsanspruch zugrunde liegende Umsatzsteuer zumeist nicht in voller Höhe abgeführt haben wird. Ein geringerer Verrechnungsbetrag führt dann zu einer insgesamt *geringeren* Insolvenzquote (mehr Insolvenzforderungen), aber aus Sicht des Finanzamts zu einer insgesamt *höheren* Quotenausschüttung (höhere Forderung, auf die ausgeschüttet wird).

605 Siehe bereits Teil IV, Kapitel C.IV.2.b)(1)(b), S. 93 f. und Kapitel C.I.2.a)(2), S. 141 f.

606 Siehe Teil IV, Kapitel C.V.2, S. 111 f.

die Zahlung zumindest nicht mehr in voller Höhe erfolgt ist. Geht man davon aus, dass gar keine USt abgeführt wurde, so ergibt sich auch kein Verrechnungsbetrag. Ist dies der Fall, stellt sich das Finanzamt finanziell sogar noch besser, da mehr Insolvenzforderungen verbleiben, auf die eine Ausschüttung erfolgt.

Das Finanzamt hat gegenüber der Rechtslage ohne die betrachteten Vorrechte nur noch **Mindereinnahmen bei der Quotenausschüttung von 107.924,25 Euro** zu verzeichnen. Insgesamt ergeben sich dadurch immer noch Mehreinnahmen von 261.776,03 Euro, was einer Verbesserung der Quote um **38,38 Prozentpunkte** entspricht. Die Quote der übrigen Gläubiger verschlechtert sich hierdurch noch weiter um nunmehr 3,62 Prozentpunkte. Diese Ergebnisse sind in nachfolgender Tabelle noch einmal dargestellt.

Tabelle 6: Insolvenzquoten nach altem und neuem Recht ohne Verrechnungsbetrag (Soll-Besteuerung)[607]

	Ohne Vorrechte	**Mit Vorrechten**	Differenz
Forderungen Finanzamt	681.998,99 €	681.998,99 €	
– davon Insolvenzforderungen	681.998,99 €	312.298,71 €	
– davon § 55 Abs. 4 InsO		279.367,90 €	
– davon BFH-Rechtsprechung		90.332,38 €	
– davon Verrechnung der Erstattung*		0,00 €	
Insolvenzmasse	2.067.381,30 €	1.697.681,02 €	
Insolvenzforderungen Gesamt	7.910.887,37 €	7.541.187,09 €	
Insolvenzquote	**26,13%**	**22,51%**	– 3,62%p
Zahlung an das Finanzamt			
– Quotenausschüttung	178.229,31 €	70.305,06 €	**– 107.924,25 €**
– § 55 Abs. 4 InsO		279.367,90 €	
– BFH-Rechtsprechung		90.332,38 €	
Gesamt	178.229,31 €	440.005,34 €	261,776.03 €
Quote Finanzamt	**26,13%**	**64,52%**	**+ 38,38%p**

(%p = Prozentpunkte); * Annahme, dass zuvor 0 % der USt abgeführt wurde

Das in der Praxis zu erwartende Ergebnis wird in Abhängigkeit des tatsächlich entstehenden Erstattungsanspruchs zwischen den in Tabelle 5 und Tabelle 6 dargestellten Ergebnissen liegen.

607 Eigene Berechnung.

2. *Entgangene Umsatzsteuer aufgrund verkürzter Betriebsfortführung*

Aus der Feststellung, dass aus der Aufwertung von vormals als Insolvenzforderungen einzuordnenden Steuerforderungen zu Masseforderungen eine schlechtere Fortführungsprognose für das insolvente Unternehmen folgt,[608] lassen sich aus Sicht des Fiskus zwei Szenarien darstellen, zwischen denen es abzuwägen gilt. Entweder man entscheidet sich für eine Privilegierung der steuerlichen Insolvenzforderungen und gefährdet damit die aus einer Betriebsfortführung zu erwartenden laufenden Steuereinnahmen oder aber man verzichtet auf die Privilegierung und erhöht die Wahrscheinlichkeit, dass das insolvente Unternehmen auch in Zukunft (zumindest vorübergehend) Steuereinnahmen generiert.

Warum die Variante der bewussten Privilegierung aus Sicht des Fiskus reizvoller erscheint als die Spekulation auf zukünftige Steuereinnahmen, ist intuitiv einleuchtend. Eine Privilegierung führt zu sicheren Einnahmen, die nicht davon abhängig sind, wie lange der Betrieb in Zukunft noch aufrecht erhalten werden kann. Die sichere kurzfristige Steuerrealisierung wird höher gewichtet als die unsichere langfristige Perspektive des Unternehmens. Das Risiko einer bewussten Fokussierung auf langfristige Steuereinnahmen enthielte jedoch auch die Chance, weitaus höhere Einnahmen zu generieren, als es durch eine Privilegierung der Fall ist. Es kann also hinterfragt werden, welche Variante aus Sicht des Fiskus sinnvoller ist.

Da nach aktueller Rechtslage der Weg der Privilegierung von Fiskalforderungen gewählt wurde, müssen für die Bewertung der Vorteilhaftigkeit die „Kosten" der Alternative gegengerechnet werden. Die Steuereinnahmen durch die Privilegierung werden „erkauft" durch geringere Steuereinnahmen aus der verkürzten Betriebsfortführung. Dieser Betrag soll beispielhaft anhand des bereits zuvor analysierten Insolvenzverfahrens näherungsweise quantifiziert werden.

a) Szenarioanalyse

Schlussfolgerung der zuvor durchgeführten Analyse war es, dass es dem Insolvenzverwalter nach neuer Rechtslage nicht möglich gewesen wäre, den Geschäftsbetrieb so lange aufrecht zu erhalten, wie es zu Zeiten ohne entsprechende Bevorzugungen des Fiskus der Fall war.[609] Der tatsächliche Zeitpunkt, zu dem der Insolvenzverwalter der Gläubigerversammlung eine Stilllegung des Geschäftsbetriebs nahe gelegt hätte, kann nur vermutet werden. Ursprünglich ist der Geschäftsbetrieb für mehr als neun Monate aufrechterhalten worden. Unter

608 Siehe Teil IV, Kapitel C.I.3.c), S. 157 f.
609 Siehe Teil IV, Kapitel C.I.3.c), S. 157 f.

der Rechtslage mit Fiskusprivilegien verschlechtert sich die Liquiditätslage des Unternehmens derart, dass die Liquidität ohne Gegenmaßnahmen des Insolvenzverwalters spätestens nach sieben Monaten aufgebraucht wäre.[610] Es kann also angenommen werden, dass der Verwalter rechtzeitig Maßnahmen ergreifen wird, um den Geschäftsbetrieb spätestens zu diesem Zeitpunkt einzustellen. Dies stellt aus Sicht des Fiskus das „Best-Case" Szenario dar, da es die längst mögliche Betriebsfortführung bedeutet. Demgegenüber soll als „Worst-Case" Szenario betrachtet werden, dass der Insolvenzverwalter das Risiko, die anfallenden Masseverbindlichkeiten nicht begleichen zu können, so hoch einschätzt, dass der Geschäftsbetrieb unmittelbar nach Insolvenzeröffnung geschlossen wird. Es würden keine neuen Aufträge mehr angenommen, sondern nur noch offene abgearbeitet sowie noch offene Posten eingezogen. Das in der Realität zu erwartende Ergebnis wird dann irgendwo zwischen dem Szenario der sofortigen Schließung und einer Schließung nach sieben Monaten liegen.

(1) Laufende Steuereinnahmen während der Betriebsfortführung

Abbildung 18: Umsatzsteuer während der Betriebsfortführung ab Insolvenzeröffnung[611]

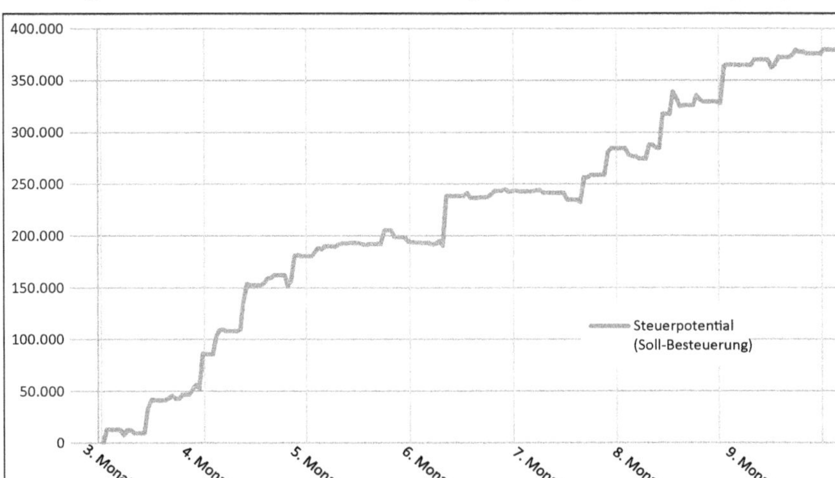

Die Abbildung 18 zeigt den Verlauf der durch die Betriebsfortführung generierten Umsatzsteuerforderungen, d.h. eingebuchte Umsatzsteuerbeträge abzüglich

610 Siehe Abbildung 15, S. 152.

611 Eigene Darstellung; Beträge in Euro.

Vorsteuer. Es wird keine Rücksicht auf Fälligkeiten (Voranmeldungszeitraum) genommen. Da es sich um nach der Insolvenzeröffnung entstandene Steueransprüche handelt, sind diese als Masseverbindlichkeiten an das Finanzamt abzuführen. Im Laufe der über neun monatigen Betriebsfortführung (seit Antrag auf Eröffnung des Verfahrens) sind bis zur Schließung des Geschäftsbetriebs insgesamt 383.105,93 Euro an laufenden Umsatzsteuerzahlungen an das Finanzamt geleistet worden. Dies ist der maximale Betrag, der zugunsten einer Privilegierung aufs Spiel gesetzt wird.[612]

(2) Sofortige Betriebsschließung (Worst-Case)

Geht man davon aus, dass der Geschäftsbetrieb des insolventen Unternehmens (aufgrund der durch die Aufwertung von Umsatzsteuerforderungen zu Masseforderungen geringeren Liquidität) zur Sicherung des verfügbaren Massebestandes direkt nach Eröffnung des Insolvenzverfahrens bzw. nach Abhalten der ersten Gläubigerversammlung geschlossen wird, bedeutet dies, dass der Fiskus **Mindereinnahmen von 383.105,93 Euro** gegenüber der Rechtslage ohne Privilegien zu verzeichnen hat. Dem stehen Mehreinnahmen aus der Privilegierung durch § 55 Abs. 4 InsO und der Rechtsprechung des V. Senats des BFH von 369.700,28 Euro gegenüber.[613]

(3) Betriebsschließung sieben Monate nach Insolvenzantrag (Best-Case)

Die zuvor durchgeführten Analysen legen nahe, dass eine Betriebsfortführung spätestens im siebten Monat nach Antrag auf Insolvenzeröffnung unmöglich gewesen wäre, da die verfügbare Liquidität ohne Gegenmaßnahmen des Insolvenzverwalters zu diesem Zeitpunkt vollkommen aufgebraucht gewesen wäre.[614] Die bis zu diesem Zeitpunkt ausgeführten Leistungen begründen weiterhin USt-Verbindlichkeiten, die an das Finanzamt abzuführen sind. Die

612 Dem ermittelten Betrag kann entgegen gehalten werden, dass das Abstellen auf das Buchungsdatum (das dem Datum der zugrunde liegenden Rechnung entspricht) zu ungenauen Ergebnissen führt. Leistungen können bereits vor Rechnungsstellung ausgeführt worden sein. Demzufolge sind auch nach Schließung des Geschäftsbetriebs noch weitere Umsatz- und Vorsteuerbeträge eingebucht worden, die sich jedoch im vorliegenden Fall annähernd gegenseitig aufheben. Diese Ungenauigkeit wird in Kauf genommen, da es mit vertretbarem Aufwand nicht möglich gewesen wäre, den exakten Tag der Leistungsausführung für jede einzelne Forderung zu bestimmen.

613 Siehe Abbildung 17, S. 154.

614 Siehe Abbildung 10, S. 145.

USt auf Leistungen, die unter der Rechtslage ohne Vorrechte des Fiskus nach diesem Zeitpunkt ausgeführt wurden, gehen dem Fiskus verloren.

Durch die im Vergleich zur Situation ohne Fiskusprivilegien verfrühte Schließung des Geschäftsbetriebs erleidet der Fiskus in diesem Beispiel **Mindereinnahmen von 150.691,58 Euro**. Auch in diesem Fall stehen hier Mehreinnahmen von 369.700,28 Euro gegenüber.

b) Zusammenfassung

Abbildung 19: Entgangene Umsatzsteuer in Abhängigkeit vom Zeitpunkt der Betriebsschließung[615]

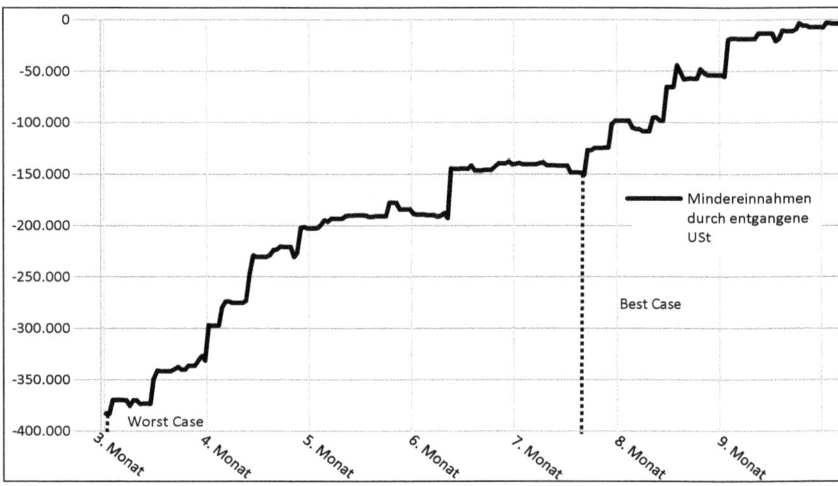

In den soeben dargestellten Extremsituationen sind unter Berücksichtigung der durch die Privilegien des Fiskus verschlechterten Fortführungsprognose den zuvor errechneten Mehreinnahmen von 369.700,28 Euro[616] die durch eine frühzeitigere Schließung des Geschäftsbetriebs entgangenen Umsatzsteuereinnahmen gegengerechnet worden. Man kommt zu dem Ergebnis, dass der Fiskus im besten Fall nur Mindereinnahmen von **150.691,58 Euro** zu erleiden hat, im schlechtesten Fall sind es jedoch **383.105,93 Euro**. Das tatsächliche Ergebnis wird sich zwischen diesen beiden Werten bewegen.

615 Eigene Darstellung; Beträge in Euro.

616 Siehe Tabelle 6, S. 164.

3. *Entgangener Steuerrückfluss aufgrund geringerer Insolvenzquote*

Die zuvor erarbeiteten Untersuchungsergebnisse haben gezeigt, dass durch die Umqualifizierung von Insolvenzforderungen des Fiskus zu Masseforderungen eine Verringerung der zur Verteilung an alle Gläubiger verfügbaren Insolvenzmasse zu beobachten ist.[617] Dies führt automatisch zu einer geringeren Insolvenzquote für die Gläubigergemeinschaft, wohingegen die insgesamt betrachtete Quote des Finanzamts steigt. Dieses Ergebnis ist intuitiv einleuchtend, wenn man sich vor Augen hält, dass durch die Privilegierung eine Umverteilung der nur begrenzt verfügbaren Insolvenzmasse von allen Insolvenzgläubigern auf einen einzelnen Gläubiger stattfindet.

Eine geringere Insolvenzmasse hat jedoch wiederum negativen Einfluss auf die den gesamten Bundeshaushalt betreffenden Steuereinnahmen. Erhalten die Gläubiger nämlich zum Abschluss des Insolvenzverfahrens eine quotale Zahlung auf ihre Insolvenzforderungen, profitiert auch der Fiskus hiervon, da die Unternehmen diese Einnahmen ihrerseits versteuern müssen.[618] Eine geringere Ausschüttung an die Insolvenzgläubiger bedeutet daher auch automatisch geringere Steuereinnahmen für den Fiskus. Diese Effekte sollen nachfolgend rechnerisch ermittelt werden.

a) Verkehrsteuern

Bei einer Unternehmensinsolvenz ist davon auszugehen, dass eine Vielzahl der angemeldeten Insolvenzforderungen solche aus Lieferungen und Leistung darstellen, die der Umsatzsteuer unterliegen. Mit Eröffnung des Insolvenzverfahrens ist auch auf Seiten der Gläubiger eine Korrektur der Bemessungsgrundlage vorzunehmen, da die Forderung uneinbringlich geworden ist. Erfolgt zum Abschluss des Insolvenzverfahrens eine Quotenzahlung auf diese Forderungen, ist erneut eine Korrektur der Bemessungsgrundlage vorzunehmen und die enthaltene Umsatzsteuer ist abzuführen. Der Rückfluss aus USt an das Finanzamt (R_{Ust}) errechnet sich als Multiplikation des Steuersatzes mit dem *Netto*betrag der Ausschüttung:

$$R_{Ust} = \frac{1}{1 + st_{Ust}} \cdot st_{USt}$$

617 Siehe Tabelle 5, S. 162 und Tabelle 6, S. 164.

618 Aus diesem Grund bereits zu Zeiten der KO für eine Einschränkung der Fiskusprivilegien plädierend, vgl. *Bredow/Christiansen*, Konkursvorrechte, KTS 1959, 21, 23.

Bei einem derzeitigen Umsatzsteuersatz von 19 % ergibt sich folgendes Ergebnis:[619]

$$R_{Ust} = \frac{1}{1{,}19} \cdot 0{,}19 = 15{,}97\,\%$$

Handelt es sich bei der der Insolvenzforderung zugrunde liegenden Forderung um einen umsatzsteuerpflichtigen Sachverhalt, so fließen demnach 15,97 % der Ausschüttung an das Finanzamt. Fällt die Ausschüttung durch Vorrechte des Fiskus geringer aus, entgehen dem Staat demzufolge Steuereinnahmen in entsprechender Höhe.

b) Ertragsteuern

(1) Kapitalgesellschaften

Die Berechnung der aufgrund der Quotenzahlung an den Fiskus fließenden Ertragsteuern stellt sich wesentlich komplizierter dar. Handelt es sich bei dem Steuersubjekt um eine Kapitalgesellschaft, ist aufgrund des Trennungsprinzips sowohl die Steuerbelastung auf Ebene der Gesellschaft, als auch auf Ebene der Anteilseigner zu beachten.[620] Der Rückfluss einer Quotenzahlung an ein Körperschaftsteuersubjekt an das Finanzamt (R_{KSt}) errechnet sich als Addition dieser beiden Besteuerungsebenen:

$$R_{KSt} = R_{KapG} + R_{Ant}$$

(a) Erste Besteuerungsebene

Geht man wiederum davon aus, dass der Insolvenzforderung eine Lieferung oder Leistung zugrunde liegt,[621] setzt sich der Steuerrückfluss aus der Belastung mit KSt (zzgl. SolZ) und GewSt zusammen:

$$R_{KapG} = Bel_{KSt} + Bel_{GewSt}$$

$$R_{KapG} = \left[\frac{1}{1+st_{Ust}} \cdot st_{KSt} \cdot (1+st_{SolZ})\right] + \left[\frac{1}{1+st_{Ust}} \cdot st_{GewSt} \cdot GewSt_{Heb}\right]$$

$$R_{KapG} = \left[\frac{1}{1{,}19} \cdot 0{,}15 \cdot 1{,}055\right] + \left[\frac{1}{1{,}19} \cdot 0{,}035 \cdot 400\,\%\right]$$

$$R_{KapG} = 13{,}3\,\% + 11{,}76\,\% = 25{,}06\,\%$$

619 Vgl. *Bollig*, Fiskalprivileg, KTS 1983, 217, 237.

620 Vgl. *Hey*, in: Tipke/Lang, Steuerrecht, 2013, § 11, Rz. 1.

621 Wurde dem Insolvenzschuldner bspw. ein ungesichertes Darlehen gewährt, führt dessen Rückführung nicht zu einer Belastung mit Verkehrs- oder Ertragsteuern.

Von einer Quotenzahlung an eine Kapitalgesellschaft ist somit auf der ersten Besteuerungsebene ein Rückfluss an den Fiskus von 25,06 % zu erwarten. Dieser setzt sich zusammen aus Bel_{KSt} von 13,3 % und Bel_{GewSt} von 11,76 %[622]. Diese Differenzierung ist insofern von Relevanz, als das Steueraufkommen der KSt dem Bundeshaushalt zufließt, wohingegen die GewSt den Kommunen zukommt. Wenngleich bislang ausschließlich die Auswirkungen auf den Bundeshaushalt betrachtet wurden, ist die GewSt dennoch in die Betrachtung mit einzubeziehen, da auch sie zur Finanzierung des öffentlichen Haushalts beiträgt. Darüber hinaus lässt sich hieraus ableiten, dass durch die Privilegierung des Fiskus im Insolvenzverfahren nicht nur eine Umverteilung von den unbesicherten Insolvenzgläubigern hin zum Fiskus stattfindet, sondern gleichfalls eine Umverteilung des Steueraufkommens von der Kommunal- auf die Bundesebene. Von jedem Euro Mehrausschüttung an den Fiskus entgehen den Kommunen rund 11,76 %, die nun stattdessen in den Bundeshaushalt fließen.

(b) Zweite Besteuerungsebene

Schüttet nun die KapG ihrerseits ihre Gewinne aus, kommt es zu einer erneuten Belastung auf Ebene der Anteilseigner. Die steuerlichen Konsequenzen sind je nach Konstellation sehr unterschiedlich. Ausgeschüttet werden kann in jedem Fall maximal die Insolvenzquote, abzüglich der bereits gezahlten USt, KSt, SolZ und GewSt:

$$A_{Ant} = 1 - R_{USt} - R_{KapG}$$

$$A_{Ant} = 1 - 0{,}1597 - 0{,}2506 = 58{,}97\ \%$$

Ausschüttungen an eine weitere KapG sind aufgrund § 8b Abs. 1 KStG im Grundsatz steuerfrei.[623] Es soll daher nachfolgend nur die finale Ausschüttung an eine natürliche Person betrachtet werden. Zu unterscheiden ist dabei, ob der Anteilseigner seine Anteile an der KapG im *Privatvermögen* oder im *Betriebsvermögen* hält.

622 Die Belastung mit GewSt ist je nach Höhe des Hebesatzes $GewSt_{Heb}$ unterschiedlich, der von den Gemeinden festgelegt wird. Für die Berechnung wurde ein weit verbreiteter Satz von 400 % angenommen. Hinzurechnungen (§ 8 GewStG) und Kürzungen (§ 9 GewStG) bleiben unberücksichtigt.

623 Trotz dieses Grundsatzes werden 5 % der Ausschüttung als nichtabzugsfähige Betriebsausgaben der Besteuerung unterworfen (§ 8b Abs. 5 KStG). Dies bleibt aus Vereinfachungsgründen außer Betracht.

Werden die Anteile im Privatvermögen gehalten, so unterliegt die Ausschüttung der Abgeltungsteuer i. H. v. 25 % (§ 32d Abs. 1 S. 1 EStG). Der Rückfluss an den Fiskus auf Ebene des Anteilseigners beläuft sich dann auf maximal:[624]

$$R_{Ant}^{P} = A_{Ant} \cdot st_{Abg}$$

$$R_{Ant}^{P} = 0,5897 \cdot 0,25 = 14,74\,\%$$

Werden die Anteile jedoch im Betriebsvermögen gehalten, kommt das Teileinkünfteverfahren zur Anwendung (§ 3 Nr. 40 EStG). Hierbei werden lediglich 60 % der Ausschüttung dem persönlichen Einkommensteuersatz des Steuerpflichtigen (st_{ESt}) unterworfen.

$$R_{Ant}^{B} = A_{Ant} \cdot 0,6 \cdot st_{ESt} \cdot \left(1 + st_{SolZ}\right)$$

Legt man bspw. den sich aus den aktuellsten verfügbaren statistischen Daten ergebenden durchschnittlichen Einkommensteuersatz des Jahres 2009 von 20,89 %[625] zzgl. SolZ zugrunde, ergibt sich folgende Berechnung:

$$R_{Ant}^{B} = 0,5897 \cdot 0,6 \cdot 0,2089 \cdot 1,055 = 7,798\,\%$$

Das Ergebnis stellt den im Jahr 2009 durchschnittlich zu erwartenden Rückfluss an den Fiskus dar, wenn eine Ausschüttung an die Anteilseigner der Kapitalgesellschaft erfolgt und diese ihre Anteile im Betriebsvermögen halten. Das Ergebnis von R_{Ant}^{B} bewegt sich rechnerisch zwischen 0 % (st_{ESt} = 0) und 16,798 % (st_{ESt} = 0,45).[626]

---

624 Liegt der persönliche Grenzsteuersatz des Steuerpflichtigen unterhalb des Abgeltungssteuersatzes, kann zur Veranlagung mit dem persönlichen Steuersatz optiert werden (§ 32d Abs. 6 EStG). Bei einem Durchschnittssteuersatz von 20,89 % im Jahr 2009 (siehe Fn. 625) liegt der Grenzsteuersatz bei etwa 33,4 % und damit über dem Abgeltungssteuersatz. Die Optionsmöglichkeit bleibt daher in der Berechnung unberücksichtigt.

625 Der Wert entspricht dem Durchschnittssteuersatz der Einkommensteuer 2009, vgl. Tabelle 2 *Statistisches Bundesamt,* Fachserie 14 Reihe 7.1.1, 2013, https://www.destatis.de/DE/Publikationen/Thematisch/FinanzenSteuern/Steuern/LohnEinkommensteuer/Einkommensteuerstatistik2140711097004.pdf?__blob=publicationFile, 7, zuletzt geprüft am 28.02.2014., erschienen am 08.10.2013. $st_{Est}^{Ø2009}$ = fESt / zvE = 7.124 / 34.099 = 20,89 %.

626 Das Ergebnis ist insofern ungenau, da nicht der Grenz-, sondern der Durchschnittssteuersatz maßgeblich ist. Beträgt der Grenzsteuersatz 45 %, wird der

(c) Gesamtergebnis

Die vorangegangenen Berechnungen zeigen, dass das zu erwartende Ergebnis von vielerlei Variablen abhängt. Die Berechnung kann daher nur eine Schätzung darstellen.[627] Unter der Annahme, dass allen anerkannten Insolvenzforderungen ein umsatzsteuerpflichtiger Sachverhalt zugrunde liegt und die Anteilseigner ihre Anteile im Privatvermögen halten[628] ergibt sich folgendes Gesamtergebnis für eine Quotenzahlung an einen Gläubiger, der der Körperschaftsteuer unterliegt:

$$R_G^{KapG} = R_{Ust} + R_{KapG} + R_{Ant}^P$$

$$R_G^{KapG} = 15{,}97\,\% + 25{,}06\,\% + 14{,}74\,\% = 55{,}77\,\%$$

Erfolgt zum Abschluss des Insolvenzverfahrens eine Quotenzahlung an eine Kapitalgesellschaft, ist demnach davon auszugehen, dass 55,77 % hiervon durch Steuerzahlungen dem Fiskus zufließen. Dies bedeutet im Umkehrschluss, dass der Vorteil einer durch Privilegierungen erreichten Mehrausschüttung an den Fiskus um diesen Prozentsatz geringer ausfällt. Dies wird in der anschließenden Beispielrechnung näher verdeutlicht.[629]

(2) Personenunternehmen

Durch das bei Personenunternehmen im Steuerrecht maßgebliche Transparenzprinzip stellt sich die Berechnung des Rückflusses einer entsprechenden Quotenzahlung einfacher dar als bei einer Kapitalgesellschaft:

$$R_G^{PersU} = R_{Ust} + R_{PersU}$$

Der Rückfluss aus Umsatzsteuer (R_{Ust}) ist bereits bekannt mit 15,97 %.[630]

Der Betrag des Rückflusses aus der Zahlung an das Personenunternehmen (R_{PersU}) setzt sich aus der Belastung mit Einkommensteuer (zzgl. SolZ) und Gewerbesteuer zusammen:

Durchschnittssteuersatz stets geringer ausfallen. Bei sehr hohem zvE nähert sich der Durchschnitts- dem Grenzsteuersatz von 45 % an.

627 Vgl. *Bollig*, Fiskalprivileg, KTS 1983, 217, 236.

628 Es wird insofern davon ausgegangen, dass die Abgeltungssteuer seit ihrer Einführung den Regelfall darstellt.

629 Siehe Teil IV, Kapitel C.II.3.c), S. 174 ff.

630 Siehe Teil IV, Kapitel C.II.3.a), S. 169 f.

$$R_{PersU} = Bel_{ESt} + Bel_{GewSt}$$

Die Formel ergibt sich analog zur Berechnung der ersten Besteuerungsebene bei einer Kapitalgesellschaft (R_{KapG}):[631]

$$R_{PersU} = \left[\frac{1}{1 + st_{Ust}} \cdot st_{ESt} \cdot (1 + st_{SolZ}) \right] + \left[\frac{1}{1 + st_{Ust}} \cdot st_{GewSt} \cdot GewSt_{Heb} \right]$$

Die Belastung mit Einkommensteuer richtet sich nach dem persönlichen Steuersatz des Steuersubjekts (st_{ESt}). Zur Berechnung wird der Durchschnittssteuersatz herangezogen. Dieser beträgt wie bereits dargelegt bspw. für das Jahr 2009 20,89 % ($st_{ESt}^{\varnothing 2009}$).[632] Es ergibt sich somit folgende Rechnung:

$$R_{PersU} = \left[\frac{1}{1{,}19} \cdot 0{,}2089 \cdot 1{,}055 \right] + \left[\frac{1}{1{,}19} \cdot 0{,}035 \cdot 400\,\% \right]$$

$$R_{PersU} = 18{,}52\,\% + 11{,}76\,\% = 30{,}28\,\%$$

Im Zusammenspiel mit der Umsatzsteuer ergibt sich demnach folgendes Gesamtergebnis:

$$R_G^{PersU} = 15{,}97\,\% + 30{,}28\,\% = 46{,}25\,\%$$

c) Beispielrechnung

Nachfolgend sollen die Ergebnisse des zu erwartenden Steuerrückflusses bei einer Ausschüttung an KapG und PersU auf das Praxisbeispiel angewendet werden. Es wird errechnet, in welcher Höhe dem Fiskus Steuerzahlungen entgehen, wenn die Quotenzahlung zum Abschluss des Insolvenzverfahrens durch vorab zu befriedigende Privilegien des Fiskus geringer ausfällt.

(1) Gläubigerstruktur

Um diesen Wert berechnen zu können, muss zusätzlich die Struktur der Gläubiger im vorliegenden Insolvenzverfahren bekannt sein. Nicht jede Ausschüttung fließt an einen Gläubiger, der hierauf Steuern zahlen muss.[633] Es muss folglich

631 Siehe Teil IV, Kapitel C.II.3.b)(1)(a), S. 170 f.

632 Siehe Fn. 625.

633 *Bollig* weist zwar in seiner Untersuchung ebenfalls darauf hin, unterschätzt aber scheinbar die tatsächliche Auswirkung dieses Umstands auf das Endergebnis. Er geht vereinfachend davon aus, dass aus der gesamten Quotenzahlung Steuer an

der Anteil der KSt- und ESt-Subjekte an der Quotenzahlung berechnet werden, ebenso wie der Anteil derjenigen Gläubiger, deren Zahlungsanspruch keine Steuerzahlungen auslöst. Das Ergebnis wird je nach Insolvenzverfahren sehr unterschiedlich ausfallen und ergibt sich für den vorliegenden Beispielfall aus nachfolgender Tabelle.

Tabelle 7: Gläubigerstruktur mit Forderungshöhe und Anteil an der Quotenzahlung ohne Vorrechte des Fiskus[634]

	Anzahl	**Angemeldet**	**Anerkannt**	**tatsl. Ausfall**	**Anteil**
KSt-pfl. (GmbH, AG)	280	2.298.250,18 €	1.730.671,37 €	1.695.740,68 €	21,44%
ESt-pfl. (KG, OHG, eK, ArbN)	153	738.236,20 €	502.034,35 €	502.033,81 €	6,35%
Finanzamt	3	899.783,69 €	681.998,99 €	681.998,99 €	72,22%
Banken	21	4.440.719,53 €	4.098.152,73 €	2.334.388,90 €	
Gesellschafter-darlehen	3	873.278,56 €	873.278,56 €	873.278,56 €	
Krankenkassen	50	1.324.408,66 €	676.216,64 €	676.216,64 €	
Bundesagentur für Arbeit	1	1.139.919,63 €	1.139.919,63 €	1.139.919,63 €	
Sonstige	8	15.646,05 €	15.502,05 €	7.310,16 €	
	519	**11.730.242,50 €**	**9.717.774,32 €**	**7.910.887,37 €**	100,00%

Die Tabelle gibt Aufschluss darüber, wie viele Forderungsanmeldungen in der jeweiligen Gruppe erfolgten,[635] welcher Betrag insgesamt angemeldet wurde, welcher Betrag hiervon durch den Insolvenzverwalter anerkannt wurde und schließlich welcher Betrag wiederum hiervon bei der Verteilung tatsächlich zu

den Fiskus zurückfließt und errechnet einen durchschnittlichen Prozentsatz von 54,45 % für das damals geltende Steuerrecht, vgl. *Bollig*, Fiskalprivileg, KTS 1983, 217, 237.

634 Eigene Berechnung.

635 Die Summe entspricht demnach der Anzahl der in der Insolvenztabelle zu findenden Forderungsnummern. Diese ist jedoch weder gleichzusetzen mit der Anzahl der Gläubiger (ein Gläubiger kann mehrere Forderungen anmelden) noch mit der Anzahl der einzelnen Forderungen (eine Forderungsanmeldung kann mehrere Forderungen beinhalten).

berücksichtigen ist. Dieser sog. „tatsächliche Ausfall" ist der für die nachfolgende Untersuchung relevante Betrag, auf dessen Basis die Anteile an der Quotenzahlung errechnet werden.[636]

(2) Steuerrückfluss ohne Privilegien

Demnach zeigt sich, dass in der Ausgangssituation 21,44 % der Insolvenzgläubiger KSt-pflichtig sind (a_{KapG}), 6,35 % ESt-pflichtig (a_{PersU}) und der überwiegende Teil mit 72,22 % keine Steuer auf seine Quotenzahlung abführen muss (a_{oSt}). Nimmt man die zuvor ermittelten Werte[637] für den zu erwartenden Steuerrückfluss bei KapG (R_G^{KapG} = 55,77 %) und PersU (R_G^{PersU} = 46,25 %) hinzu, ergibt sich folgende Gesamtrechnung für den Fall, dass keine Fiskusprivilegien existieren:

$$R_{oP}^{G} = a_{KapG} R_G^{KapG} + a_{PersU} R_G^{PersU} + a_{oSt} \cdot 0$$

$$R_{oP}^{G} = 0{,}2144 \cdot 0{,}5577 + 0{,}0635 \cdot 0{,}4625 + 0{,}7222 \cdot 0$$

$$R_{oP}^{G} = 14{,}89\ \%$$

Im vorliegenden Beispielfall kann demnach davon ausgegangen werden, dass zu Zeiten der Rechtslage ohne gesonderte Privilegien des Fiskus 14,89 % der Quotenzahlung am Ende des Insolvenzverfahrens über die Steuerzahlungen der Insolvenzgläubiger auch dem Fiskus zugutegekommen sind.

Das Ergebnis ist dabei stark abhängig von der Gläubigerstruktur und kann sich rechnerisch zwischen 0 % und 55,77 % bewegen.

(3) Entgangener Steuerrückfluss durch Privilegierung

Zur Berechnung der entgangenen Steuereinnahmen aufgrund der durch die Privilegierung des Fiskus geringeren Insolvenzmasse ist zu beachten, dass sich die Anteile an der Quotenzahlung durch die bei einer Privilegierung verringerten Insolvenzforderungen des Fiskus ändern. Legt man die in Tabelle 6 (S. 164) ermittelten Werte zugrunde, ergibt sich folgendes Gesamtbild.

636 Die in der Insolvenztabelle „anerkannten" Forderungen enthalten auch solche Forderungen, die lediglich „auf den Ausfall" anerkannt wurden. Das heißt, die Forderung des Gläubigers ist grundsätzlich berechtigt, aber dem Gläubiger stehen weitere Sicherungsrechte zur Verfügung, über die er eine anderweitige Befriedigung seiner Forderung erreichen kann. An der Quotenzahlung nimmt nur der tatsächlich ausgefallene Betrag teil. Dieser Umstand ist in der Tabelle besonders gut an den Forderungen der Banken erkennbar, die ihre Forderungen regelmäßig absichern.

637 Siehe Teil IV, Kapitel C.II.3.b), S. 170 ff.

Tabelle 8: Gläubigerstruktur mit Forderungshöhe und Anteil an der Quotenzahlung mit Vorrechten des Fiskus[638]

	Anzahl	Angemeldet	Anerkannt	tatsl. Ausfall	Anteil
KSt-pfl. (GmbH, AG)	280	2.298.250,18 €	1.730.671,37 €	1.695.740,68 €	22,49%
ESt-pfl. (KG, OHG, eK, ArbN)	153	738.236,20 €	502.034,35 €	502.033,81 €	6,66%
Finanzamt	3	312.298,71 €	312.298,71 €	312.298,71 €	70,86%
Banken	21	4.440.719,53 €	4.098.152,73 €	2.334.388,90 €	
Gesellschafter-darlehen	3	873.278,56 €	873.278,56 €	873.278,56 €	
Krankenkassen	50	1.324.408,66 €	676.216,64 €	676.216,64 €	
Bundesagentur für Arbeit	1	1.139.919,63 €	1.139.919,63 €	1.139.919,63 €	
Sonstige	8	15.646,05 €	15.502,05 €	7.310,16 €	
	519	**11.142.757,52 €**	**9.348.074,04 €**	**7.541.187,09 €**	100,00%

Hieraus errechnet sich analog zur Berechnung des Steuerrückflusses ohne Privilegien (R^G_{oPriv}) ein Steuerrückfluss mit Privilegien (R^G_{Priv}) von 15,62 %.

Multipliziert mit der Höhe der ausgeschütteten Insolvenzmasse (*M*), ergibt sich der zu erwartende Steuerrückfluss in Euro. Die durch eine Privilegierung entgangenen Steuereinnahmen bei der Quotenzahlung errechnen sich aus der Differenz zwischen dem Steuerrückfluss ohne Privilegien und dem Steuerrückfluss mit Privilegien:[639]

$$EntgSt_Q = M_{oPriv} \cdot R^G_{oPriv} - M_{Priv} \cdot R^G_{Priv}$$

$$EntgSt_Q = 2.067.381{,}30\ € \cdot 0{,}1489 - 1.697.681{,}02\ € \cdot 0{,}1562$$

$$EntgSt_Q = 42.655{,}30\ €$$

Im vorliegenden Beispielfall ergeben sich für den Fiskus somit **Mindereinnahmen von 42.655,30 Euro**, die er erhalten hätte, wenn auf Privilegien verzichtet worden wäre. Dieser Betrag ist ebenfalls von den errechneten Einnahmen durch die Fiskusprivilegien von 369.700,28 Euro[640] zum Abzug zu bringen, um die tatsächlichen Mehreinnahmen im Vergleich zur Rechtslage ohne Privilegien zu ermitteln.

638 Eigene Berechnung.
639 Die verwendeten Werte finden sich in Tabelle 6, S. 164.
640 Siehe Abbildung 17, S. 154.

4. *Höhere Sozialausgaben aufgrund gestiegener Arbeitslosigkeit*

Die Insolvenz von Unternehmen geht immer auch mit der Bedrohung von Arbeitsplätzen einher. Die Beschäftigung von Arbeitnehmern stellt für ein Unternehmen einen gewichtigen Kostenfaktor dar. Im Rahmen von Sanierungsbemühungen wird es daher in den meisten Fällen auch zu einem Personalabbau kommen, um das Unternehmen durch Kostensenkungen schneller wieder in die Gewinnzone zu bringen. Aus Sicht der Arbeitnehmer besteht die Hoffnung, dass im Rahmen einer Sanierung zumindest ein Teil der Arbeitsplätze erhalten bleibt. Bei Schließung des Geschäftsbetriebs gingen alle Arbeitsplätze verloren.

Führt man die in den vorangegangenen Kapiteln erarbeitete Prognose, dass die Privilegien des Fiskus zu einer Gefährdung der Betriebsfortführung führen[641] und demzufolge die Erfolgswahrscheinlichkeit von Sanierungsbemühungen sinkt, weiter fort, bedeutet dieses Ergebnis gleichzeitig eine höhere Gefährdung von Arbeitsplätzen. Es ist demzufolge davon auszugehen, dass unter derzeit gültiger Rechtslage weniger Arbeitsplätze erhalten werden können, als es nach alter Rechtslage ohne Privilegien des Fiskus der Fall gewesen wäre.

Die Anzahl der wegfallenden Arbeitsplätze hat unweigerlich Auswirkungen auf die Höhe des von der Bundesagentur für Arbeit zu zahlenden Arbeitslosengeldes. Es kann nicht davon ausgegangen werden, dass jeder Arbeitnehmer kurzfristig ein neues Arbeitsverhältnis eingehen kann. Zumindest vorübergehend ist daher mit höheren Ausgaben für Sozialleistungen zu rechnen. Fraglich ist, in welchem Umfang diese durch die Privilegierung des Fiskus im Insolvenzverfahren verursachten Mehrausgaben in der vorliegenden Vorteilhaftigkeitsbetrachtung zu berücksichtigen sind.[642]

Grundsätzlich gilt, dass die Leistungen der Bundesagentur für Arbeit von allen sozialversicherungspflichtig beschäftigten Arbeitnehmern durch ihre Beiträge zur Arbeitslosenversicherung finanziert werden.[643] Die höheren Ausgaben für Sozialleistungen haben demnach erst einmal keinen Einfluss auf den Bundeshaushalt. Problematisch wird es erst, wenn die durch die Beiträge zur Arbeitslosenversicherung generierten Finanzmittel nicht ausreichen, um sämtliche Ansprüche auf Sozialleistungen zu bedienen. Eine solche negative Bilanz der Bundesagentur für Arbeit muss durch Bundesmittel ausgeglichen werden. Die Verpflichtung zur Gewährung eines zinslosen Darlehens ergibt sich aus § 364 SGB III. In der Vergangenheit musste der Bund regelmäßig derartige

---

641 Siehe Teil IV, Kapitel C.I.3.c), S. 157 f.

642 Vgl. *Bollig*, Fiskalprivileg, KTS 1983, 217, 230 ff.

643 Die Kosten hierfür werden hälftig vom Arbeitnehmer und Arbeitgeber getragen.

Liquiditätshilfen leisten. Dabei wurde das zinslose Darlehen des Bundes am Ende eines Haushaltsjahres automatisch in einen Zuschuss umgewandelt, wenn die Rückzahlung nicht möglich war (§ 365 SGB III a. F., in der bis zum 01.01.2007 geltenden Fassung). In dieser Konstellation ließe sich argumentieren, dass regelmäßig auch der Bundeshaushalt durch höhere Sozialausgaben definitiv belastet wird. Seit dem 01.02.2009 werden jedoch keine Bundeszuschüsse mehr gewährt. Stattdessen wird die Rückzahlung der zinslosen Darlehen notfalls zinslos gestundet.[644] Dies bedeutet, dass eine Rückzahlung in jedem Fall zu erfolgen hat. Belastungen für den Bundeshaushalt sind seitdem allenfalls *temporärer Natur.*

Abbildung 20: Überjährige Liquiditätshilfen des Bundes an die Bundesagentur für Arbeit[645]

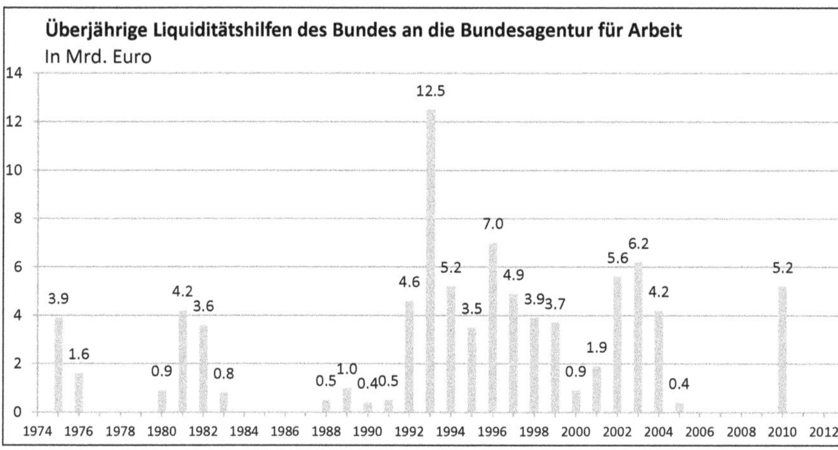

644 § 365 SGB III, geändert durch Artikel 10 des StabSiG v. 02.03.2009, BGBl. I 2009, 416. Da die Stundung von Gesetzes wegen durchgeführt wird, ist hierzu keine Zustimmung erforderlich. Ist eine Rückführung auch in den folgenden Jahren nicht möglich, verlängert sich die Stundung automatisch um ein Jahr, vgl. *Sauer*, SGB III, § 365, Rz. 4.

645 Quelle: Geschäftsberichte der Bundesagentur für Arbeit; Monatsberichte des Bundesministerium der Finanzen. Eigene Darstellung in Anlehnung an Berechnungen des Institut Arbeit und Qualifikation der Universität Duisburg-Essen. Beträge bis 2001 wurden in Euro umgerechnet. Die Darstellung berücksichtigt nur die zum Abschluss des Haushaltsjahres nicht zurückgezahlten Liquiditätshilfen des Bundes, die gem. § 365 SGB III gestundet wurden. Unterjährig werden regelmäßig weitere Liquiditätshilfen geleistet, die jedoch vor Abschluss des Haushaltsjahres von der Bundesagentur für Arbeit zurückgezahlt werden.

Es bleibt demnach festzuhalten, dass durch die Privilegierung des Fiskus im Insolvenzverfahren höhere Sozialausgaben zu erwarten sind. Diese ergeben sich auf Seiten der Bundesagentur für Arbeit einerseits durch sinkende Beitragseinnahmen aufgrund einer verringerten Anzahl sozialversicherungspflichtiger Arbeitnehmer[646] und andererseits durch höhere Ausgaben für Arbeitslosengeld aufgrund einer höheren Anzahl Arbeitsloser.[647] Die Folgen für den Bundeshaushalt hieraus zeigen sich allenfalls in einem Zinsnachteil durch die vorübergehende Finanzierung einer Liquiditätslücke bei der Bundesagentur für Arbeit. In einer Betrachtung mit Fokus auf den Bundeshaushalt spielen die zuvor genannten Effekte daher nur eine untergeordnete Rolle. Erlangt wird dies jedoch lediglich durch eine Umverteilung der Kostenträgerschaft. Während in der Vergangenheit alle Steuerzahler für eine Finanzierungslücke bei den Sozialleistungen aufkommen mussten, sind es nunmehr nur noch die sozialversicherungspflichtigen Arbeitnehmer und Arbeitgeber, die hierfür aufkommen müssen. Steigende Kosten für Sozialleistungen müssen dann notfalls durch steigende Beiträge zur Arbeitslosenversicherung aufgefangen werden. Man kann daher sagen, dass der Fiskus seinen durch die Privilegierung im Insolvenzverfahren erzielten Vorteil dadurch erhöht, dass er die damit einhergehenden Kosten anderen auferlegt.

5. *Folgeinsolvenzen*

Zu weitaus weitreichenderen Folgen einer einzelnen Unternehmensinsolvenz kommt es dann, wenn weitere Unternehmen existentiell von diesem Unternehmen abhängig sind. Dies betrifft vor allem Konstellationen, wo Zulieferbetriebe ihre Waren nahezu ausschließlich an einen Abnehmer liefern. Bei Insolvenz des Abnehmers sind auch die Zulieferbetriebe in ihrer Existenz bedroht. Zu beobachten ist dies in besonderem Ausmaß bspw. in der Automobilbranche. Besondere Aufmerksamkeit in der Öffentlichkeit erreichte dieses Phänomen zuletzt im Jahr 2009. Durch eine Absatzkrise der großen deutschen Automobilhersteller sah sich die Bundesregierung im Rahmen des Konjunkturpakets II dazu veranlasst, vorübergehend eine Umweltprämie (auch sog. „Abwrackprämie“) einzuführen, um Kunden dazu zu bewegen, Altfahrzeuge vergünstigt durch Neuwagen zu ersetzen.[648] Hierdurch sollte u.a. eine drohende Insolvenz zum Beispiel des Automobilherstellers Opel und die aus diesem Szenario

---

646 Vgl. *Bollig*, Fiskalprivileg, KTS 1983, 217, 230 f.

647 Vgl. *Bollig*, Fiskalprivileg, KTS 1983, 217, 232.

648 Vgl. Gesetz zur Errichtung eines Sondervermögens „Investitions- und Tilgungsfonds“ (ITFG); StabSiG v. 02.03.2009, BGBl. I 2009, 416, 416 ff.

befürchteten negativen Folgen für dessen Zulieferbetriebe verhindert werden.[649] Das Konjunkturprogramm war ursprünglich auf 1,5 Mrd. Euro[650] veranschlagt und wurde letztlich auf rund fünf Mrd. Euro aufgestockt.[651]

Diese Vorgehensweise zeigt, dass die finanziellen Auswirkungen von Insolvenzen und Folgeinsolvenzen (zumindest ab einer gewissen Dimension) auch in der politischen Wahrnehmung nicht unterschätzt werden. Es wirft jedoch zudem die Frage auf, ob das Insolvenzverfahren immer noch nicht als adäquates Mittel zur Sanierung eines Unternehmens betrachtet wird.[652]

Festzuhalten bleibt, dass durch die Vorrechte des Fiskus im Insolvenzverfahren Sanierungsbemühungen erschwert werden und deshalb die Wahrscheinlichkeit steigt, dass das Unternehmen nicht gerettet werden kann. Hierdurch steigt auch die Gefahr von Folgeinsolvenzen. Die zusätzlichen Mindereinnahmen, die dem Fiskus dadurch drohen, sind im Rahmen dieser Arbeit nicht verlässlich zu quantifizieren. Es soll daher an dieser Stelle bei diesen grundsätzlichen Überlegungen bleiben.

6. *Negative Anreizwirkung für Gläubiger*

Mit Einführung der InsO sollte vor allem mit dem Instrument des Insolvenzplanverfahrens eine Möglichkeit integriert werden, Unternehmen trotz existenzbedrohender Krise weiter fortzuführen und durch Umstrukturierungsmaßnahmen zurück in die Gewinnzone zu bringen. Damit ein derartiges Vorhaben gelingen kann, ist es jedoch notwendig, dass die beteiligten Parteien zusammenarbeiten. Dafür ist auch ein gegenseitiges Vertrauen notwendig. So müssen sich bspw. die Lieferanten des Unternehmens darauf verlassen können, dass der (vorläufige) Insolvenzverwalter seine Zahlungszusagen einhalten wird. Dies ist insbesondere von Bedeutung, da viele Lieferanten unter Umständen noch offene Forderungen gegen den Insolvenzschuldner haben, die jedoch als Insolvenzforderungen zu qualifizieren sind und deshalb vom Insolvenzverwalter nicht beglichen werden dürfen. Für einen insolvenzunerfahrenen Gläubiger ist es erst einmal unverständlich, warum diese Altforderungen nicht beglichen werden, er sich aber gleichzeitig darauf verlassen können soll, dass seine neuen Forderungen beglichen werden. In vielen Fällen wird der Verwalter durch Vorauskasse das nötige Vertrauen aufbauen können. Hierfür muss dann allerdings

---

649 Vgl. BT-Drucks. 16/12662.

650 Vgl. StabSiG v. 02.03.2009 2009, 416, 417.

651 Vgl. ITFGÄndG v. 25.06.2009, BGBl. I, 2009, 1577, 1577.

652 Dazu nachfolgend Teil IV, Kapitel C.II.6, S. 181 f.

auch ausreichend Liquidität zur Verfügung stehen, was nicht immer der Fall ist. Und selbst dann kann es immer noch sein, dass Gläubiger nicht bereit sind, weiterhin mit dem Schuldner zusammenzuarbeiten.

In dieser fragilen Ausgangslage ist jeder zusätzliche negative Einfluss nicht wünschenswert. Das im vorangegangenen Abschnitt dargelegte Beispiel der Umweltprämie zeigt, dass auch die Politik lieber zu marktverzerrenden Mitteln greift, um einzelne Marktteilnehmer vor der Insolvenz zu bewahren. In der öffentlichen Wahrnehmung wird die Eröffnung eines Insolvenzverfahrens immer noch weniger als Chance auf einen Neuanfang als vielmehr als endgültiges Todesurteil verstanden.[653] Es ist nach wie vor zu wenig bekannt, dass Sanierung und Unternehmensfortführung ein bedeutendes Ziel des Insolvenzverfahrens sind. Bspw. im Bauwesen ist dies bei Aufträgen der öffentlichen Hand zu beobachten. Verträge mit im Insolvenzverfahren befindlichen Unternehmen werden gekündigt und für zukünftige Ausschreibungen werden die betroffenen Unternehmen nicht mehr berücksichtigt.[654] Banken verhalten sich allgemein zu risikoavers und legen den Fokus zu sehr auf Sicherheitsaspekte als auf Rentabilität, so die Kritik.[655] Derartige Verhaltensweisen können eine Krisensituation noch erheblich verschärfen.

Die voranschreitende Bevorrechtigung des Fiskus im Insolvenzverfahren und die damit einhergehende Durchbrechung der Gläubigergleichbehandlung können diese negativen Verhaltensweisen der Gläubiger noch verstärken. Sollte sich bei den Gläubigern der Eindruck durchsetzen, dass im Falle der Insolvenzeröffnung ohnehin hauptsächlich der Staat profitiert, indem er vorab seine Forderungen befriedigt und die übrigen Gläubiger mit dem vorliebnehmen müssen, was übrig bleibt, werden sie wenig Veranlassung dazu sehen, ihrerseits einen Beitrag zu einer erfolgreichen Unternehmenssanierung zu leisten. Sie werden sich insgesamt schädlicher für die Gläubigergemeinschaft verhalten.[656] Dies gefährdet letztlich die Funktionsfähigkeit der Insolvenzordnung, die gerade eine gemeinsame Ausgleichshaftung der Gläubiger erreichen möchte[657] und keinen bellum omnium contra omnes, in dem jeder nur seinen eigenen Vorteil sucht.[658]

---

653 Vgl. *Euler Hermes Kreditversicherungs-AG,* Ursachen von Insolvenzen, 2006, 26.

654 Vgl. *Euler Hermes Kreditversicherungs-AG,* Ursachen von Insolvenzen, 2006, 24.

655 Vgl. *Euler Hermes Kreditversicherungs-AG,* Ursachen von Insolvenzen, 2006, 26.

656 Vgl. allgemein zu Anreizwirkungen in der Insolvenz *Schmidt,* Ökonomische Analyse des Insolvenzrechts, 1980.

657 Siehe Teil I, Kapitel C.I.3, S. 11 f.

658 Vgl. zur vergleichbaren Situation, die zur Reformbedürftigkeit der KO führte, *Uhlenbruck,* Krise, NJW 1975, 897, 903.

Ziel der Politik sollte es dabei sein, genau solche Vorurteile abzubauen, um Sanierungsbemühungen aktiv zu fördern und zu einem gesamtwirtschaftlich besseren Ergebnis zu gelangen. Die Tendenz in der Gesetzgebung weist jedoch derzeit in die entgegengesetzte Richtung, so dass zu erwarten ist, dass es nicht lange dauern wird, bis auch andere Gläubiger (z. B. die Sozialversicherungsträger) ebenfalls nach neuen Vorrechten verlangen.[659] Damit droht die Gefahr, dass sich wieder Verhältnisse einschleichen, die mit Reformierung der KO gerade beseitigt werden sollten.[660]

7. Gesamtergebnis

Tabelle 9: Finanzielles Gesamtergebnis der Privilegierung des Fiskus durch § 55 Abs. 4 InsO und die BFH-Rechtsprechung im Vergleich zur Rechtslage ohne Privilegien[661]

	Worst Case	**Best Case**
Mehreinnahmen		
– § 55 Abs. 4 InsO	279.367,90 €	279.367,90 €
– BFH-Rechtsprechung	90.332,38 €	90.332,38 €
	369.700,28 €	**369.700,28 €**
Mindereinnahmen		
– Geringere Insolvenzquote	-135.260,44 €	-107.924,25 €
– Entgangene USt aus Fortführung	-383.105,93 €	-150.691,58 €
– Entgangene Steuer aus Quote	-42.655,30 €	-42.655,30 €
– Höhere Sozialausgaben	temporär	temporär
– Folgeinsolvenzen	n. b.	n. b.
– Negative Anreizwirkung	n. b.	n. b.
	-561.021,67 €	-301.271,13 €
Gesamtergebnis	**-191.321,39 €**	**68.429,15 €**

Die vorangestellte Tabelle stellt das mögliche finanzielle Gesamtergebnis für den Fiskus am Beispiel der Soll-Besteuerung dar. Aus den finanziellen Besserstellungen durch § 55 Abs. 4 InsO und die Rechtsprechung des V. Senats des BFH sind Mehreinnahmen von 369.700,28 Euro zu erwarten.

---

659 Vgl. *Vallender*, Reform, NZI 2010, V, VI.

660 Siehe Teil II, Kapitel B, S. 28 ff.

661 Eigene Berechnung; n. b. = nicht bestimmbar.

Dem stehen Mindereinnahmen gegenüber, die je nach gewähltem Szenario unterschiedlich ausfallen. Im Worst-Case wird der Geschäftsbetrieb unmittelbar nach Insolvenzeröffnung geschlossen, wogegen im Best-Case angenommen wird, dass die Fortführung für gut sieben Monate erfolgen kann. Ohne den Liquiditätsentzug durch die Vorrechte des Fiskus wäre die Fortführung für neun Monate möglich gewesen.

Die geringere Insolvenzquote für das Finanzamt ergibt sich zwangsläufig, da es durch die Bevorrechtigungen zu einer Verringerung der fiskalischen Insolvenzforderungen kommt, auf die ausgeschüttet wird. Die Dauer der Betriebsfortführung hat in dem gewählten Beispiel keinen Einfluss auf das errechnete Ergebnis. Dies resultiert aus der Annahme, dass sich der Massebestand durch die Betriebsfortführung im Ergebnis nicht ändert. Das rechtfertigt sich aus der Überlegung, dass es dem Insolvenzverwalter lediglich gelingt, durch die vorübergehende Betriebsfortführung den verfügbaren Massebestand zumindest zu erhalten, jedoch gleichzeitig die Chancen für eine erfolgreiche Käufersuche zu erhöhen.[662] Das Ergebnis des Worst-Case-Szenarios stellt den Fall dar, dass ein Verrechnungsbetrag vorliegt,[663] während im Best-Case keine Verrechnung erfolgt.[664]

Die größte Auswirkung auf das Gesamtergebnis hat die entgangene USt aus der verkürzten Betriebsfortführung. Hier hängt es stark von den getroffenen Annahmen ab, zu welchem Ergebnis man gelangt. Die gewählten Extremszenarien sollen dabei zwei für den Beispielfall plausible Alternativen verdeutlichen. Es muss jedoch ausdrücklich darauf hingewiesen werden, dass Insolvenzverfahren denkbar sind, in denen man zu dem Ergebnis kommen muss, dass trotz des Liquiditätsentzugs durch die Vorrechte des Fiskus eine unveränderte Aufrechterhaltung des Geschäftsbetriebs möglich ist. Das finanzielle Gesamtergebnis des Fiskus wird in diesen Fällen mit Sicherheit positiv ausfallen.

Der entgangene Steuerrückfluss durch die verringerte Quotenzahlung an die übrigen Gläubiger ist aufgrund der bereits zuvor genannten Argumentation ebenfalls unabhängig von der Dauer der Betriebsfortführung.[665] Das hier

662 Auf der Liquiditätskurve des betrachteten Insolvenzverfahrens ist in der Ausgangslage genau das zu beobachten. Der Liquiditätsbestand zum Zeitpunkt der Eröffnung des Insolvenzverfahrens und zum Zeitpunkt der Schließung des Geschäftsbetriebs sind annähernd identisch, siehe Abbildung 7, S. 135.

663 Siehe Teil IV, Kapitel C.II.1.a), S. 161 f.

664 Siehe Teil IV, Kapitel C.II.1.b), S. 163 f.

665 Es gilt die Annahme, dass der zur Verteilung stehende Massebestand durch die Betriebsfortführung nicht maßgeblich beeinflusst wird.

dargestellte Ergebnis ist indes in hohem Maße von der vorliegenden Gläubigerstruktur abhängig. Aufgrund der im Beispielfall vorliegenden Gläubigerstruktur fließen nur rund 15 % der Ausschüttung an den Fiskus zurück. Dieser Wert kann sich jedoch zwischen 0 % und 55,77 % bewegen.[666] Dementsprechend verringern bzw. erhöhen sich auch die zu erwartenden Mindereinnahmen aufgrund der geringeren Insolvenzquote.

Insgesamt ergeben sich aus den im Rahmen dieser Arbeit quantifizierten Einflussgrößen für den Fiskus im besten Fall **Mehreinnahmen von 68.429,15 Euro** und im schlechtesten Fall **Mindereinnahmen von 191.321,39 Euro**.

Prozentual ausgedrückt bedeutet dies, dass der Fiskus im Vergleich zur Rechtslage ohne Privilegien **im besten Fall 7,87 % höhere Einnahmen** zu verzeichnen hat, wohingegen **im schlechtesten Fall -22,01 % geringere Einnahmen** drohen.

Tabelle 10: Steuereinnahmen ohne Vorrechte im Vergleich zur Rechtslage mit § 55 Abs. 4 InsO und der Rechtsprechung des BFH[667]

Steuereinnahmen	Ohne Vorrechte	Mit Vorrechten Worst Case	Mit Vorrechten Best Case
Insolvenzquote	178.229,31 €	42.968,87 €	70.305,06 €
USt aus Betriebsfortführung	383.105,93 €	0,00 €	232.414,35 €
Steuerrückfluss aus Insolvenzquote	307.833,08 €	265.177,78 €	265.177,78 €
§ 55 Abs. 4 InsO	-.-	279.367,90 €	279.367,90 €
BFH-Rechtsprechung	-.-	90.332,38 €	90.332,38 €
Gesamt	869.168,32 €	677.846,92 €	937.597,46 €
	Differenz	**-191.321,39 €** **- 22,01%**	**68.429,14 €** **+ 7,87%**

Diese Zahlen lassen sich nicht ohne weiteres auf die Gesamtheit aller Unternehmensinsolvenzen hochrechnen. Für eine derartige Berechnung müssten die zuvor errechneten Werte für eine Vielzahl von Insolvenzverfahren ermittelt werden, um einen verwertbaren Durchschnittswert zu erhalten. Nur zum Vergleich sei jedoch darauf hingewiesen: Bei jährlich rund 30.000

666 Siehe Teil IV, Kapitel C.II.3.c)(2), S. 176 f.
667 Eigene Berechnung.

Unternehmensinsolvenzen[668] rechnet der Gesetzgeber bei erwarteten jährlichen Mehreinnahmen durch § 55 Abs. 4 InsO von etwa 390 Mio. Euro[669] mit durchschnittlich 13.000 Euro Mehreinnahmen pro Insolvenzverfahren.

D. Handlungsempfehlungen an den Gesetzgeber

Nachdem in den vorangegangenen Kapiteln zahlreiche Problemfelder diskutiert und analysiert wurden, sollen darauf aufbauend im Folgenden einige Empfehlungen und Anregungen gegeben werden, die sich vor allem an den Gesetzgeber richten.

I. Stärkung der Gläubigergleichbehandlung bedeutet Stärkung eines funktionstüchtigen Insolvenzrechts

Zu Beginn dieser Arbeit wurde ein historischer Überblick darüber gegeben, wie sich die InsO aus der ihr vorangegangenen KO, VglO und GesO entwickelt hat.[670] Die Reform wurde notwendig, da die alten Rechtsnormen nicht mehr als funktionsfähiges Mittel zur Handhabung insolventer Unternehmen betrachtet werden konnten. Dieser Funktionsverlust beruhte unter anderem auf den gesetzlich kodifizierten Privilegien einzelner Gläubigergruppen, zu denen auch das Finanzamt zählte.[671] Privilegierte Gläubiger konnten mit vergleichsweise hohen Quotenzahlungen rechnen, wohingegen die nicht privilegierten Gläubiger in aller Regel vollkommen leer ausgingen. Dieser Missstand sollte durch die Reform behoben werden und die Gleichstellung des Fiskus zu den übrigen Gläubigern und die damit einhergehende Stärkung der par conditio creditorum kann als große Errungenschaft der Einführung der InsO betrachtet werden.[672]

Die in jüngerer Zeit zu beobachtenden Bestrebungen, dem Fiskus erneut zahlreiche Vorteile gegenüber den übrigen Gläubigern einzuräumen,[673] lassen jedoch erkennen, dass die aus der Vergangenheit gezogenen Lehren nur von

668 Vgl. *Statistisches Bundesamt,* Fachserie 2 Reihe 4.1, 2013, https://www.destatis.de/DE/Publikationen/Thematisch/UnternehmenHandwerk/Insolvenzen/Insolvenzen2020410131114.pdf?__blob=publicationFile, zuletzt geprüft am 28.02.2014.

669 Vgl. BT-Drucks. 17/3030, 26. Dieser Wert beinhaltet jedoch auch eine Änderung in § 96 InsO, die letztlich nicht umgesetzt wurde.

670 Siehe Teil II, S. 17 ff.

671 Siehe Teil II, Kapitel A.I.1.b), S. 19 ff. und Kapitel B, S. 28 ff.

672 Siehe Teil II, Kapitel C.III, S. 34 ff.

673 Siehe Teil III, Kapitel C, S. 45 ff.

vorübergehender Dauer waren. Sollte sich diese Entwicklung in Zukunft fortsetzen, steht zu befürchten, dass die InsO das gleiche Schicksal ereilt, wie zuvor die KO. Dabei ist zu beachten, dass nicht nur der Fiskus danach bestrebt ist, seine alte Vormachtstellung im Insolvenzverfahren wiederherzustellen. Zum Beispiel die Sozialversicherungsträger werden als weiterer öffentlicher Gläubiger in die gleiche Kerbe schlagen und ebenfalls Privilegien für sich fordern.

Es ist zu vermuten, dass allgemein davon ausgegangen wird, dass eine gegenüber der übrigen Gläubigergemeinschaft privilegierte Stellung im Insolvenzverfahren automatisch zu Mehreinnahmen führt. Soweit sich die Rechtsprechung – allen voran der V. Senat des BFH – durch ihre Rechtsauslegung zum Begründer von Fiskusprivilegien aufschwingt,[674] ist insoweit nicht zu erwarten, dass der Gesetzgeber sich durch seinerseitige Klarstellung des gesetzgeberischen Willens (der zumindest vormals in der Stärkung der Gläubigergleichbehandlung bestand) dieser Entwicklung zeitnah entgegen stellt. In Zeiten generell angespannter Haushaltslage ist jede (vermeintliche) zusätzlich geschaffene Einnahmequelle höchst willkommen. Die vom Gesetzgeber selbst eingeführte Fiskusprivilegierung des § 55 Abs. 4 InsO macht deutlich, dass die Grundprinzipien des deutschen Insolvenzrechts Stück für Stück aufgegeben und rein haushaltspolitischen Interessen geopfert werden.[675]

Umso erstaunlicher erscheint demgegenüber, dass die vorangegangenen Untersuchungen gezeigt haben, dass eine Privilegierung des Fiskus keineswegs automatisch Mehreinnahmen für deutsche Haushaltskassen bedeutet, sondern ganz im Gegenteil sogar Mindereinnahmen im Vergleich zur Rechtslage ohne Privilegien hervorrufen kann, die vor allem aus einer zwangsweise verkürzten Betriebsfortführung resultieren.[676] Dieses Ergebnis wird u. a. noch verschärft durch weitere Steuereinnahmeverluste bei der abschließenden Quotenzahlung an die Insolvenzgläubiger[677] sowie durch (temporäre) Mehrausgaben für Sozialleistungen[678], die in der Diskussion gerne übersehen werden. Das Gesamtergebnis hängt allerdings von so vielen Einzelfaktoren ab, dass nur eine Schätzung des Resultats möglich ist. Etwaige Kosten aus Folgeinsolvenzen und negativ beeinflusste Verhaltensweise der übrigen Gläubiger wurden hierbei noch nicht berücksichtigt.

---

674 Siehe vor allem Teil III, Kapitel C.IV.2, S. 90 ff.
675 Siehe Teil III, Kapitel C.IV.1, S. 85 ff.
676 Siehe Teil IV, Kapitel C.II.2, S. 165 ff.
677 Siehe Teil IV, Kapitel C.II.3, S. 169 ff.
678 Siehe Teil IV, Kapitel C.II.4, S. 178 ff.

Insgesamt stellt sich die Frage, ob die Privilegierung des Fiskus tatsächlich die erhofften finanziellen Vorteile für den Staatshaushalt liefern kann, oder ob in einer gesamtwirtschaftlichen Betrachtungsweise die Vorteile durch die zwangsläufig hinzutretenden Nachteile übertroffen werden. Die vorliegende Arbeit kann hierzu nur einen ersten Anstoß geben, zeigt jedoch auf, dass weiterführende Untersuchungen notwendig sind. Möglicherweise bietet das neu eingeführte InsStatG mit Veröffentlichung der ersten Ergebnisse in Zukunft die Möglichkeit, umfassendere Aussagen zur Problematik der Fiskusprivilegierungen in Bezug auf die ganze Bundesrepublik zu treffen.

II. Wechsel der Besteuerungsart bei der Umsatzsteuer mit Insolvenzeröffnung

Bezugspunkt der vorliegenden Arbeit ist vor allem die im Insolvenzverfahren verfügbare Liquidität. Ohne liquide Mittel, gerade in der frühen Phase nach Stellung des Insolvenzantrags, ist eine Fortführung des Geschäftsbetriebs und damit potentielle Sanierung des Unternehmens nicht möglich. Dabei stellt sich nach neuer Rechtslage vor allem die Umsatzsteuer als wichtiger Aspekt der Liquiditätsplanung dar. Nicht nur, dass gem. § 55 Abs. 4 InsO während der vorläufigen Insolvenzverwaltung begründete USt nun nicht mehr zur Anreicherung der Insolvenzmasse verwendet werden kann, vielmehr zeigte sich in der Untersuchung auch die krisenverschärfende Wirkung der Besteuerung noch nicht vereinnahmter Entgelte im Rahmen der Soll-Besteuerung bei der Umsatzsteuer.

1. Liquiditätsvorteil der Ist-Besteuerung

Im Rahmen der Soll-Besteuerung ist das entsprechende Unternehmen dazu gezwungen, USt an das Finanzamt abzuführen, obwohl die entsprechenden Entgelte i. d. R. noch gar nicht vereinnahmt wurden. Das Unternehmen tritt sozusagen in Vorleistung. Was für einen funktionstüchtigen Geschäftsbetrieb ärgerlich sein mag, kann für ein liquiditätsschwaches Insolvenzunternehmen existenzbedrohend sein.

Der Liquiditätsvorteil der Ist-Besteuerung im Vergleich zur Soll-Besteuerung ist für das untersuchte Beispielunternehmen in nachfolgender Abbildung dargestellt.

Abbildung 21: Liquiditätsvorteil der Ist-Besteuerung mit und ohne Vorrechte[679]

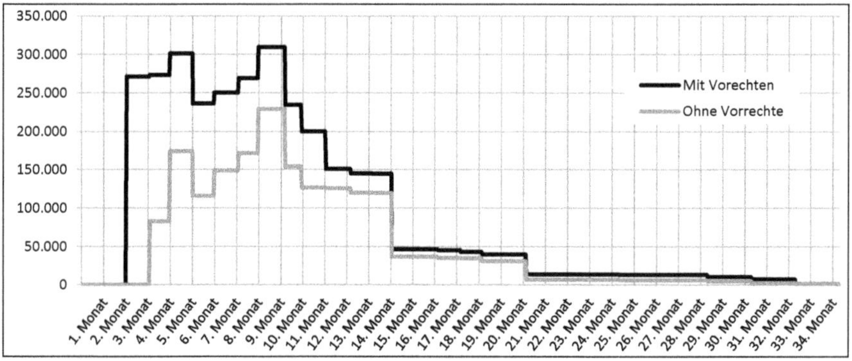

Die Höhe des Liquiditätsvorteils ist für sich genommen wenig aussagekräftig, da sie erst in Bezug zur insgesamt verfügbaren Liquidität ihren Wirkungsgrad erkennen lässt. Die Abbildung zeigt dabei, dass die Auswirkungen der Soll-Besteuerung nach neuer Rechtslage mit Fiskusprivilegien noch erheblich verstärkt wurden. In den ersten beiden Monaten wird während der vorläufigen Insolvenzverwaltung keine Umsatzsteuer abgeführt. Mit Insolvenzeröffnung ist dann gem. § 55 Abs. 4 InsO die aufgrund in dieser Zeit ausgeführten Umsätze vereinnahmte Umsatzsteuer abzuführen.[680] Wäre die Ist-Besteuerung anwendbar, wäre zu diesem Zeitpunkt Umsatzsteuer abzüglich Vorsteuer i. H. v. 21.216,52 Euro fällig. Im Fall der Soll-Besteuerung sind es jedoch 292.475,70 Euro. Das ergibt einen Liquiditätsvorteil bei der Ist-Besteuerung von 271.259,18 Euro, der in der Abbildung dargestellt ist. Die verfügbare Liquidität zum Zeitpunkt der Zahlung betrug 705.943,59 Euro.[681] Damit macht die Steuerzahlung im Fall der **Soll-Besteuerung 41,43 %** der verfügbaren Liquidität aus, wohingegen es bei der **Ist-Besteuerung nur 3,01 %** sind.

Dabei ist zu beachten, dass die Besteuerungsart nur temporäre Unterschiede bei den Zahlungen an das Finanzamt bedeutet. Dies ist ebenfalls in der Abbildung erkennbar. Nach dem neunten Monat wurde der Geschäftsbetrieb geschlossen, woraufhin der Liquiditätsnachteil der Soll-Besteuerung durch stetige Vereinnahmung weiterer Entgelte abgebaut wird. Bis zum endgültigen Ausgleich dauert es jedoch etwa zweiunddreißig Monate.

679 Eigene Darstellung; Beträge in Euro.

680 Siehe Teil IV, Kapitel C.I.2.a)(1), S. 138 f.

681 Siehe Abbildung 15, S. 152.

2. *Wechsel zur Ist-Besteuerung als Sanierungsförderung*

Im Zuge der seit langem diskutierten Einführung eines Sanierungssteuerrechts ist demnach zu empfehlen, über die Schaffung einer Option zum Wechsel von der Soll- zur Ist-Besteuerung nachzudenken. Nach derzeitiger Rechtslage ist ein solcher Wechsel nicht möglich.

Die Liquiditätsvorteile für die Abwicklung des Insolvenzverfahrens sind unübersehbar und im Normalfall für den Fiskus allenfalls mit einem Zinsnachteil verbunden, der aus der späteren Vereinnahmung der Steuerzahlungen resultieren würde. Der Blick in die Praxis verrät zudem, dass dieses Vorgehen von einigen Insolvenzverwaltern bereits in eigener Regie durchgeführt wird. Dieses eigentlich rechtswidrige Verhalten wird zwar von den Finanzämtern bemängelt und in entsprechenden Steuerprüfungen korrigiert (was zwar zum gleichen Steuerergebnis, aber zur Nachberechnung von Säumniszuschlägen führen kann), jedoch zeigt dies, dass die Verwalter zu Beginn des Insolvenzverfahrens andere Sorgen haben, als eine zeitlich korrekte Erfüllung der steuerlichen Pflichten. Es ist nicht ungewöhnlich, dass die Insolvenzpraxis handhabbare Lösungen für gesetzlich umständliche Regelungen sucht.[682]

3. *Beihilfeproblematik*

Staatliche Förderung muss sich im Kontext der Europäischen Union regelmäßig dem Vorwurf der nicht zulässigen Beihilfe und damit Verzerrung des Wettbewerbs stellen. Gleiche Vorwürfe wurden bspw. bereits gegen die Zahlung von Insolvenzgeld für die Mitarbeiter der insolventen Unternehmen durch die Bundesagentur für Arbeit erhoben. In diesem Fall verneinte die Europäische Kommission jedoch den Vorwurf der Beihilfe.[683] Ob sich gleiches auch für die hier vorgeschlagene Option zum Wechsel der Umsatzbesteuerungsart ergeben würde, ist nicht eindeutig zu beantworten und hängt maßgeblich von der tatsächlichen Ausgestaltung einer entsprechenden Regelung ab.

III. Frühzeitige Sanierungsbemühungen fördern

Als weitere Schlussfolgerung aus den in dieser Arbeit dargestellten Ergebnissen lässt sich die Forderung nach weiterer Förderung frühzeitigerer

682 Zu nennen ist bspw. die Begründung von Sondermassen, um vor Insolvenzeröffnung getätigte Zahlungszusagen erfüllen zu können, vgl. Fn. 157, S. 42.

683 Vgl. *Europäische Kommission*, K(2009)8707 endgültig, 2009, http://ec.europa.eu/eu_law/state_aids/comp-2009/nn055-09.pdf, zuletzt geprüft am 28.02.2014.

Sanierungsbemühungen ziehen. Es ist nach wie vor zu beobachten, dass Insolvenzanträge in der Praxis zu spät gestellt werden. Dies bedeutet insbesondere, dass auch die letzten im Unternehmen verbliebenen Mittel bis zur Berufung eines sachkundigen Insolvenzverwalters bereits größtenteils aufgebraucht wurden. Würden die Unternehmen eher einen Insolvenzantrag stellen, stünden wiederum mehr liquide Mittel zur Verfügung, um den Geschäftsbetrieb aufrecht zu erhalten.

Die Möglichkeit einer frühzeitigen Stellung des Insolvenzantrags wurde verfahrenstechnisch durch die Einführung des Insolvenzgrunds der „drohenden Zahlungsunfähigkeit" (§ 18 InsO) bereits eröffnet. In der Praxis wird von dieser Möglichkeit jedoch immer noch zu wenig Gebrauch gemacht.

Gerade auch im Steuerrecht existieren jedoch darüber hinaus verschiedene Regelungen, die die im Rahmen einer Unternehmenskrise dringend notwendigen Umstrukturierungsmaßnahmen erschweren können. Zu nennen ist hier bspw. die Verlustabzugsbeschränkung des § 8c KStG.[684] Dieser bestimmt, dass steuerlich noch nicht geltend gemachte Verluste ganz oder teilweise verloren gehen, wenn Anteile an einer Gesellschaft auf einen neuen Erwerber übertragen werden. Dies kann Sanierungsbemühungen zusätzlich erschweren. Im Zuge der Schuldenkrise im Jahr 2009 erkannte auch der Gesetzgeber dieses Problem und führte eine zeitlich befristete sog. „Sanierungsklausel" ein (§ 8c Abs. 1a KStG), die die Verlustverrechnung unter bestimmten Voraussetzungen erlaubte. Die Europäische Kommission erkannte darin eine unzulässige Beihilfe.[685] Die hiergegen von der Bundesregierung erhobene Nichtigkeitsklage scheiterte aufgrund eines Verfahrensfehlers (Fristversäumnis).[686]

Des Weiteren ist die Besteuerung von sog. Sanierungsgewinnen zu nennen. Diese können entstehen, wenn Gläubiger auf einen Teil ihrer Forderungen verzichten, wodurch sich das Betriebsvermögen der Gesellschaft erhöht. Bis zum 01.01.1998 wurde der so erzielte Gewinn gem. § 3 Nr. 66 EStG a. F. von der Besteuerung ausgenommen. Nach Abschaffung dieser Norm sind Sanierungsgewinne grundsätzlich steuerpflichtig, was den Effekt der Sanierungsmaßnahme unmittelbar abschwächt. Aus diesem Grund legt das BMF in seinem Schreiben vom 23.03.2003 dar, dass die anfallende Steuer unter bestimmten Voraussetzungen erst gestundet und anschließend erlassen werden kann.[687] Dieser sog. „Sanierungserlass" stellt damit grundsätzlich ein wirksames Mittel dar, um eine

---

684 Vgl. *Kessler/Hinz,* Verlustverrechnung, DB 2011, 1771.

685 Vgl. Euopäische Kommission, Beschluss v. 26.01.2011, K(2011) 275.

686 Vgl. EuG, Beschluss v. 18.12.2012, T-205/11, n. v.

687 Vgl. BMF-Schreiben v. 27.03.2003, IV A 6 – S 2140 – 8/03, BStBl. I 2003, 240.

Belastung des Krisenunternehmens zu verhindern. Allerdings gelten hierfür unterschiedlichste Voraussetzungen, von deren Erfüllung die Finanzverwaltung im Zweifelsfall erst überzeugt werden muss (Sanierungsbedürftigkeit, -fähigkeit, -absicht, -eignung des Schuldenerlasses).[688] Darüber hinaus ändert die Stundung eines Sanierungsgewinns noch nichts am Überschuldungsstatus der Gesellschaft.[689] Erst wenn der Erlass sicher ist, kann die Steuerverbindlichkeit ausgebucht werden. Des Weiteren ist zu beachten, dass die Gemeinden die Entscheidung, ob sie die GewSt erlassen wollen, unabhängig davon treffen können, was die Finanzverwaltung für die ESt/KSt entscheidet.[690]

Diese nur exemplarisch aufgezeigten Problembereiche zeigen auf der einen Seite, dass es über die im Rahmen dieser Arbeit betrachteten Sachverhalte hinaus zahlreiche weitere Baustellen gibt. Auf der anderen Seite ist auch zu sehen, dass der Gesetzgeber die Notwendigkeit erkennt, notleidenden Unternehmen zumindest ein Stück weit entgegenzukommen. Es bleibt zu hoffen, dass sich diese Erkenntnis zukünftig auch auf die Einschätzung der eigenen Position im Rahmen des Insolvenzverfahrens ausweitet.

688 Vgl. *Steben,* Sanierungserlass, GStB 2012, 384, 384 f.
689 Vgl. *Bauschatz,* Sanierungsgewinn, GmbHR 2008, 1204.
690 Vgl. BFH, Urteil v. 25.04.2012, I R 24/11, BFHE 237, 403.

Teil V - Fazit

Das vielfach beklagte Problemfeld einer mangelnden Abstimmung zwischen Insolvenz- und Steuerrecht wird im Rahmen dieser Arbeit deutlich aufgezeigt. Die divergierende Auffassung zwischen immer stärker steuerlich geprägter Judikative und insolvenzrechtlicher Exekutive über die für einen effektiven Ablauf des Insolvenzverfahrens notwendigen Rahmenbedingungen sorgt für ein sich ständig im Wandel befindliches Umfeld, das von allen Beteiligten eine stetige Anpassung an neue Rechtslagen erfordert. Insolvenzrechtliche Bestimmungen sollten dabei gegenüber steuerrechtlichen Belangen stets Vorrang haben, da nur so eine Gleichbehandlung aller am Insolvenzverfahren Beteiligter erreicht werden kann.[691] Ganz im Gegenteil ist jedoch zu beobachten, dass die finanzgerichtliche Rechtsprechung immer häufiger das Steuerrecht vor das Insolvenzrecht stellt. Aufgrund dieser Tatsache auf der einen Seite und einer zunehmend profiskalischen Gesetzgebung auf der anderen Seite, ist eine stetig voranschreitende Bevorzugung des Fiskus im Insolvenzverfahren zu konstatieren.

Der Blick in die Historie des Konkursrechts offenbart, dass die systematische Bevorzugung einzelner Gläubiger letztlich eine Gefahr für die Funktionsfähigkeit des gesamten insolvenzrechtlichen Systems darstellt.[692] Erklärtes Ziel der Einführung der InsO im Jahr 1999 war es demnach, genau diese, bislang in der KO gesetzlich kodifizierte Ungleichbehandlung der Gläubiger, abzuschaffen. Ein klares Bekenntnis zum Grundsatz des *par conditio creditorum*.[693] Vollkommen klassenlos ist die neue Rechtsordnung allerdings auch nicht ausgestaltet. Bevorzugt wird jedoch i. d. R. nur, wer für das Insolvenzverfahren unabdingbar ist (z.B. Arbeitnehmer durch das Insolvenzgeld, § 55 Abs. 3 InsO) oder aber, wer durch Sicherungsrechte bereits vorab für eine Absicherung seiner Forderungen sorgt (v. a. Banken durch Grundpfandrechte, § 49 InsO). Das Finanzamt teilte jedoch nach der Reform das Schicksal der übrigen Gläubiger und war mit seinen Forderungen auf die allgemeine Insolvenzquote verwiesen. Während im Gesetzgebungsverfahren zur InsO noch keinerlei negative Auswirkungen auf das Steueraufkommen durch die Abschaffung der Fiskusvorrechte erwartet

691 Siehe Teil I, Kapitel B, S. 5 ff.

692 Siehe Teil II, Kapitel B, S 28 ff.

693 Siehe Teil I, Kapitel C.I, S. 8 ff. und Teil II, Kapitel C, S. 31 ff.

wurden,[694] scheint sich diese Prognose in der politischen Wahrnehmung sehr schnell als unzutreffend herausgestellt zu haben.

Seitdem kann man in der politischen Diskussion den Eindruck gewinnen, dass der Fiskus als großer Verlierer der Insolvenzrechtsreform gilt, der im Vergleich zu anderen Gläubigern mit erheblichen Nachteilen zu kämpfen hat. So wird bspw. kritisiert, dass die Banken durch die ihnen verfügbaren Sicherungsrechte erhebliche Vorteile im Verfahren erhielten; Möglichkeiten, die dem Fiskus als sog. „Zwangsgläubiger" nicht zur Verfügung stehen. Als Schlussfolgerung wird jedoch nicht etwa die Abschaffung des vermeintlichen Bankenprivilegs gefordert, sondern vielmehr die Privilegierung des Fiskus zur „Wiederherstellung der Gleichbehandlung".[695] Dabei lässt sich feststellen, dass der besonderen Stellung des Fiskus bereits nach derzeitigem Recht ausreichend Rechnung getragen wird, da ihm Möglichkeiten im Steuervollzug zur Verfügung stehen, die einem einfachen Gläubiger verwehrt bleiben.[696] Eine weiterführende Bevorzugung des Fiskus ist demnach nicht angezeigt.

Ein detaillierter Blick in die derzeit gültige Rechtslage zeigt jedoch, dass seit Einführung der InsO zahlreiche Einzelregelungen geschaffen wurden, die eine Besserstellung des Fiskus im Insolvenzverfahren bedeuten. Im Rahmen dieser Arbeit wurden die einzelnen Sachverhalte in vier Kategorien eingeordnet, die eine strukturierte Übersicht ermöglichen.[697] Es beginnt mit *grundlegenden Maßnahmen*[698] und setzt sich fort in der *Quellenbesteuerung*[699], *Aufrechnung*[700] und schließlich den *Masseverbindlichkeiten*[701]. Die zu erwartenden finanziellen Auswirkungen der einzelnen Maßnahmen sind je nach Fallkonstellation sehr unterschiedlich. Grundsätzlich ist jedoch davon auszugehen, dass der Einfluss auf die Insolvenzmasse von der ersten zu vierten Kategorie zunimmt. Dementsprechend wurden im weiteren Verlauf der Arbeit, mit Fokus auf den Bereich der Masseverbindlichkeiten, vor allem die finanziellen Auswirkungen des neu eingeführten § 55 Abs. 4 InsO und der jüngeren Rechtsprechung des V. Senats des BFH analysiert.

---

694 Siehe Teil II, Kapitel C.II, S. 33 ff.
695 Siehe Teil III, Kapitel B.II, S. 43.
696 Siehe Teil III, Kapitel C.I, S. 47 ff.
697 Siehe Teil III, Kapitel C, S. 45 ff.
698 Siehe Teil III, Kapitel C.I, S. 47 ff.
699 Siehe Teil III, Kapitel C.II, S. 55 ff.
700 Siehe Teil III, Kapitel C.III, S. 77 ff.
701 Siehe Teil III, Kapitel C.IV, S. 84 ff.

Untersucht wurden der Einfluss auf die zur Verfügung stehende Liquidität im Insolvenzverfahren und die damit einhergehende Verschlechterung der Wahrscheinlichkeit einer erfolgreichen Unternehmenssanierung. Dabei muss vorab festgehalten werden, dass die Liquidität keinesfalls den einzigen Erfolgsfaktor von Sanierungsbemühungen im Insolvenzverfahren darstellt.[702] Während das Ergebnis des Insolvenzverfahrens von einer Vielzahl von Einzelfaktoren abhängt, bietet die Liquidität jedoch den Vorteil, eine gut quantifizierbare Größe in diesem Zusammenspiel darzustellen. Betrachtet wurde daher ein konkretes Insolvenzverfahren, an dessen Beispiel die unterschiedliche Liquiditätsentwicklung mit und ohne die Privilegien des § 55 Abs. 4 InsO und der Rechtsprechung des V. Senats des BFH gegenübergestellt wurden.[703] Da sich die vorgenannten Regelungen vor allem auf die Behandlung der Umsatzsteuer im Insolvenzverfahren erstrecken, wurden zudem die unterschiedlichen Auswirkungen der Soll- und Ist-Besteuerung in diesem Zusammenhang betrachtet.

Es hat sich gezeigt, dass die neue Rechtslage insbesondere im Fall der Soll-Besteuerung zu einer erheblichen Belastung der gerade in der frühen Phase verfügbaren Insolvenzmasse führt. Durch § 55 Abs. 4 InsO müssen im Beispielfall 279.367,90 Euro als Masseverbindlichkeiten an den Fiskus abgeführt werden, die nach alter Rechtslage zur Sanierung des Geschäftsbetriebs zur Verfügung gestanden hätten. Durch die Rechtsprechung des BFH gehen der Insolvenzmasse weitere 90.332,38 Euro verloren, die stattdessen direkt an den Fiskus fließen. Zusammengerechnet gehen der Insolvenzmasse damit 369.700,28 Euro verloren,[704] die zum Zeitpunkt der Fälligkeit 41,43 % der insgesamt verfügbaren Liquidität ausmachen.[705] Dies macht deutlich, dass die Privilegien des Fiskus zu einem erheblichen Hindernis für die Sanierungsbemühungen des Insolvenzverwalters werden können. Der Zeitraum über den der notleidende Geschäftsbetrieb weiter aufrecht erhalten und potentielle Investoren gesucht werden können, wird sich zwangsläufig verringern. Dies reduziert auch die Erfolgswahrscheinlichkeit einer Sanierung im Rahmen des Insolvenzverfahrens. Zur Ist-Besteuerung ist darüber hinaus festzuhalten, dass hier bei ansonsten gleicher Sachlage zusätzlich weitere 94.930,79 Euro als Masseverbindlichkeit abgeführt werden müssen. In diesem Fall gehen der Insolvenzmasse sogar insgesamt 464.631,07 Euro verloren.[706]

702 Siehe Teil IV, Kapitel B, S. 125 ff.
703 Siehe Teil IV, Kapitel C.I, S. 132 ff.
704 Siehe Teil IV, Kapitel C.I.3, S. 151 ff.
705 Siehe Teil IV, Kapitel D.II.1, S. 188 f.
706 Siehe Abbildung 17, S. 154.

Soll- und Ist-Besteuerung führen somit nicht nur temporär zu unterschiedlichen Ergebnissen für das Insolvenzverfahren.

Aufbauend auf diesem Ergebnis wurde für die Soll-Besteuerung analysiert, in welchem Umfang der Fiskus durch die ihm gewährten Vorteile tatsächlich gegenüber einer Rechtslage ohne die untersuchten Privilegien profitiert. Auf den ersten Blick scheint der Fiskus Mehreinnahmen in Höhe der zuvor erwähnten 369.700,28 Euro verzeichnen zu können. In Wirklichkeit hat er jedoch damit einhergehend zahlreiche Mindereinnahmen zu berücksichtigen. Recht offensichtlich ist noch die geringere Beteiligung an der zum Ende des Insolvenzverfahrens zu erwartenden Insolvenzquote, resultierend aus der Umverteilung von fiskalischen Insolvenzforderungen zu Masseverbindlichkeiten. Rechnet man diese entgegen, liegt der finanzielle Vorteil des Fiskus gegenüber der Rechtslage ohne Privilegien im besten Fall bei 261.776,03 Euro, was einer Verbesserung der Quote von vormals 26,13 % auf nunmehr 64,52 % entspricht. Die übrigen Gläubiger müssen sich demgegenüber mit einer geringeren Quote von 22,51 % zufrieden geben.[707]

Darüber hinaus hat der Fiskus jedoch weitere finanzielle Nachteile hinzunehmen, die mit einer Privilegierung seiner Forderungen einhergehen und bei einer Vorteilhaftigkeitsbetrachtung gegenüberzustellen sind.[708] So konnte gezeigt werden, dass der Insolvenzmasse, durch die untersuchten Bevorzugungen des Fiskus, in einem Umfang Liquidität entzogen wird, dass sich die maximal mögliche Dauer einer Betriebsfortführung reduziert.[709] Im Extremfall muss der Geschäftsbetrieb unmittelbar nach Insolvenzeröffnung eingestellt werden. Hieraus resultieren insbesondere bei der Umsatzsteuer geringere Steuereinnahmen für den Fiskus. Für den vorliegenden Beispielfall wurden Mindereinnahmen im Vergleich zur Rechtslage ohne Privilegien von mindestens 150.691,58 Euro errechnet.[710] Im Fall, dass der Betrieb unmittelbar nach Insolvenzeröffnung eingestellt wird, erhöht sich dieser Betrag sogar auf 383.105,93 Euro. Des Weiteren führt die aufgrund der verringerten Insolvenzquote geringere Abschlusszahlung an die übrigen Gläubiger ebenfalls zu Mindereinnahmen beim Fiskus.[711] Die Gläubiger müssen die an sie erfolgte Auszahlung ihrerseits versteuern. Für Kapitalgesellschaften wurde errechnet, dass von einer Quotenzahlung im Durchschnitt 55,77 % an den Fiskus weitergeleitet werden. Bei Personenunternehmen sind

707 Siehe Teil IV, Kapitel C.II.1, S. 161 ff. und Tabelle 6, S. 164.
708 Siehe Teil IV, Kapitel C.II, S. 158 ff.
709 Siehe Teil IV, Kapitel C.I.3.c), S. 157 f.
710 Siehe Teil IV, Kapitel C.II.2, S. 165 ff.
711 Siehe Teil IV, Kapitel C.II.3, S. 169 ff.

es immerhin durchschnittlich 46,25 %. Zu beachten ist jedoch, dass nicht jeder Insolvenzgläubiger seine Quotenzahlung versteuern muss (z. B. Banken oder das Finanzamt selbst). Im Ergebnis war im Beispielfall festzustellen, dass ohne Privilegien des Fiskus 14,89 % der Insolvenzquote über die steuerpflichtigen Insolvenzgläubiger an den Fiskus weitergeleitet werden. Da die Insolvenzquote durch die Privilegierung des Fiskus geringer ausfällt, entgehen dem Fiskus in diesem Fall weitere Steuereinnahmen i. H. v. 42.655,30 Euro im Vergleich zur Rechtslage ohne Privilegien.[712] Hierin enthalten ist im Übrigen auch Gewerbesteuer, die den Gemeinden zusteht. Es ist somit festzustellen, dass durch die derzeitigen Privilegien auch eine Umverteilung des Steueraufkommens von Kommunal- auf Bundesebene erfolgt. Des Weiteren ist festzuhalten, dass die durch die Privilegien des Fiskus verschlechterte Fortführungsprognose des Unternehmens auch Arbeitsplätze gefährdet. Die hieraus resultierenden höheren Sozialausgaben der Bundesagentur für Arbeit gehen zwar allenfalls temporär zulasten des Bundeshaushalts, sollten aber in der Betrachtung nicht unerwähnt bleiben.[713] Weitere Probleme ergeben sich durch ein erhöhtes Risiko von Folgeinsolvenzen[714] und den allgemein zu erwartenden negativen Anreizen für Gläubiger, wenn sich in Zukunft verstärkt der Eindruck durchsetzen sollte, dass das Insolvenzverfahren vor allem dem Fiskus und nicht der gesamten Gläubigergemeinschaft nützt.[715]

Unter Berücksichtigung aller untersuchten negativen Folgewirkungen ist in der Gesamtbetrachtung des analysierten Beispielfalls festzustellen, dass der Fiskus durch die ihm gewährten Privilegien im besten Fall Mehreinnahmen von 68.429,15 Euro zu erwarten hat. Dies entspricht einer Steigerung der Steuereinnahmen gegenüber einer Rechtslage ohne Privilegien von 7,87 %.[716] Als besonders bemerkenswertes Ergebnis ist jedoch gleichfalls festzustellen, dass dem Fiskus im schlechtesten Fall Mindereinnahmen von 195.780,63 Euro drohen. Dies entspricht einer Verringerung der Steuereinnahmen im Vergleich zur Rechtslage ohne Privilegien um –22,01 %.[717] Damit wird dargelegt, dass die Vorteile einer Privilegierung im Insolvenzverfahren unter bestimmten Umständen von den damit einhergehenden Nachteilen weit überstiegen werden können.

Dieses Ergebnis lässt sich aufgrund der Vielzahl der zu treffenden Annahmen nicht ohne weiteres auf andere Insolvenzverfahren übertragen oder gar auf die

---

712 Siehe Teil IV, Kapitel C.II.3.c), S. 174 ff.
713 Siehe Teil IV, Kapitel C.II.4, S. 178 ff.
714 Siehe Teil IV, Kapitel C.II.5, S. 180 f.
715 Siehe Teil IV, Kapitel C.II.6, S. 181 ff.
716 Siehe Tabelle 10, S. 185.
717 Siehe Tabelle 10, S. 185.

Gesamtheit deutscher Insolvenzverfahren hochrechnen. Hierfür wären weiterführende Untersuchungen unter Einbeziehung einer Vielzahl von Insolvenzverfahren notwendig. Das größte Problem stellt hierbei regelmäßig die mangelnde Verfügbarkeit diesbezüglich verwertbarer Daten dar. Mit Einführung des neuen InsStatG zum 01.01.2013 ist bereits ein erster Schritt unternommen worden, diese Situation zu verbessern. Es bleibt abzuwarten, ob sich hier in Zukunft neue Analysemöglichkeiten eröffnen.[718] Bis dahin kann die vorliegende Arbeit vor allem als Warnung gelten, den hart erkämpften Grundsatz der Gläubigergleichbehandlung im deutschen Insolvenzrecht nicht leichtfertig zugunsten einzelner Gläubiger zu durchbrechen. Vermeintliche finanzielle Vorteile, die sich auf den ersten Blick hieraus ergeben, können sich bei genauerer Betrachtung auch ins Gegenteil verkehren und schaden damit letztlich allen am Insolvenzverfahren beteiligten Protagonisten.

718 So wird im Gegensatz zu den vorangegangenen statistischen Erhebungen bspw. erfasst, für wie lange eine Betriebsfortführung möglich war.

Literaturverzeichnis

Ahrendt, Achim/Altmeppen, Holger/et al. (Protest): Wir protestieren! Gegen die Wiedereinführung des Fiskusprivilegs im Insolvenzverfahren, ZIP 2010, 1317.

Angele, Jürgen (Insolvenzen): Insolvenzen 2007, in: Statistisches Bundesamt, Wirtschaft und Statistik, Wiesbaden, 302–311.

Apitz, Wilfried in: Herrmann/Heuer/Raupach, Einkommensteuer- und Körperschaftsteuergesetz, Kommentar, 261. Erg.-Lfg., Köln, 2014.

App, Michael (Kurzkommentar): Kurzkommentar zu BFH, Urteil v. 4.5.2004 – VII R 45/03, EWiR 2004, 1063–1064.

Bächer, Harald (Umsatzsteuer): Umsatzsteuer als Masseverbindlichkeit bei Istbesteuerung, ZInsO 2009, 1634–1635.

Ballwieser, Wolfgang in: Schmidt, MünchKomm-HGB, Münchener Kommentar zum Handelsgesetzbuch, Band 4, 3. Auflage, München, 2013.

Bauer, Hans H./Sauer, Nicola E. (Erfolgsforschung): Die Erfolgsforschung als schwarzes Loch?, DBW 2004, 621–623.

Bauer, Joachim: Ungleichbehandlung der Gläubiger im geltenden Insolvenzrecht – Zugleich zur Dogmatik gesetzlich geschaffener Gläubigerprivilegien am Beispiel des § 32 DepotG, § 13c UStG und des Entwurfs der (vorigen) Bundesregierung eines Gesetzes zum Pfändungsschutz der Altersvorsorge und zur Anpassung des Rechts der Insolvenzanfechtung vom 10. August 2005, zugl. Dissertation Christian-Albrechts-Universität zu Kiel, Berlin, 2007.

Bauer, Joachim (Insolvenzvorrechte): Die schleichende Wiedereinführung von Insolvenzvorrechten zugunsten des Fiskus und der Sozialkassen schreitet voran – § 28e Abs. 1 Satz 2 SGB IV n.F. als jüngstes Beispiel für Verstöße gegen den Gläubigergleichbehandlungsgrundsatz, ZInsO 2008, 119–125.

Bauer, Joachim: Die GmbH in der Krise – Rechtsfragen der Unternehmenssanierung – dargestellt unter Berücksichtigung erster Praxiserfahrungen und Rechtsprechung nach MoMiG, 3. Auflage, Münster, 2010.

Bauer, Joachim (Einnahmequelle): Insolvenzgläubiger als Einnahmequelle des Fiskus und der Sozialversicherungen?, ZInsO 2010, 1917–1921.

Bauer, Joachim (Unzulässigkeit): Unzulässigkeit der Wiedereinführung eines Fiskusvorrechts im Insolvenzverfahren, ZInsO 2010, 1432–1437.

Baur, Fritz/Stürner, Rolf: Zwangsvollstreckungs-, Konkurs- und Vergleichsrecht – Band 2, Insolvenzrecht, 12. Auflage, Heidelberg, 1990.

Bauschatz, Peter (Sanierungsgewinn): Steuerpflicht des Sanierungsgewinns im Spannungsfeld zwischen Mindestbesteuerung und Billigkeitsmaßnahmen, GmbHR 2008, 1204–1209.

Beck, Rainer (Haftung): Die Haftung des Geschäftsführers nach § 64 Abs. 2 GmbHG, § 823 Abs. 2 BGB i.V.m. § 64 Abs. 1 GmbHG, ZInsO 2007, 1233–1240.

Beck, Rainer (Fiskusprivileg): Ertragsteuerliches Fiskusprivileg im vorläufigen Insolvenzverfahren – mögliche Auswirkungen des neuen § 55 Abs. 4 InsO, ZIP 2011, 551–556.

Benzel, Wolfgang (Steuervergütungsguthaben): Aufrechnung von Steuervergütungsguthaben in der Insolvenz – Anmerkung zum BFH-Beschluss v. 1.9.2010 – VII R 35/08, NWB 2011, 782–786.

Berges, A. M. (Gleichbehandlung): Die rechtlichen Grundlagen der Gläubigergleichbehandlung im Konkurs, KTS 1957, 49–58.

Berges, A. M. (Konkursvorrechte): Zur Einschränkung der Konkursvorrechte, KTS 1959, 53–54.

Blank, Michael J. W. (Kurzkommentar): Kurzkommentar zu BFH, Urt. v. 01.04.2004, V R 24/03, EWiR 2004, 1095–1096.

Blank, Michael J. W. (Anfechtung): Der Coup im Bundestag: Die Neuregelung des § 28 Abs. 1 Satz 2 SGB IV n.F. (ab. 1.1.2008) – Einschränkung der Anfechtung bei Sozialversicherungsbeiträgen (Arbeitnehmeranteil) gegenüber den Sozialkassen, ZInsO 2008, 1–5.

Blesinger, Karl in: Offerhaus/Söhn/Lange, Umsatzsteuer, Kommentar, 267. Erg.-Lfg., Heidelberg, 2014.

Böhm, Volker in: Braun, Insolvenzordnung, Kommentar, 5. Auflage, München, 2012.

Bollig, Horst (Fiskalprivileg): Die Abschaffung des Fiskalprivilegs als Mittel zur Sanierung insolventer Unternehmungen, KTS 1983, 217–246.

Bredow/Christiansen (Konkursvorrechte): Zur Frage der Reformbedürftigkeit der Konkursvorrechte, KTS 1959, 21–24.

Bruschke, Gerhard (Liquiditätsprüfung): Liquiditätsprüfungen im Erhebungsverfahren – Ein „neues" Instrument der Finanzverwaltung?, NZI 2003, 636–642.

Bülow, Hans-Joachim, in: Plückebaum/Malitzky, Umsatzsteuergesetz mit Nebengesetzen und Verordnungen, Kommentar, Freiburg im Breisgau, 1978.

Bundesregierung: Die Grundpfeiler unserer Zukunft stärken, Sparpaket, online verfügbar unter http://www.bmas.de/SharedDocs/Downloads/DE/ sparpaket-eckpunktepapier.pdf?__blob=publicationFile, zuletzt geprüft am 28.02.2014.

Casse, Philipp (Einkommensteuer): Einkommensteuer als Masseverbindlichkeit? – Klarheit durch den BFH, ZInsO 2011, 2309–2312.

Damerius, Oliver (Fiskusprivileg): Fiskusprivileg – Eine Stilblüte des Sparzwangs – das neue alte Fiskusprivileg im Insolvenzverfahren, BB 2010, I.

Dann, Wilfried: Das Konkursvorrecht der Öffentlichen Abgaben, zugl. Dissertation Universität zu Köln, Berlin, 1962.

de Weerth, Jan (Steuerhaftung): Zu Auswirkungen der Steuerhaftung nach § 13c UStG – Insbesondere auf die Insolvenzpraxis, ZInsO 2004, 190–193.

de Weerth, Jan (Organschaft): Umsatzsteuerliche Organschaft und Insolvenz – Anmerkungen zum Urteil des BFH v. 22.10.2009, V R 14/08, DStR 2010, 323, DStR 2010, 590–591.

Debus, Stefan/Schartl, Oliver (Handhabung): Masseschonende Handhabung des § 55 Abs. 4 InsO bei der Umsatzsteuer, ZIP 2013, 350–353.

Deutscher Anwaltverein (Insolvenzanfechtung): Stellungnahme des Deutschen Anwaltsvereins durch den Insolvenzrechtsausschuss zum Referentenentwurf eines gesetzes zum Pfändungsschutz der Altersvorsorge und zur Anpassung des Rechts der Insolvenzanfechtung – Hier: Art. 2 Änderung der Insolvenzordnung – AZ: R A 6 – 3760/7-6-6-3 – R3 479/2005, ZInsO 2005, 798–800.

Deutscher Anwaltverein: Stellungnahme des Deutschen Anwaltvereins durch die Ausschüsse Insolvenzrecht und Steuerrecht zur beabsichtigten Wiedereinführung des „Fiskusvorrechtes" durch die Bundesregierung, Fiskusprivileg, online verfügbar unter http://www.anwaltverein.de/downloads/ stellungnahmen/SN-10/SN34-2010.pdf, zuletzt geprüft am 28.02.2014.

Deutscher Anwaltverein (Bewertung): Kritische Bewertung durch die Arbeitsgemeinschaft Insolvenzrecht und Sanierung des Deutschen Anwaltvereins zur BFH-Entscheidung v. 9.12.2010, ZInsO 2011, 1449–1451.

Dobler, Thomas (Organschaft): Die aktuelle Rechtsprechung des BFH zur umsatzsteuerlichen Organschaft im Kontext von Unternehmensinsolvenzen – Gedanken zu BFH, Urt. v. 22.4.2010 – V R 9/09, ZInsO 2010, 1334 und v. 1.12.2010 – XI R 43/08, JurionRS 2010, 35493, ZInsO 2011, 2312–2316.

Dobler, Thomas (Handlungsmöglichkeiten): Was nun? Handlungsmöglichkeiten beim Umgang mit dem Urteil des BFH v. 9.12.2010 – V R 22/10, ZInsO 2011, 823, ZInsO 2011, 1098–1100.

Dobler, Thomas (BMF-Schreiben): Masseverbindlichkeiten aus Forderungseinzug – Sorgt das BMF-Schreiben vom 9.12.2011 für Klarheit?, ZInsO 2012, 208–212.

Doehring, Carl (Insolvenzstatistik 1959): Ergebnisse der Insolvenzstatistik, KTS 1960, 150–153.

Doehring, Carl (Insolvenzstatistik 1972): Die Insolvenzen im Blickfeld der Statistik – Die Entwicklung im Jahre 1972, KTS 1974, 15–25.

Dr. Wieselhuber & Partner GmbH: Insolvenzen in Deutschland – Insolvenzursachen und Erfolsfaktoren einer Sanierung aus der Insolvenz, München, 2003.

Drenckhahn, Lars (Bauabzugsteuer): Behandlung der Bauabzugsteuer in der Insolvenz zwischen Eröffnungsantrag und Schlussverteilung, ZInsO 2003, 405–409.

Ehlers, Harald (Insolvenzplanverfahren): Insolvenzplanverfahren – die Alternative, DStR 2010, 2523–2528.

Englisch, Joachim, in: Tipke/Lang, Steuerrecht, 21. Auflage, Köln, 2013.

Euler Hermes Kreditversicherungs-AG: Ursachen von Insolvenzen – Gründe für Unternehmensinsolvenzen aus der Sicht von Insolvenzverwaltern, Hamburg, 2006.

Farr, Carsten: Die Besteuerung in der Insolvenz – Eine Einführung mit Beispielen und Praxishinweisen, München, 2005.

Farr, Carsten (Kfz-Steuer): Belastung der Masse mit Kraftfahrzeugsteuer, NZI 2008, 78–81.

Feuerborn, Sabine (Unternehmensfortführung): Rechtliche Probleme der Unternehmensfortführung durch den Sequester und den vorläufigen Insolvenzverwalter, KTS 1997, 171–210.

Flessner, Axel (Grundfragen): Grundfragen des künftigen Sanierungsrechts, ZIP 1981, 113–119.

Fölsing, Philipp (Privilegierung): Unzulässige Privilegierung des Steuergläubigers in der Insolvenz?, NZI 2009, 794–795.

Forster, Eduard (Bauleister): Qualifikation von Bauträgern als Bauleister i. S. von § 13b Abs. 5 Satz 2 UStG, DStR 2011, 351–352.

Förster, Karsten (Anpassung der Insolvenzanfechtung): Klartext: Bananenrepublik!, ZInsO 2005, 785.

Frind, Frank (Insolvenzanfechtung): Kleine Reform- große (Fehl-)Wirkung? – Anmerkung zum „Entwurf eines gesetzes zum Pfändungsschutz der Altersvorsorge und zur Anpassung des Rechts der Insolvenzanfechtung“, ZInsO 2005, 790–794.

Fritsch, Rainer in: Pahlke/Koenig, Abgabenordnung, §§ 1 bis 368; Kommentar, 2. Auflage, München, 2009.

Fritz, Wolfgang (Erfolgsfaktorenforschung): Die Erfolgsfaktorenforschung – ein Misserfolg?, DBW 2004, 623–625.

Frotscher, Gerrit in: Gottwald, Insolvenzrechtshandbuch, 4. Auflage, München 2010.

Frotscher, Gerrit: Steuern im Konkurs, 3. neubearbeitete und erweiterte Auflage, Heidelberg, 1990.

Fuhrmann, Claas in: Korn, Einkommensteuergesetz, Kommentar, 36. Erg.-Lfg., Bonn, 2007.

Fuhst, Christian (ESUG): Das neue Insolvenzrecht – Ein Überblick, DStR 2012, 418–423.

Gälweiler, Aloys/Schwaninger, Markus: Strategische Unternehmensführung, 3. Auflage, Frankfurt/Main/New York, 2005.

Ganter/Hans Gerhard/Brünink/Jan-Hendrik (Umsatzsteuer): Insolvenz und Umsatzsteuer aus zivilrechtlicher Sicht, NZI 2006, 257–266.

Gassert-Schumacher, Heike: Privilegien in der Insolvenz, zugl. Dissertation Universität Freiburg 1999/2000, Frankfurt a. M., 2002.

Gless, Sven-Erik: Unternehmenssanierung – Grundlagen, Strategien, Massnahmen, Wiesbaden, 1996.

Gotthardt, Jens Eric/Kubaczynska, Monika (Widerstreitende Rechtsprechung): Wirkungsweise des § 17 UStG – widerstreitende Rechtsprechung des V. und des VII. Senats des BFH – Zugleich Besprechung des BFH-Urteils vom 19.8.2008, VII R 36/07 (DStrE 2008, 1468), DStR 2009, 1015–1019.

Graf-Schlicker, Marie-Luise/Remmert, Andreas (Abschlussbericht): Alles neu in der Unternehmensinsolvenz? – Zum Abschlussbericht der Bund-Länder-Arbeitsgruppe „Insolvenzrecht“, ZInsO 2002, 563–568.

Gravenbrucher Kreis (Insolvenzanfechtung): Stellungnahme des Gravenbrucher Kreises zum Entwurf eines Gesetzes zum Pfändungsschutz der Altersvorsorge und zur Anpassung des Rechts der InsO – Eine Ergänzung zum Beitrag von Schmerbach, ZInsO 2005, 77 ff., ZInsO 2005, 800–802.

Gundlach, Ulf/Rautmann, Heiko (Änderungen): Änderungen der Insolvenzordnung durch das Haushaltsbegleitgesetz 2011, DStR 2011, 82–85.

Haarmeyer, Hans/Ries, Stephan (Haushaltsbegleitgesetz 2011): Haltet den Dieb – straffrei bleibe aber das Finanzamt! oder: Die Entbindung von tradierter Rechtskultur durch Übernahme der Herrschaft im Insolvenzverfahren, ZInsO 2010, III–IV.

Haarmeyer, Hans/Wutzke, Wolfgang/Förster, Karsten: Gesamtvollstreckungsordnung – Kommentar zur Gesamtvollstreckungsordnung (GesO) und zum Gesetz über die Unterbrechung von Gesamtvollstreckungsverfahren (GUG), 2. Auflage, Köln, 1992.

Haenecke (Erfolgsfaktorenforschung): Methodenorientierte Systematisierung der Kritik an der Erfolgsfaktorenforschung, ZfB 2002, 165–183.

Hahne, Klaus D. (Umsatzsteuerschulden): Die Haftung für Umsatzsteuerschulden bei der Abtretung und Verpfändung von Forderungen nach § 13 c UStG n. F. – Analyse der Vorschrift und erste Gestaltungsmöglichkeiten, BB 2003, 2720–2724.

Hanisch, Hans: Rechtszuständigkeit der Konkursmasse – Die Wiederentdeckung selbständiger Rechtsbeziehungen der Konkursmasse in rechtsvergleichender Sicht, zugl. Habilitation Universität Freiburg i. Br., Frankfurt a. M., 1973.

Hartman, Timo (Kraftfahrzeugsteuer): Kraftfahrzeugsteuer in der Insolvenz nach neuer BFH-Rechtsprechung, NZI 2012, 168–172.

Häsemeyer, Ludwig (Gleichbehandlung): Die Gleichbehandlung der Konkursgläubiger, KTS 1982, 507–575.

Häsemeyer, Ludwig: Insolvenzrecht, 3. Auflage, Köln, 2003.

Haunhorst, Sabine, in: Reiß/Kraeusel/Langer, Umsatzsteuergesetz, UStG mit Nebenbestimmungen, Gemeinschaftsrecht, Kommentar, 109. Erg.-Lfg., Bonn, 2013.

Heeg, Volker (Strafbarkeit): Der GmbH-Geschäftsführer in der Vor-Insolvenz – Höstrichterlich geklärt? – Masseerhaltung, Lohnsteuerhaftung und Strafbarkeit wegen Nichtabführung von Sozialversicherungsbeiträgen, DStR 2007, 2134–2140.

Heinze, Harald (Masseverbindlichkeiten): Umsatzsteuer aus schwacher vorläufiger Verwaltung als Masseverbindlichkeiten nach § 55 Abs. 4 InsO, ZInsO 2011, 603–609.

Heinze, Harald (Umsatzsteuern): Umsatzsteuern aus dem Forderungseinzug des Insolvenzverwalters – Zugleich Besprechung des BFH-Urteils vom 9.12.2010 – V R 22/10, DZWIR 2011, 276–279.

Heinze, Harald (Umsatzsteuer): Umsatzsteuern, ihre Entstehung und Aufrechnung im Insolvenzverfahren – Besprechung der BFH-Urteile vom 25.7.2012 – VII R 29/11 und VII R 44/10, DZWIR 2013, 45–49.

Henckel, Wolfram (Vorrechte): Die letzten Vorrechte im Insolvenzverfahren, in: Prütting/Vallender, Insolvenzrecht in Wissenschaft und Praxis, Festschrift für Wilhelm Uhlenbruck zum 70. Geburtstag, Köln 2000, 19–31.

Herzig, Norbert/Liekenbrock, Bernhard (Sanierungshindernisse): Überlegungen zur Beseitigung von steuerlichen Sanierungshindernissen – Ein Beitrag zur steuerlichen Flankierung der geplanten Insolvenzrechtsreform, Ubg 2011, 313–327.

Hess, Harald: InsO – Kommentar zur Insolvenzordnung mit EGInsO, Heidelberg, 1999.

Heumann, Otto (Umsatzsteuerpflicht): Umsatzsteuerpflicht bei Konkursmassenverkäufen, KTS 1927, 34–35.

Hey, Johanna (Bauabzugsteuer): Vereinbarkeit der Bauabzugssteuer (§§ 48 ff. EStG) mit dem Gemeinschaftsrecht?, EWS 2002, 153–165.

Hey, Johanna, in: Tipke/Lang, Steuerrecht, 21. Auflage, Köln, 2013.

Hirte, Heribert, in: Uhlenbruck, Insolvenzordnung, Kommentar, 13. Auflage, München, 2010.

Hirte, Heribert/Knof, Béla/Mack, Sebastian (ESUG): Das Gesetz zur weiteren Erleichterung der Sanierung von Unternehmen (Teil I + II), DB 2011, 632–643 und 693–698.

Homburg, Christian/Krohmer, Harley (Erfolgsfaktorenforschung): Die Fliegenpatsche als Instrument des wissenschaftlichen Dialogs, DBW 2004, 626–631.

Huber, Michael (Insolvenzanfechtung): Referentenentwurf: „Anpassung des Rechts der Insolvenzanfechtung" – oder: Das Feigenblatt zur Anpassung des IX. Zivilsenats an die Wünsche der Sozialversicherungsträger und Finanzbehörden, ZInsO 2005, 786–789.

Hueck, Götz: Der Grundsatz der gleichmäßigen Behandlung im Privatrecht, zugl. Habilitation Wilhelms-Universität Münster, München, Berlin, 1958.

Hundt-Eßwein, Hans Ulrich in: Offerhaus/Söhn/Lange, Umsatzsteuer, Kommentar, 267. Erg.-Lfg., Heidelberg, 2014.

Institut für Freie Berufe Nürnberg: Mitgliederbefragung des Verbandes der Insolvenzverwalter Deutschlands e.V. – VID 2007, online verfügbar unter http://www.vid.de/images/stories/pdf_stellungnahmen-vid/12_vid-bericht_2007.pdf, zuletzt geprüft am 28.02.2014.

Jeremias, Christoph: Internationale Insolvenzaufrechnung, zugl. Dissertation Freie Universität Berlin, Tübingen, 2005.

Jungclaus, Martin/Keller, Christoph (Haushaltbegleitgesetz 2011): Die Änderungen der InsO durch das Haushaltsbegleitgesetz 2011, NZI 2010, 808–810.

Kaeser, Christian in: Kirchhof/Söhn/Mellinghoff, Einkommensteuergesetz, Kommentar, 243. Erg.-Lfg., Heidelberg, 2013.

Kahlert, Günter (Vertreterhaftung): Vertreterhaftung für Steuerschulden, insbesondere in der Unternehmenskrise, ZIP 2009, 2368–2376.

Kahlert, Günter (HBeglG 2011): Die Neugeburt eines Fiskusprivilegs im Insolvenzverfahren nach Art. 3 Nr. 2 und 3 des HBeglG-E 2011, ZIP 2010, 1887–1889.

Kahlert, Günter (Fiskusvorrechte): „Wiedereinführung" des Fiskusvorrechts im Insolvenzverfahren? – Die Fiskusvorrechte sind schon lange da!, ZIP 2010, 1274–1282.

Kahlert, Günter (Anmerkung): Anmerkung zu BFH, Urt. v. 9.2.2011 – XI R 35/09, ZIP 2011, 1225.

Kahlert, Günter (Umsatzsteuer): Der V. Senat des BFH als Schöpfer von Fiskusvorrechten im Umsatzsteuerrecht – Zugleich Besprechung des Urteils des V. Senats des BFH vom 9.12.2010, V R 22/10, DStR 2011, 720, DStR 2011, 921–926.

Kahlert, Günter (Umsatzsteuer): Zur Dogmatik der Umsatzsteuer im Insolvenzverfahren, DStR, 2011, 1973–1981.

Kahlert, Günter (Aufrechungsverbote): Insolvenzrechtliche Aufrechnungsverbote im Umsatzsteuerrecht – Aktuelle Entwicklungen und Auswirkungen auf die Insolvenzpraxis, ZIP 2013, 500–510.

Kammeter, Susann/Kammeter, Roland (Lohnsteuer): Der Lohn- und Einkommensteueranspruch gegen den insolventen Arbeitnehmer, NWB 2011, 4012–4018.

Kapischke, Markus (Anteilige Tilgung): Volle und anteilige Haftung nach § 69 AO – Anwendungsbereich und Ausnahmen vom „Grundsatz der anteiligen Tilgung", NWB Fach 2, 8847–8858.

Kessler, Wolfgang/Hinz, Bogdan (Verlustverrechnung): Kernbereiche der Verlustverrechnung – Verfassungswidrigkeit von § 8c KStG, DB 2011, 1771–1774.

Kießner, Ferdinand, in: Braun, Insolvenzordnung, Kommentar, 5. Auflage, München, 2012.

Kilger, Joachim (Konkurs): Der Konkurs des Konkurses, KTS 1975, 142–166.

Kleiner, Udo (Entwicklungen): Entwicklungen bei der Bauabzugssteuer, StWa 2002, 220–223.

Klein, Eva/Humberg, Andreas (Kfz-Steuer): Die Behandlung der Kraftfahrzeugsteuer im Falle der Insolvenz, JR 2008, 224–229.

Klenk, in: Rau/Dürrwächter, Kommentar zum Umsatzsteuergesetz, 8. Auflage, Köln, 1967.

Klusmeier, Stefan (Umsatzsteuer): Der Umsatzsteuer-Anspruch im Insolvenzfall, ZInsO 2011, 1340–1342.

Kluth, T. (Übertragende Sanierung): Die „übertragende Sanierung“ – Risiken und Nebenwirkungen einer Packungsbeilage zur Unternehmensveräußerung in der Insolvenz, NZI 2002, 1–2.

Knospe/Gellrich (Sicht der Sozialversicherungen): Notwendiger Korrekturbedarf im Recht der Insolvenzanfechtung aus systematischer Sicht der Gesetzlichen Sozialversicherung, NZS 2006, 303–311.

Köchling, Marcel (Insolvenzplan): Der Insolvenzplan als Sanierungsinstrument – Anspruch und Wirklichkeit, CorpFin law 2011, 13–20.

Kögel, Andreas M. (Masseverbindlichkeit): Die Kfz-Steuer ist Masseverbindlichkeit – wirklich immer!?, ZInsO 2010, 1780–1784.

Kommission für Insolvenzrecht: Erster Bericht der Kommission für Insolvenzrecht, Köln, 1985.

Kommission für Insolvenzrecht: Zweiter Bericht der Kommission für Insolvenzrecht, Köln, 1986.

König, Helmut: Steuern in der Insolvenz, in: Buth/Hermanns, Restrukturierung, Sanierung, Insolvenz, 3. Auflage, München, 2009.

Kranenberg, Sonja (Kfz-Steuer): Kraftfahrzeugsteuer in der Insolvenz – neuere Entwicklungen in der Rechtsprechung, NZI 2008, 81–83.

Kroth, Harald (Fiskusprivileg): „Steuerrecht versus Insolvenzrecht“ oder: „(Wider) die Auferstehung des Fiskalprivilegs“?, NZI 2004, 345–354.

Kroth, Harald, in: Braun, Insolvenzordnung, Kommentar, 5. Auflage, München, 2012.

Krüger, Frank (Insolvenzsteuerrecht): Insolvenzsteuerrecht Update 2011, ZInsO 2011, 593–602.

Krüger, Frank (Korrektur): Umsatzsteuerkorrektur bei Verfahrenseröffnung oder Korrektur der Rechtsprechung? – Zugleich Anmerkung zu BFH, Beschl. v. 11.7.2013 – XI B 41/13, ZInsO 2013, 1739, ZInsO 2013, 2200–2203.

Krumm, Marcel/Wolf, Sarah (Unternehmenserwerb): Der Unternehmenserwerb aus der Insolvenzmasse, NWB 2010, 3465–3477.

Krystek, Ulrich/Moldenhauer, Ralf: Handbuch Krisen- und Restrukturierungsmanagement – Generelle Konzepte, Spezialprobleme, Praxisberichte, Stuttgart, 2007.

Kübler, Bruno M./Prütting, Hanns: Das neue Insolvenzrecht – InsO/EGInsO, 2. Auflage, Köln, 2000.

Küffner, Thomas/Zugmaier, Oliver (Steuerschuldnerschaft): Erweiterung der umsatzsteuerlichen Steuerschuldnerschaft des Leistungsempfängers (§ 13b UStG) am 1.4.2004 in Kraft getreten – Zugleich Anmerkung zum BMF-Schreiben vom 31.3.2004, IV D 1 – S 7279 – 107/04, DStR 2004, 712–715.

Kuhr, Daniela (Justizministerin): Justizministerin verteidigt Pläne zum Insolvenzrecht – Leutheusser-Schnarrenberger hält die Kritik der Verwalter für überzogen: „Sanierungschancen der notleidenden Unternehmen werden steigen", Süddeutsche Zeitung v. 10.09.2010, S. 19.

Kußmaul, Rolf/Steffan, Bernhard (Prepackaged Plan): Insolvenzplanverfahren: Der prepackaged Plan als Sanierungsalternative – Praxisbeispiel einer erfolgreichen Umsetzung, DB 2000, 1849–1853.

Landfermann, Hans-Georg (Dauerkonflikt): So darf es nicht weitergehen! – Für eine einvernehmliche Beilegung des Dauerkonflikts um Vorrechte des Fiskus und der Sozialkassen im Insolvenzverfahren, ZIP 2010, 2471.

Langer, Michael, in: Reiß/Kraeusel/Langer, Umsatzsteuergesetz, UStG mit Nebenbestimmungen, Gemeinschaftsrecht, Kommentar, 109. Erg.-Lfg., Bonn, 2013.

Leithaus, Rolf (Anfechtung): Anmerkungen zum Regierungsentwurf eines Gesetzes zum Pfändungsschutz der Altersvorsorge und zur Anpassung des Rechts der Insolvenzanfechtung, NZI 2005, 436–439.

Liebscher, Marc (Privilegierung): Wider die Privilegierung von Abführungspflichten gegenüber der Massesicherungspflicht in der Insolvenz – Anmerkungen zum Urteil des BFH v. 23.9.2008 – VII R 27/07, ZInsO 2009, 151, ZInsO 2009, 1386–1391.

Lixfeld, Simon: Planung und Beschaffung von Liquidität in Insolvenzverfahren, 1. Auflage, zugl. Dissertation Universität Siegen 2010, Lohmar/Köln, 2010.

Looff, Franziska (Kfz-Steuer): Kraftfahrzeugsteuerschuld im Insolvenzverfahren nach neuester BFH-Rechtsprechung – Besprechung der Urteile des BFH v. 29.8.2007 – IX R 22/07 und IX R 58/06, ZInsO 2008, 75–79.

Loose, Matthias, in: Tipke/Kruse, Abgabenordnung, Finanzgerichtsordnung, Kommentar zur AO (ohne Steuerstrafrecht) und FGO, 134. Erg.-Lfg., Köln, 2013.

Marotzke, Wolfgang (Reformvorschlag): Masseschuldbegründung im Eröffnungsverfahren – zum Reformvorschlag der Bundesregierung, ZIP 2005, 2144–2148.

Marotzke, Wolfgang (Anfechtung): Freiwillige Forderungserfüllung, Zwangsvollstreckung und Vollstreckungsdruck im Fokus des Insolvenzanfechtungsrechts – Zugleich zur Notwendigkeit einer grundlegenden Neuordnung des Insolvenzanfechtungsrechts, DZWIR 2007, 265–282.

Marotzke, Wolfgang (Privilegierung): Sinn und Unsinn einer insolvenzrechtlichen Privilegierung des Fiskus – Zugleich eine Stellungnahme zu Art. 3 des Haushaltsbegleitgesetzes 2011 i.d.F. des Gesetzesbeschlusses des Deutschen Bundestages v. 28.10.2010, ZInsO 2010, 2163–2180.

Maus, Karl Heinz (Zinsabschlag): Auswirkungen des Zinsabschlaggesetzes auf die Insolvenzverfahren, ZIP 1993, 743–746.

Maus, Karl Heinz (Liquiditätsprüfung): Liquiditätsprüfung – Die neue Masche der Finanzverwaltung, anderen Gläubigern bei der Forderungsrealisierung zuvorzukommen, ZInsO 2004, 837–839.

Maus, Karl Heinz (Steuerschuldnerschaft): Wechsel der Steuerschuldnerschaft und verschärfte Steuerhaftung als Ausgleich für den Fortfall des Fiskalvorrechts gem § 61 Abs. 1 Nr. 2 KO – Umsatzsteuerliche Auswirkungen des Haushaltsbegleitgesetzes 2004 vom 29.12.2003 und des Steueränderungsgesetzes 2003 vom 15.12.2003 auf die Insolvenzabwicklung, ZIP 2004, 1580–1586.

Meier, Jan-Philipp (Wiedereinführung): Die Wiedereinführung von Insolvenzvorrechten durch das Hauptportal – § 28e Abs. 1 Satz 2 SGB IV, die Ziele des Koalitionsvertrages und das Sparpaket der Bundesregierung, ZInsO 2010, 1121–1130.

Meier, Jan-Philipp: Privilegien des Fiskus und der Sozialversicherungsträger in der Unternehmensinsolvenz, zugl. Dissertation Universität Hamburg, Frankfurt am Main, 2010.

Menn, Florian (Kfz-Steuer): Kfz-Steuer im Insolvenzverfahren: Masseverbindlichkeit oder Forderung gegen das insolvenzfreie Vermögen des Schuldners?, ZInsO 2009, 1189–1194.

Mentzel, Franz/Kuhn, Georg/Uhlenbruck, Wilhelm: Konkursordnung – Kommentar, 9. Auflage, München/Vahlen, 1979.

Merath, Dieter (Aufrechnung): Aufrechnung von Steuererstattungsansprüchen mit Insolvenzforderungen durch die Finanzbehörden aufgrund von BFH, Urt. v. 25.7.2012 – VII R 29/11, ZInsO 2012, 2142 erschwert, ZInsO 2013, 2415–2419.

Meurer, Thomas (Steuerschuldnerschaft): § 13b UStG – Eine Vorschrift im Augenmerk des Gesetzgebers – Änderung bei der Steuerschuldnerschaft des Leistungsempfängers, NWB 2010, 3540–3551.

Mitlehner, Stephan (Kurzkommentar): Kurzkommentar zu BFH Urteil v. 9.12.2010 – V R 22/10, EWiR, 2011, 323–324.

Müller, Rainer: Krisenmanagement in der Unternehmung – Vorgehen, Maßnahmen und Organisation, 2. Auflage, Frankfurt am Main u.a, 1986.

Nawroth, Mario (HBeglG): Der neue § 55 Abs. 4 InsO – die Gedanken sind frei ..., ZInsO, 2011, 107–109.

Nicolai, Alexander/Kieser, Alfred (Erfolgsfaktorenforschung): Trotz eklatanter Erfolgslosigkeit: Die Erfolgsfaktorenforschung weiter auf Erfolgskurs, DBW, 2002, 579–596.

Nicolai, Alexander/Kieser, Alfred (Erfolgsfaktorenforschung): Von Konsensgenerierungsmaschinen, Nebelkerzen und »the Operation called „Verstehen"«, DBW 2004, 631–635.

Nieskens, Hans (Änderungen): Wichtigste Änderungen der Umsatzsteuer durch das Steueränderungsgesetz 2003 und das Haushaltbegleitgesetz 2004, UR 2004, 105–136.

Nieskens, Hans (Reverse-Charge): Die Umsatzsteuermissbrauchsbekämpfung durch Reverse-Charge mit R-Check und seine Auswirkungen auf die Beratungspraxis – Fluch oder Segen?, BB 2006, 356–360.

Onusseit, Dietmar: Umsatzsteuer im Konkurs, zugl. Dissertation Friedrich-Wilhelm-Universität Bonn, Köln/Bonn, 1988.

Onusseit, Dietmar (Kurzkommentar): Kurzkommentar zu LG Freiburg, Urt. v. 3.8.1999 - 12 O 39/99, EWiR 1999, 1169–1170.

Onusseit, Dietmar (Aufrechnung): Aufrechnung des Finanzamts in der Insolvenz - Anmerkung zu den Urteilen des BFH v. 5.1.2004 - VII R 69/03 (ZInsO 2005, 542), v. 16.11.2004 - VII R 62/03 (ZInsO 2005, 495) und 16.11.2004 - VII R 75/03, ZInsO 2005, 638–643.

Onusseit, Dietmar (Kurzkommentar): Kurzkommentar zu BFH Urteil v. 5.10.2004, VII R 69/03, EWiR 2005, 475–476.

Onusseit, Dietmar (Vorrechte): Wehret den Anfängen, ZInsO 2006, 516.

Onusseit, Dietmar (Kurzkommentar): Kurzkommentar zu BFH, Urteil v. 10.5.2007 - VII R 18/05, EWiR 2008, 85–86.

Onusseit, Dietmar (Bauvorhaben): Die umsatzsteuerlichen Folgen des in der Insolvenz steckengebliebenen Bauvorhabens - Besprechung BFH v. 30.4.2009 - V R 1/06, ZIP 2009, 1677, ZIP 2009, 2180–2184.

Onusseit, Dietmar (Urteil): Das Urteil des BFH vom 9.12.2010 - V R 22/10, DZWIR 2011, 239 Kritik und Folgen, DZWIR 2011, 353–358.

Onusseit, Dietmar (Kurzkommentar): Kurzkommentar zu BFH, Urteil v. 24.2.2011 - VI R 21/10, EWiR 2011, 427–428.

Onusseit, Dietmar (Neuregelung): Zur Neuregelung des § 55 Abs. 4 InsO, ZInsO 2011, 641–650.

Orlopp, Gerd L. (Fiskusvorrecht): Das Fiskusvorrecht im Konkurs und seine Berechtigung, DStZ 1979, 219–225.

Pape, Gerhard (Reform): Von der „Perle der Reichsjustizgesetze" zur Abbruchhalde, ZInsO 2005, 842–844.

Pape, Gerhard/Uhlenbruck, Wilhelm (Reform): 30 Jahre Insolvenzrechtsreform für die Katz?, ZIP 2005, 417–423.

Prütting, Hanns, in: Kübler/Prütting/Bork, InsO, Kommentar zur Insolvenzordnung, 57. Erg.-Lfg., Köln, 2014.

Ramackers, Arnold (Kommentierung): Kommentierung des BMF-Schreibens vom 1.11.2001 zum Steuerabzug von Vergütungen für im Inland erbrachte Bauleistungen (§ 48 ff. EStG), BB 2002, Beilage 2, 1–16.

Reiß, Wolfram (Factoring): Factoring und Forderungsverkauf in der Umsatzsteuer - zugleich ein Beitrag zur Haftung des Forderungserwerbers, in: Carlé/Stahl/Strahl, Gestaltung und Abwehr im Steuerrecht, Festschrift für Klaus Korn zum 65. Geburtstag am 28. Januar 2005, Bonn, 2005.

Richardi, Reinhard: Sozialplan und Konkurs, Düsseldorf, 1975.

Ries, Stephan (Haushaltsbegleitgesetz 2011): Art. 3 Nr. 3 Haushaltsbegleitgesetz 2011 Reg-E – kein Ausweg aus vermintem Gelände?, NZI 2010, V–VI.

Rosenau, Heinz (Probleme): Steuerliche Probleme im Konkurs- und Vergleichsverfahren eines Steuerpflichtigen, KTS 1972, 130–158.

Roth, David (Masseverbindlichkeit): BFH zur Kraftfahrzeugsteuer: Masserverbindlichkeit trotz Freigabe und fehlender Nutzung! – Erwiderung zu Looff, ZInsO 2008, 75 ff., ZInsO 2008, 304–308.

Roth, Jan (Umsatzsteuer): Umsatzsteuer und Insolvenz, ZInsO 2014, 309–325.

Rüsken, Reinhart (Aufrechnung): Aufrechnung von Steuern im Insolvenzverfahren in der neueren Rechtsprechung des Bundesfinanzhofs, ZIP 2007, 2053–2060.

Sauer, Franz-Josef, in: Jahn, Sozialgesetzbuch für die Praxis – SGB, Kommentar, 250. Erg.-Lfg., Freiburg i. Br., 2013.

Sämisch, Henning/Adam, Sven (Begehrlichkeiten): Fiskalische Begehrlichkeiten: Insolvenzforderung oder Masseverbindlichkeit?, ZInsO 2010, 934–939.

Schacht, J. (Vorrechte): Vorrechte öffentlicher und fiskalischer Forderungen im Insolvenzverfahren, ZInsO 2011, 1048–1054.

Schelo, Sven (Sanierung): Reform der Unternehmenssanierung – Erläuterungen zum Diskussionsentwurf eines Gesetzes zur weiteren Erleichterung der Sanierung von Unternehmen, DB, 2010 2209–2213.

Schmidt, Reinhard H.: Ökonomische Analyse des Insolvenzrechts, Wiesbaden, 1980.

Schmittmann, Jens M. (Altforderungen): Umsatzsteuer aus Einzug von Altforderungen nach Insolvenzeröffnung – Zugleich Besprechung BFH v. 9.12.2010 – V R 22/10, ZIP 2011, 782, ZIP 2011, 1125–1131.

Schmittmann, Jens M. (Umsatzsteuer): Das Bundesfinanzministerium, der V. Senat des BFH und die Umsatzsteuer in der Insolvenz – Zugleich Anmerkung zu BFH v. 24.11.2011 – V R 13/11, ZIP 2011, 2481, und BMF-Schreiben v. 9.12.2011 – IV D 2 – S 7330/09/10001:001, ZIP 2011, 2431, ZIP 2012, 249–252.

Schmittmann, Jens M. (Reform): Die verpasste Chance zur Kodifizierung eines Insolvenzsteuerrechts – ESUG – Reform der Insolvenzordnung, StuB 2012, 109–112.

Schneider, Werner/Hörmann, Martin (Anfechtung): Die Änderungswünsche der Finanzverwaltungen zum Insolvenzanfechtungsrecht – oder: die Wiedereinführung des „Windhund"-Prinzips, ZInsO 2005, 133–137.

Schröder, in: Schmidt, Hamburger Kommentar zum Insolvenzrecht (HHK), InsO, EuInsVO, EGInsO (Auszug), InsVV, VbrInsVV, InsOBekV, Insolvenzstrafrecht, 4. Auflage, Köln, 2012.

Schuhmann, Helmut (Haftung): Haftung des Geschäftsführers wegen Masseschmälerung bei Entrichtung von Steuern in der Krise der GmbH – Privilegierung des Fiskus durch die Rechtsprechung?, GmbHR, 2008, 418–421.

Schuster, Silvia (Fiskusprivileg): Die neuere BFH-Rechtsprechung zur Steuer in der Insolvenz – Fiskusprivileg versus Gläubigergleichbehandlung, DStR 2013, 1509–1512.

Sinz, Ralf/Hiebert, Olaf (Kurzkommentar): Kurzkommentar zu BFH, Urteil v. 13.04.2011 – II R 49/09, EWiR 2011, 573–574.

Smid, Stefan: Kreditsicherheiten in der Insolvenz des Sicherungsgebers – Handbuch, Stuttgart, 2003.

Smid, Stefan (Reform): Große Reform oder Beseitigung der Insolvenzordnung durch ein neues Konkursverfahren? – Ein Beitrag zu Schatten und Licht gegenwärtiger Reformprojekte, DZWIR 2010, 397–408.

Staats, Michael (Organschaft): Die umsatzsteuerliche Organschaft im vorläufigen Insolvenzverfahren – Einflüsse des § 55 Abs. 4 InsO und der aktuellen BFH-Rechtsprechung, ZInsO 2011, 2173–2176.

Stadie, Holger, in: Rau/Dürrwächter, Kommentar zum Umsatzsteuergesetz, 8. Auflage, Köln, 1967.

Stadie, Holger (Umsatzsteuer und Insolvenz): Umsatzsteuer und Insolvenz – Kritische Anmerkungen zu neueren BGH- und BFH-Entscheidungen, UR 2013, 158–171.

Stapper, Florian (Fiskusprivileg): Finaler Todesschuss durch den behandelnden Arzt oder das Fiskusprivileg im Insolvenzrecht, ZInsO 2010, 1880–1881.

Statistisches Bundesamt: Insolvenzverfahren – Fachserie 2 Reihe 4.1 – November 2013, Fachserie 2 Reihe 4.1, online verfügbar unter https://www.destatis.de/DE/Publikationen/Thematisch/UnternehmenHandwerk/Insolvenzen/Insolvenzen2020410131114.pdf?__blob=publicationFile, zuletzt geprüft am 28.02.2014.

Statistisches Bundesamt: Jährliche Einkommensteuerstatistik – Fachserie 14 Reihe 7.1.1 – 2009, Fachserie 14 Reihe 7.1.1, online verfügbar unter https://

www.destatis.de/DE/Publikationen/Thematisch/Finanzen Steuern/Steuern/LohnEinkommensteuer/Einkommensteuerstatistik 2140711097004.pdf?__blob=publicationFile, zuletzt geprüft am 28.02.2014.

Steben, Sonja (Sanierungserlass): Scheingewinnbesteuerung: Die Gläubiger verzichten und der Fiskus hält die Hand auf?, GStB 2012, 384.

Sterzinger, Christian (Kfz-Steuer): Kraftfahrzeugsteuerpflicht im Insolvenzverfahren, DStR 2008, 1672–1676.

Sterzinger, Christian (Fiskusprivileg): Fiskusprivileg im Insolvenzverfahren, BB 2011, 1367–1372.

Sterzinger, Christian (Umsatzsteuer): Umsatzsteuer im Insolvenzverfahren, NZI 2012, 63–67.

Stickan, Edgar/Martin, Christoph (Bauabzugbesteuerung): Die neue Bauabzugbesteuerung – Anwendungsprobleme und Kritikpunkte an der Neuregelung, DB 2001, 1441–1450.

Stürner, Rolf in: MünchKomm-InsO, Münchener Kommentar zur Insolvenzordnung, München, 2002.

Stürner, Rolf (Konkursrecht): Aktuelle Probleme des Konkursrechts – Zur Neubearbeitung des Jaegerschen Kommentars, ZZP 1981, 263–310.

Take, Michael (Aufrechnung): Workshop „Ausgewählte Fragen des Steuerrechts: Aufrechnung durch das Finanzamt“ sowie Korrektur der USt, in: Smid, Aktuelle Probleme des geltenden deutschen Insolvenzrechts, Berlin 2009, 57–76.

Uhländer, Christoph (Anmerkung): Anmerkung zu BFH, Urteil v. 25.7.2012 – VII R 29/11, NZI 2012, 1022–1026.

Uhlenbruck, Wilhelm (Krise): Zur Krise des Insolvenzrechts, NJW 1975, 897–903.

Uhlenbruck, Wilhelm (Sanierung): Sanierung und Reorganisation als drittes Insolvenzverfahren in einem künftigen Recht?, KTS 1981, 513–575.

Uhlenbruck, Wilhelm: Das neue Insolvenzrecht – Insolvenzordnung und Einführungsgesetz nebst Materialien, Herne/Berlin, 1994.

Uhlenbruck, Wilhelm (Wiedereinführung): Wiedereinführung der Vorrechte durch die Hintertür?, ZInsO 2005, 505–516.

Uhlenbruck, Wilhelm/Delhaes, Karl: Konkurs- und Vergleichsverfahren, 5., neubearbeitete und erweiterte Auflage, München, 1990.

Vallender, Heinz (Baustelle Insolvenzordnung): Reparatur- und Verschönerungsarbeiten auf der „Baustelle Insolvenzordnung" schreiten voran, NJW 2003, 3605–3606.

Vallender, Heinz (Insolvenzanfechtung): Par conditio creditorum ade?, NZI 2005, 599–602.

Vallender, Heinz (Reform): Worten folgen Taten, NZI, 2010, V–VI.

Waclawik, Erich (Vorsteuerberichtigung): Vorsteuerberichtigung nach § 15a UStG in der Insolvenz – Zugleich Besprechung FG Münster v. 8.10.2009 – 5 K 1096/07 U, ZIP 2009, 2354, ZIP 2010, 1465–1471.

Wäger, Christoph (Umsatzsteuer): Insolvenz und Umsatzsteuer, DStR 2011, 1925–1935.

Weber, Sabine/Reiß, Wolfram (Factoring): Umsatzsteuerliche Beurteilung von ABS-Transaktionen – Die Bedeutung der Neuregelung des § 13c UStG und der geänderten BFH-Rechtsprechung zum Factoring unter besonderer Berücksichtigung der neuen BMF-Schreiben vom 24.5.2004 und vom 3.6.2004, BB 2004, 1367–1374.

Weiland, Stefan: Par condicio creditorum – Der insolvenzrechtliche Gleichbehandlungsgrundsatz und seine Durchbrechungen zugunsten öffentlich-rechtlicher Gläubiger, zugl. Dissertation Universität des Saarlandes, Frankfurt a. M., 2010.

Weiland, Stefan (Privilegierung): Wi(e)der die Privilegierung der öffentlich-rechtlichen Gläubiger, DZWIR 2011, 224–233.

Weitzmann, Jörn (Umsatzsteuer): Umsatzsteuer als Masseverbindlichkeit für Leistungen vor Verfahrenseröffnung – Anmerkung zu BFH, Beschluss v. 29.01.2009 – V R 64/07, ZInsO 2009, 920–924.

Welte, Thomas/Friedrich-Vache, Heidi (Masseverbindlichkeiten): Masseverbindlichkeiten bei Entgeltvereinnahmung für vorinsolvenzlich ausgeführte Leistungen: Chancen und Risiken der geänderten Rechtsprechung des BFH – Zugleich Besprechung BFH v. 9.12.2010 – V R 22/10, ZIP 2011, 782, ZIP 2011, 1595–1604.

Wenzel, Jörg (Verrechnung): Die Verrechnung nach § 52 SGB I in der Insolvenz des Erstattungsgläubigers, ZInsO, 2006, 169–177.

Weßling, Johannes/Romswinkel, Marco (Anmerkungen): Erste Anmerkungen zu § 13c UstG n.F. in der Insolvenz, ZInsO 2004, 193–194.

Wöber, André/Siebenlist, Oliver (Erfolgsfaktoren): Erfolgsfaktoren der Sanierung von Mittel- und Kleinbetrieben – Strukturierung von Sanierungsprozessen, KSI 2009, 201–205.

Zentralverband des Deutschen Handwerks (ZDH), in: Haushaltsausschuss-Drs. 17(8)1669, Zusammenstellung der schriftlichen Stellungnahmen der eingeladenen Sachverständigen, Verbände und Institutionen, die dem Haushaltsauschuss zu seiner öffentlichen Anhörung am 4. Oktober 2010 zum Entwurf eines Haushaltsbegleitgesetzes 2011 (Drs. 17/3030) zugeleitet wurden.

Zimmer, Thomas (HBeglG 2011): Haushaltbegleitgesetz 2011 (§ 55 Abs. 4 InsO n.F.) – erste Anwendungsprobleme, ZInsO 2010, 2299–2307.

Rechtsquellenverzeichnis

AFG 1969	Arbeitsforderungsgesetz vom 25. Juni 1969 (BGBl. I 1969, S. 582), zuletzt geändert durch das Erste Gesetz zur Änderung des Dritten Buches Sozialgesetzbuch und anderer Gesetze vom 16. Dezember 1997 (BGBl. I 1997, S. 2970).
AO	Abgabenordnung in der Fassung der Bekanntmachung vom 1. Oktober 2002 (BGBl. I 2002, S. 3866, ber. BGBl. I 2003, S. 61), zuletzt geändert durch das Gesetz zur Anpassung des Investmentsteuergesetzes und anderer Gesetze an das AIFM-Umsetzungsgesetz vom 18. Dezember 2013 (BGBl. I 2013, S. 4318).
BEG NRW	Gesetz zur Entbürokratisierung der Beitreibung von Gebühren- und Auslagenrückständen bei der Zulassung von Fahrzeugen (Beitreibungserleichterungsgesetz/Kfz-Zulassung) vom 19. September 2006 (GV. NRW. 2006, S. 451), zuletzt geändert durch das Erste Gesetz zur Änderung des Gesetzes zur Entbürokratisierung der Beitreibung von Gebühren- und Auslagenrückständen bei der Zulassung von Fahrzeugen (GV. NRW. 2011, S. 731).
BGB	Bürgerliches Gesetzbuch in der Fassung der Bekanntmachung vom 2. Januar 2002 (BGBl. 2002, S. 42, ber. S. 2909 und BGBl. I 2003, S. 738), zuletzt geändert durch das Gesetz zur Einführung eines Datenbankgrundbuchs vom 1. Oktober 2013 (BGBl. I 2013, S. 3719).
BilMoG	Gesetz zur Modernisierung des Bilanzrechts (Bilanzrechtsmodernisierungsgesetz) vom 25. Mai 2009 (BGBl. I 2009, S. 1102).
DepotG	Gesetz über die Verwahrung und Anschaffung von Wertpapieren (Depotgesetz) in der Fassung der Bekanntmachung vom 11. Januar 1995 (BGBl. I 1995, S. 34), zuletzt geändert durch das Gesetz zur Umsetzung der Richtlinie 2011/61/EU über die Verwalter alternativer Investmentfonds vom 4. Juli 2013 (BGBl. I 2013, S. 1981).
EGInsO	Einführungsgesetz zur Insolvenzordnung vom 5. Oktober 1994 (BGBl. I 1994, S. 2911), zuletzt geändert durch das Gesetz zur Verkürzung des Restschuldbefreiungsverfahrens und zur Stärkung der Gläubigerrechte (BGBl. I 2013, S. 2379).

EStG	Einkommensteuergesetz in der Fassung der Bekanntmachung vom 8. Oktober 2009 (BGBl. I 2009, S. 3366), zuletzt geändert durch das Gesetz zur Anpassung des Investmentsteuergesetzes und anderer Gesetze an das AIFM-Umsetzungsgesetz vom 18. Dezember 2013 (BGBl. I 2013, S. 4318).
ESUG	Gesetz zur weiteren Erleichterung der Sanierung von Unternehmen vom 7. Dezember 2011 (BGBl. I 2011, S. 2582, ber. S. 2800).
FGO	Finanzgerichtsordnung in der Fassung der Bekanntmachung vom 28. März 2001 (BGBl. I 2001, S. 442, ber. S. 2262 und BGBl. I 2002, S. 679), zuletzt geändert durch das Gesetz zur Förderung des elektronischen Rechtsverkehrs mit den Gerichten vom 10. Oktober 2013 (BGBl. I 2013, S. 3786).
FzZulVweigG BW	Gesetz über die Verweigerung der Zulassung von Fahrzeugen bei rückständigen Gebühren und Auslagen (Fahrzeugzulassungsverweigerungsgesetz) vom 11. Oktober 2007 (BW GBl. 2007, S. 477).
GesO	Gesamtvollstreckungsordnung in der Fassung der Bekanntmachung vom 23. Mai 1991 (BGBl. I 1991, S. 1185).
GesVO	Verordnung über die Gesamtvollstreckung vom 18. Dezember 1975 (DDR-GBl. I 1976, S. 5).
GewStG	Gewerbesteuergesetz in der Fassung der Bekanntmachung vom 15. Oktober 2002 (BGBl. I 2002, S. 4167), zuletzt geändert durch das Gesetz zur Umsetzung der Amtshilferichtlinie sowie zur Änderung steuerlicher Vorschriften vom 26. Juni 2013 (BGBl. I 2013, S. 1809).
GmbHG	Gesetz betreffend die Gesellschaft mit beschränkter Haftung vom 20. April 1892 (RGBl. 1892, S. 477) in der Fassung der Bekanntmachung vom 20. Mai 1898 (RGBl. 1898, S. 846), zuletzt geändert durch das Zweite Gesetz zur Modernisierung des Kostenrechts vom 23. Juli 2013 (BGBl. I 2013, S. 2586).
GrEStG	Grunderwerbsteuergesetz in der Fassung der Bekanntmachung vom 26.Februar 1997 (BGBl. I 1997, S. 418, ber. S. 1804), zuletzt geändert durch das Gesetz zur Umsetzung der Amtshilferichtlinie sowie zur Änderung steuerlicher Vorschriften vom 26. Juni 2013 (BGBl. I 2013, S. 1809).

GG	Grundgesetz in der Fassung der Bekanntmachung vom 10. Mai 1897 (BGBl. 1949, S. 1), zuletzt geändert durch das Gesetz zur Änderung des Grundgesetzes (Artikel 93) vom 11. Juli 2012 (BGBl. I 2012, S. 1478).
HBeglG 2011	Haushaltsbegleitgesetz 2011 vom 9. Dezember 2010 (BGBl. I 2010, S. 1885, ber. BGBl. I 2013, S. 81).
HGB	Handelsgesetzbuch in der Fassung der Bekanntmachung vom 10. Mai 1897 (RGBl. 1897, S. 219), zuletzt geändert durch das Gesetz zur Änderung des Handelsgesetzbuchs vom 4. Oktober 2013 (BGBl. I 2013, S. 3746).
InsO	Insolvenzordnung vom 05. Oktober 1994 (BGBl. I 1994, S. 2866), zuletzt geändert durch das Gesetz zur Änderung des Prozesskostenhilfe- und Beratungskostenrechts vom 31. August 2013 (BGBl. I 2013, S. 3533).
InsStatG	Gesetz über die Insolvenzstatistik (Insolvenzstatistikgesetz) vom 7. Dezember 2011 (BGBl. I 2011, S. 2589).
ITFGÄndG	Gesetz zur Änderung des Gesetzes zur Errichtung eines Sondervermögens „Investitions- und Tilgungsfonds“ vom 25. Juni 2009 (BGBl. I 2009, S. 1577).
JStG 2007	Jahressteuergesetz 2007 vom 13. Dezember 2006 (BGBl. I 2006, S. 2878).
KO	Konkursordnung vom 10. Februar 1877 (RGBl. 1877, S. 351) in der Fassung der Bekanntmachung vom 20. Mai 1898 (RGBl. 1898, S. 612), zuletzt geändert durch das Gesetz zur Änderung der Haftungsbeschränkung in der Binnenschiffahrt vom 25. August 1998 (BGBl. I 1998, S. 2489).
KraftStG	Kraftfahrzeugsteuergesetz in der Fassung der Bekanntmachung vom 26. September 2002 (BGBl. I 2002, S. 3818), zuletzt geändert durch das Gesetz zur Änderung des Versicherungsteuergesetzes und des Kraftfahrzeugsteuergesetzes vom 05. Dezember 2012 (BGBl. I 2012, S. 2431).
KStG	Körperschaftsteuergesetz in der Fassung der Bekanntmachung vom 15. Oktober 2002 (BGBl. I 2002, S. 4144), zuletzt geändert durch das Gesetz zur Anpassung des Investmentsteuergesetzes und anderer Gesetze an das AIFM-Umsetzungsgesetz vom 18. Dezember 2013 (BGBl. I 2013, S. 4318).

MoMiG	Gesetz zur Modernisierung des GmbH-Rechts und zur Bekämpfung von Missbräuchen vom 23. Oktober 2008 (BGBl. I 2008, S. 2026).
SGB III	Drittes Buch Sozialgesetzbuch – Arbeitsförderung – vom 24. März 1997 (BGBl. I 1997, S. 595), zuletzt geändert durch das Gesetz zur Neuorganisation der bundesunmittelbaren Unfallkassen, zur Änderung des Sozialgerichtsgesetzes und zur Änderung anderer Gesetze vom 19. Oktober 2013 (BGBl. I 2013, S. 3836).
SGB IV	Viertes Buch Sozialgesetzbuch – Gemeinsame Vorschriften für die Sozialversicherung – in der Fassung der Bekanntmachung vom 12. November 2009 (BGBl. I 2009, S. 3710, ber. S. 3973, ber. BGBl. I 2011, S. 363), zuletzt geändert durch das Gesetz zur Neuorganisation der bundesunmittelbaren Unfallkassen, zur Änderung des Sozialgerichtsgesetzes und zur Änderung anderer Gesetze vom 19. Oktober 2013 (BGBl. I 2013, S. 3836).
SGBIVuaÄndG	Gesetz zur Änderung des Vierten Buches Sozialgesetzbuch und anderer Gesetze vom 19.12.2007 (BGBl. I 2007, S. 3024).
SozPlG	Gesetz über den Sozialplan im Konkurs- und Vergleichsverfahren vom 20. Februar 1985 (BGBl. I 1985, S. 369).
StabSiG	Gesetz zur Sicherung von Beschäftigung und Stabilität in Deutschland vom 2. März 2009 (BGBl. I 2009, S. 416).
UStG	Umsatzsteuergesetz in der Fassung und Bekanntmachung vom 21. Februar 2005 (BGBl. I 2005, S. 386), zuletzt geändert durch das Gesetz zur Anpassung des Investmentsteuergesetzes und anderer Gesetze an das AIFM-Umsetzungsgesetz vom 18. Dezember 2013 (BGBl. I 2013, S. 4318).
UStG 1934	Umsatzsteuergesetz 1934 vom 16. Oktober 1934 (RGBl. 1934, S. 942).
VAG	Gesetz über die Beaufsichtigung der Versicherungsunternehmen (Versicherungsaufsichtsgesetz) in der Fassung der Bekanntmachung vom 17. Dezember 1992 (BGBl. I 1993, S. 2), zuletzt geändert durch das Gesetz zur Umsetzung der Richtlinie 2013/36/EU über den Zugang zur Tätigkeit von Kreditinstituten und die Beaufsichtigung von Kreditinstituten und Wertpapierfirmen und zur Anpassung des Aufsichtsrechts an

	die Verordnung (EU) Nr. 575/2013 über Aufsichtsanforderungen an Kreditinstitute und Wertpapierfirmen vom 28. August 2013 (BGBl. I 2013, S. 3395).
VglO	Vergleichsordnung vom 26. Februar 1935 (RGBl. 1935, S. 321, ber. S. 356).
ZPO	Zivilprozessordnung in der Fassung der Bekanntmachung vom 05. Dezember 2005 (BGBl. I 2005, S. 3202, ber. BGBl. I 2006, S. 431, ber. BGBl. I 2007, S. 1781), zuletzt geändert durch das Gesetz zur Förderung des elektronischen Rechtsverkehrs mit den Gerichten vom 10. Oktober 2013 (BGBl. I 2013, S. 3786).
ZVG	Gesetz über die Zwangsversteigerung und die Zwangsverwaltung in der Fassung der Bekanntmachung vom 20. Mai 1898 (RGBl. S. 713), zuletzt geändert durch das Gesetz zur weiteren Erleichterung der Sanierung von Unternehmen vom 7. Dezember 2011 (BGBl. I 2011, S. 2582).

Rechtsprechungsverzeichnis

I. Europäischer Gerichtshof (EuGH)

Datum	Aktenzeichen	Fundstelle
20.10.1993	C-10/92, *Balocchi*	Slg. 1993, I-5105
26.06.2003	C-305/01	BStBl. II 2004, 688
21.02.2008	C-271/06, *Netto Supermarkt*	Slg. 2008, I-771

II. Gericht der Europäischen Union (EuG)

Datum	Aktenzeichen	Fundstelle
18.12.2012	T-205/11	n. v.

III. Europäische Kommission

Datum	Aktenzeichen	Fundstelle
26.01.2011	K(2011) 275	n. v.
19.11.2009	K(2009)8707 endgültig	n. v.

IV. Bundesverfassungsgericht (BVerfG)

Datum	Aktenzeichen	Fundstelle
23.10.1951	2 BvG 1/51	BVerfGE 1, 14
09.08.1978	2 BvR 831/76	BVerfGE 49, 148
12.05.1992	1 BvR 1467/91	BVerfGE 86, 81

V. Bundesgerichtshof (BGH)

Datum	Aktenzeichen	Fundstelle
12.07.1951	IV ZB 33/51	BGHZ 3, 135
08.04.1954	III ZR 349/52	BGHZ 13, 73
16.02.1961	III ZR 71/60	BGHZ 34, 293
22.03.1972	VIII ZR 119/70	DB 1972, 1059
18.12.1972	III ZR 213/70	NJW 1973, 468

Datum	Aktenzeichen	Fundstelle
12.05.1980	VIII ZR 167/79	DB 1980, 1790
07.05.1987	IX ZR 198/85	DB 1987, 1727
16.09.1999	IX ZR 204/98	BGHZ 142, 248
08.01.2001	II ZR 88/99	NZI 2001, 196
09.01.2003	IX ZR 175/02	ZIP 2003, 410
20.03.2003	IX ZB 388/02	ZInsO 2003, 413
30.07.2003	5 StR 221/03	ZInsO 2004, 39
18.04.2005	II ZR 61/03	ZIP 2005, 1026
24.05.2005	IX ZR 123/04	GmbHR 2005, 1117
09.08.2005	5 StR 67/05	ZInsO 2005, 986
14.05.2007	II ZR 48/06	ZInsO 2007, 660
29.11.2007	IX ZR 30/07	BGHZ 174, 297
02.06.2008	II ZR 27/07	ZInsO 2008, 740
18.12.2008	IX ZB 249/07	ZInsO 2009, 299
22.10.2009	IX ZR 147/06	ZIP 2010, 90
05.11.2009	IX ZR 233/08	BGHZ 183, 86
14.01.2010	IX ZR 93/09	ZIP 2010, 380
25.01.2011	II ZR 196/09	ZIP 2011, 422

VI. Bundesfinanzhof (BFH)

Datum	Aktenzeichen	Fundstelle
18.12.1953	II 190/52 U	BStBl. III 1954, 49
31.01.1956	V 223/55	KTS 1956, 125
04.07.1957	V 199/56 U	BStBl. III 1957, 282
04.07.1957	V 199/56 U	BStBl. III 1957, 282
29.09.1970	II B 22/70	KTS 1971, 111
14.10.1977	III R 111/75	NJW 1978, 559
02.02.1978	V R 128/76	BStBl. II 1978, 483
03.06.1981	II R 78/80	ZIP 1981, 1261
20.04.1982	VII R 96/79	BStBl. II 1982, 521
28.07.1983	V S 8/81	ZIP 1983, 1120

Datum	Aktenzeichen	Fundstelle
29.03.1984	VI R 271/83	BStBl. II 1984, 602
17.07.1985	I R 117/84	ZIP 1986, 39
17.07.1985	I R 205/80	BStBl. II 1985, 702
13.11.1986	V R 59/79	ZIP 1987, 119
09.04.1987	V R 23/80	BStBl. II 1987, 527
14.07.1987	VII R 188/82	BStBl. II 1988, 172
26.07.1988	VII R 83/87	BStBl. II 1988, 859
21.12.1988	V R 29/86	BStBl. II 1989, 434
05.09.1989	VII R 61/87	BStBl. II 1989,
06.06.1991	V R 115/87	BStBl. II 1991, 817
11.11.1993	XI R 73/92	ZIP 1994, 1286
21.06.1994	VII R 34/92	ZIP 1995, 229
09.11.1994	I R 5/94	BStBl. II 1995, 255
11.06.1996	I B 60/95	BFH/NV 1997, 7
13.03.1997	V R 96/96	BStBl. II 1997, 580
08.07.1997	VII B 89/97	BFH/NV 1998, 86
28.06.2000	V R 87/99	BStBl. II 2000, 639
01.08.2000	VII R 110/99	BStBl. II 2001, 271
01.08.2000	VII R 31/99	BStBl. II 2002, 323
13.11.2002	I B 147/02	BStBl. II 2003, 716
28.11.2002	VII R 41/01	BStBl. II 2003, 337
18.12.2002	I R 33/01	ZIP 2003, 1212
01.04.2004	V R 24/03	ZInsO 2004, 618
04.05.2004	VII R 45/03	ZIP 2004, 1423
05.10.2004	VII R 69/03	ZIP 2005, 266
16.11.2004	VII R 62/03	ZIP 2005, 264
20.07.2006	V R 13/04	BStBl. II 2007, 22
27.02.2007	VII R 67/05	BB 2007, 1711
17.04.2007	VII R 27/06	ZIP 2007, 1166
10.05.2007	VII R 18/05	ZIP 2007, 1514
29.08.2007	IX R 20/07	BFH/NV 2008, 111
29.08.2007	IX R 21/07	BFH/NV 2008, 112

Datum	Aktenzeichen	Fundstelle
29.08.2007	IX R 22/07	BFH/NV 2008, 113
29.08.2007	IX R 4/07	ZIP 2007, 2081
29.08.2007	IX R 58/06	ZIP 2007, 2083
29.08.2007	IX R 60/06	n. v.
29.08.2007	IX R 61/06	n. v.
18.09.2007	IX R 59/06	ZIP 2008, 283
16.10.2007	IX R 25/07	HFR 2008, 269
16.10.2007	IX R 29/07	ZIP 2008, 283
05.12.2007	V R 26/06	BStBl. II 2008, 451
05.03.2008	X R 60/04	BStBl. II 2008, 787
03.04.2008	V R 76/05	BStBl. II 2008, 905
23.09.2008	VII R 27/07	ZInsO 2009, 151
11.11.2008	VII R 19/08	BStBl. II 2009, 342
29.01.2009	V R 64/07	BStBl. II 2009, 682
30.04.2009	V R 1/06	BStBl. II 2010, 138
13.05.2009	XI R 63/07	ZIP 2009, 1631
20.08.2009	V R 30/06	BStBl. II 2010, 863
08.09.2009	II B 63/09	ZIP 2010, 1188
22.10.2009	V R 14/08	ZIP 2010, 383
23.02.2010	VII R 48/07	BStBl. II 2010, 562
18.05.2010	X R 60/08	BStBl. II 2011, 429
07.07.2010	VII B 253/09	BFH/NV 2010, 2019
01.09.2010	VII R 35/08	BStBl. II 2011, 336
02.11.2010	VII R 6/10	ZIP 2011, 181
09.12.2010	V R 22/10	BStBl. II 2011, 996
09.02.2011	XI R 35/09	ZIP 2011, 1222
24.02.2011	VI R 21/10	ZInsO 2011, 927
13.04.2011	II R 49/09	ZIP 2011, 1728 und 1882
28.07.2011	V R 28/09	BFH/NV 2011, 1985
08.09.2011	II R 54/10	ZIP 2012, 42
24.11.2011	V R 20/10	BFH/NV 2012, 711
24.11.2011	V R 13/11	ZIP 2011, 2481

Datum	Aktenzeichen	Fundstelle
08.03.2012	V R 24/11	ZIP 2012, 684
25.04.2012	I R 24/11	BFHE 237, 403
25.07.2012	VII R 29/11	BStBl. II 2013, 36
20.03.2013	XI R 11/12	NZI 2013, 657
11.07.2013	XI B 41/13	ZIP 2013, 1680

VII. Bundesarbeitsgericht (BAG)

Datum	Aktenzeichen	Fundstelle
17.09.1974	1 AZR 16/74	BB 1976, 325

VIII. Finanzgerichte

Gericht	Datum	Aktenzeichen	Fundstelle
FG Nürnberg	28.11.1972	II 184/70	EFG 1973, 188
FG Düsseldorf	04.03.2002	10 V 1007/02	EFG 2002, 688
FG Düsseldorf	03.07.2002	18 V 1183/02 AE	EFG 2003, 99
FG Köln	20.11.2008	6 K 1746/08	ZInsO 2009, 534

IX. Landgerichte

Gericht	Datum	Aktenzeichen	Fundstelle
LG Freiburg	03.08.1999	12 O 39/99	WM 2000, 436

Verzeichnis der sonstigen Quellen

I. Reichstag-Drucksachen

RT-Drucks. 1893/94, Anlagen Nr. 18, 75, 126, 278

II. Bundestags-Drucksachen

BT-Drucks. 12/2443: Entwurf einer Insolvenzordnung (InsO).

BT-Drucks. 14/4658: Entwurf eines Gesetzes zur Eindämmung illegaler Betätigung im Baugewerbe.

BT-Drucks. 15/1495: Unterrichtung durch den Präsidenten des Bundesrechnungshofes. Bericht nach § 99 BHO über die Steuerausfälle bei der Umsatzsteuer durch Steuerbetrug und Steuervermeidung – Vorschläge an den Gesetzgeber.

BT-Drucks. 15/1798: Unterrichtung durch die Bundesregierung; Entwurf eines Zweiten Gesetzes zur Änderung steuerlicher Vorschriften (Steueränderungsgesetz 2003 – StÄndG 2003) – Drucksache 15/1621 –; Stellungnahme des Bundesrates und Gegenäußerung der Bundesregierung.

BT-Drucks. 16/886: Entwurf eines Gesetzes zum Pfändungsschutz der Altersvorsorge und zur Anpassung des Rechts der Insolvenzanfechtung.

BT-Drucks. 16/2712: Entwurf eines Jahressteuergesetzes 2007 (JStG 2007).

BT-Drucks. 16/7416: Entwurf eines Gesetzes zur Entschuldung mittelloser Personen, zur Stärkung der Gläubigerrechte sowie der Regelung der Insolvenzfestigkeit von Lizenzen.

BT-Drucks. 16/12662: Entwurf eines Gesetzes zur Änderung des Gesetzes zur Errichtung eines Sondervermögens „Investitions- und Tilgungsfonds".

BT-Drucks. 17/3030: Entwurf eines Haushaltsbegleitgesetz 2011 (HBeglG 2011).

BT-Drucks. 17/6263: Entwurf eines Gesetzes zur Umsetzung der Beitreibungsrichtlinie sowie zur Änderung steuerlicher Vorschriften (Beitreibungsrichtlinie-Umsetzungsgesetz – BeitrRLUmsG).

III. Bundestag-Plenarprotokolle

BT-Plenarprotokoll 16/73: Stenografischer Bericht 73. Sitzung.

IV. Bundesrat-Drucksachen

BR-Drucks. 127/11 (B): Stellungnahme des Bundesrates; Entwurf eines Gesetzes zur weiteren Erleichterung der Sanierung von Unternehmen.

V. Richtlinien

Umsatzsteuer-Anwendungserlass (UStAE) vom 1. Oktober 2010 (BStBl. I 2010, S. 846) zuletzt geändert durch das BMF-Schreiben vom 20. Januar 2014 (BStBl I 2014, S. 154).

VI. Verwaltungsanweisungen

1. Bundesfinanzministerium

BMF-Schreiben v. 06.12.1972, F/IV A 2 – S 7100 – 55/72, BStBl. I 1972, 579.

BMF-Schreiben v. 27.12.2002, IV A 5 – S 2272 – 1/02, Steuerabzug von Vergütungen für im Inland erbrachte Bauleistungen (§ 48 ff. EStG), BStBl. I 2002, 1399.

BMF-Schreiben v. 27.03.2003, IV A 6 – S 2140 – 8/03, Ertragsteuerliche Behandlung von Sanierungsgewinnen; Steuerstundung und Steuererlass aus sachlichen Billigkeitsgründe, BStBl. I 2003, 240.

BMF-Schreiben v. 04.09.2003, IV A 5 – S 2272 b – 20/03, Steuerabzug von Vergütungen für im Inland erbrachte Bauleistungen (§ 48 ff. EStG); Erteilung von Freistellungsbescheinigungen nach § 48b EStG und Anrechnung des Steuerabzugsbetrags in Insolvenzfällen, BStBl. I 2003, 431.

BMF-Schreiben v. 31.03.2004, IV D 1 – S 7279 – 107/04, Umsatzsteuer; Erweiterung der Steuerschuldnerschaft des Leistungsempfängers (§ 13b UStG) auf alle Umsätze, die unter das Grunderwerbsteuergesetz fallen, und auf bestimmte Bauleistungen, BStBl. I 2004, 453.

BMF-Schreiben v. 16.10.2009, IV B 9 – S 7279/0, Umsatzsteuer; Steuerschuldnerschaft eines Leistungsempfängers nach § 13b Abs. 2 Satz 2 UStG, der selbst Bauleistungen erbringt, BStBl. I 2009, 1298.

BMF-Schreiben v. 11.03.2010, IV D 3 – S 7279/09/10006, Umsatzsteuer; Steuerschuldnerschaft eines Leistungsempfängers nach § 13b Abs. 2 Satz 2 UStG, der selbst Bauleistungen erbringt, BStBl. I 2010, 254.

BMF-Schreiben v. 09.12.2011, IV D 2 – S 7330/09/10001 : 001, Umsatzsteuer; Berichtigung der Bemessungsgrundlage wegen Uneinbringlichkeit im

Insolvenzverfahren; BFH-Urteile vom 22. Oktober 2009 – V R 14/08 – (BStBl 2011 II S. 988) und vom 9. Dezember 2010 – V R 22/10 – (BStBl 2011 II S. 996), BStBl. I 2011, 1273.

BMF-Schreiben v. 17.01.2012, IV A 3 – S 0550/10/10020–05, Insolvenzordnung; Anwendungsfragen zu § 55 Abs. 4 InsO – BMF-Schreiben, BStBl. I 2012, 120.

2. Oberfinanzdirektionen

OFD Münster, Verfügung v. 09.09.1974, S 7270 – 13 – St 51 – 32, BB 1974, 1429.

OFD Nürnberg, Verfügung v. 25.01.2005, S 7100 – 620/St 43, ZInsO 2005, 584–586.

Ministerium der Finanzen Saarland, Erlass v. 03.07.2002, B/1-2 – 178/2002 – S 0550, Freistellungsbescheinigung gem. § 48b EStG ; Erteilung in Insolvenzverfahren, DStZ 2002, 653–654.

Freiburger Steuerforum

Herausgegeben von Wolfgang Kessler

Band 1 Andreas Sinz: Stützungsmaßnahmen im transnationalen Konzern. Steuerwirkungen von Zuschuss und Forderungsverzicht im Verhältnis Deutschland, Frankreich und Schweiz. 2001.

Band 2 Christian Gastl: Betriebe gewerblicher Art im Körperschaftsteuerrecht. Abgrenzung – Einkommensermittlung – Steuerbelastung. 2002.

Band 3 Tobias Teufel: Steuerliche Rechtsformoptimierung. Gestaltungssuche im Gesellschaft-Gesellschafter-Verhältnis. 2002.

Band 4 Markus Peter: Fortentwicklung des Betriebsstättenprinzips. 2002.

Band 5 Ingmar Schörck: Veränderungen der Kommunikation in der Steuerberatung durch den Einsatz internetbasierter Technologien. 2003.

Band 6 Ralph-Erich Schmidt: Die Umsatzbesteuerung der Bankleistung im Einlagen- und Kreditgeschäft. Mängel und Alternativen unter besonderer Berücksichtigung einer Cash-Flow Umsatzbesteuerung (TCA-Modell). 2003.

Band 7 Claudia Pischetsrieder: Einkünftequalifikation bei Immobiliendirektinvestitionen in Ungarn und Tschechien unter Einschaltung von haftungsbeschränkten Personengesellschaften. 2004.

Band 8 Michael Muchenberger: Die Entwicklung der Besteuerung und deren Ausrichtung am Leistungsfähigkeitsprinzip. Historische Bedeutung, theoretischer Erklärungsansatz und neuere Implikationsanalyse für die BRD. 2004.

Band 9 Michael A. Müller: Die GmbH & Co. KG als Europa-Holding. 2004.

Band 10 Ralf Adam: Einlage, Tausch und tauschähnlicher Vorgang im Zivilrecht und im Steuerrecht. 2005.

Band 11 Charlotte Achilles: CFC-Regeln und unfairer Steuerwettbewerb. Eine Untersuchung anhand der deutschen und der französischen CFC-Regelung. 2005.

Band 12 Michael Pelchen: Verdeckte Gewinnausschüttungen im französischen und deutschen Steuerrecht. 2007.

Band 13 Stefan Lammel: Besteuerung bei Gründung der Societas Europaea (SE) durch Verschmelzung. Vorgaben der Fusionsrichtlinien und des Primärrechts, deutsches Recht de lege lata und die de lege ferenda notwendigen Anpassungen. 2010.

Band 14 Anna Gersbacher: Konzernsteuerquote – Performance Messung von Steuerabteilungen und die damit verbundenen Anforderungen. 2011.

Band 15 Daniel Knörzer: Unterkapitalisierungsnormen. Eine *konsequent*-steuerwissenschaftliche Untersuchung für die Bundesrepublik Deutschland. 2012.

Band 16 Dominik Trachte: Problematik des Vorsteuerabzuges bei Holdinggesellschaften. 2012.

Band 17 Bastian Schmidt: Steuerliche Implikationen von Kooperationen im Weiterbildungssektor. 2013.

Band 18 Torben Petersen: Steuerplanung mit EU-Holdinggesellschaften für Drittstaaten-Investoren. Steuerwirkungen, Länderanalysen, steuerpolitische Handlungsempfehlungen. 2014.

Band 19 Elmar Feuerborn: Privilegien des Fiskus im Insolvenzverfahren. Ökonomische Analyse des Rechts unter besonderer Berücksichtigung von § 55 Abs. 4 InsO und der jüngeren Rechtsprechung des BFH. 2015.

www.peterlang.com

www.ingramcontent.com/pod-product-compliance
Ingram Content Group UK Ltd.
Pitfield, Milton Keynes, MK11 3LW, UK
UKHW021845290926
8980IPUK00005B/665

9 783631 66029